甘肃省财政厅、甘肃省教育厅2014年省级财政支持高等学校重大专项

甘肃中医药大学"图书馆馆藏古籍数字化服务建设项目"

成　果

甘肃中医药大学图书馆馆藏线装古籍书目

吴玉丰　殷世鹏　主编

国家图书馆出版社

图书在版编目(CIP)数据

　　甘肃中医药大学图书馆馆藏线装古籍书目/吴玉丰,殷世鹏主编. --北京:国家图书馆出版社,2016.5
　　ISBN 978 - 7 - 5013 - 5805 - 2

　　Ⅰ.①甘…　Ⅱ.①吴…　②殷…　Ⅲ.①院校图书馆—古籍—图书目录—甘肃省
Ⅳ.①Z838

　　中国版本图书馆 CIP 数据核字(2016)第 060037 号

书　　名　甘肃中医药大学图书馆馆藏线装古籍书目
著　　者　吴玉丰　殷世鹏　主编
责任编辑　张珂卿　赵　嫄
封面设计　九雅工作室

出　　版　国家图书馆出版社(100034　北京市西城区文津街 7 号)
　　　　　　(原书目文献出版社　北京图书馆出版社)
发　　行　010 - 66114536　66126153　66151313　66175620
　　　　　　66121706(传真),66126156(门市部)
E-mail　　nlcpress@ nlc. cn(邮购)
Website　www. nlcpress. com ——→投稿中心
经　　销　新华书店
印　　装　河北三河弘翰印务有限公司
版　　次　2016 年 5 月第 1 版　2016 年 5 月第 1 次印刷

开　　本　787 毫米 × 1092 毫米　1/16
印　　张　17.5
字　　数　290 千字

书　　号　ISBN 978 - 7 - 5013 - 5805 - 2
定　　价　260.00 元

前　　言

目录学乃读书治学之门径。唐代王冰在其《黄帝内经素问注》序言中写道："且将升岱岳，非径奚为？欲诣扶桑，无舟莫适。"清代学者王鸣盛在《十七史商榷》中亦明确指出："目录之学，学中第一紧要事，必从此问途，方能得其门而入。"高校图书馆馆藏古籍目录是中国古籍书目之重要组成部分，是高校图书馆开展业务服务、进行馆际交流、促进文献利用的必备工具。

1986 年，原甘肃省卫生厅中医处曾委托由我馆牵头，张绍重先生具体负责汇编《兰州地区医药卫生单位中医古籍联合目录》，我馆当时馆藏线装中医古籍悉数收录。几十年来，经过我馆诸位专家学者的不断整理、征集，我馆馆藏古籍数量及品种大为增加。目前，我馆馆藏线装古籍达两万余册。其中，医学类古籍 8000 余册，非医学类古籍 12000 余册。随着馆藏古籍数量的持续增加，《兰州地区医药卫生单位中医古籍联合目录》已不能如实反映我馆馆藏中医古籍现状，且该书目没有收录我馆馆藏非医学类线装古籍，使馆藏古籍目录的检索使用以及学术交流存在诸多不便，因而编制《甘肃中医药大学图书馆馆藏线装古籍书目》已成必然要求。

2014 年，我校"图书馆馆藏古籍数字化服务建设项目"获得甘肃省财政厅、甘肃省教育厅省属高校重大专项支持。通过项目建设，以实现馆藏古籍的标准化馆藏、智能化管理与数字化服务，并构建古籍信息资源共享服务平台，这对于馆藏古籍的科学研究、文化传承与社会服务具有重大意义。《甘肃中医药大学图书馆馆藏线装古籍书目》也是该项目建设的具体成果。

《甘肃中医药大学图书馆馆藏线装古籍书目》的编纂，以体现学术发展的源流与传承体系，并提高书目的学术参考价值为原则，在参阅《兰州地区医药卫生单位中医古籍联合目录》的基础上，以《中国中医古籍总目》十二分类法为准，并借鉴了《南京中医药大学图书馆馆藏线装古籍书目》等的编排与体例特点，以适应并满足教学、科研工作的需要。本书目共收录了 2015 年 12 月之前的全部馆藏线装图书 1997 种。其中，医学类古籍 1499 种，非医类古籍 498 种。

在本书目的编纂过程中，得到了校领导的亲切关怀与支持；我馆张绍重研究馆员在馆藏古籍版本鉴定、古文字辨识等古籍信息的提取方面给予了悉心指导；2014 年以来，王萍、高鲁两位副研究馆员及郭华、翟安平等馆员集中开展的馆藏古籍普查工作，为本书目的编纂提供了一定基础；同时，兰州大学历史文献学硕士生马振颖、赵世金等同学在数据录入等方面给予了鼎力相助，在此一并致谢。

馆藏古籍的编目工作比较复杂，需要充分运用目录学、分类学、版本学、编辑学与古文字学，以及中医药学、历史学等专业知识，故编目本身即学术研究的过程。因此，要做到馆藏古籍编目体例完备、类分准确、著录规范、编排科学、检索方便与审核精良，确非易事。囿于编著者学识与时间所限，疏漏之处在所难免，诚请同行与广大读者批评指正，不吝赐教！

杨敬宇

2016 年 3 月 2 日

凡　例

一、收录范围

本书目收录甘肃中医药大学（原甘肃中医学院）图书馆所藏全部线装古籍，含1949年以后影印、缩微复制的线装古籍，截止时间为2015年12月。

二、编排体例

1. 本书分为医学类古籍和非医学类古籍两部分。

2. 医学类古籍按分类—编年方法排序。分类以学科内容为主要依据，共分十二大类。立类原则主要依据中医学科体系及中医药学传统特色。大体上以医学总论、基础与临床理论、临证各科和综合性图书为序。同类著作则以成书时间先后排序。

3. 非医学类古籍按书名音序排序。

三、著录项目及有关说明

1. 各条目著录项目依次为顺序号、书名卷数、成书年代、著者、版本、子目、排架号。

2. 非医学类古籍未著录成书年代和子目项。

3. 凡一书多名，取其最通行者为正书名，其他异名冠以"又名"字样，列于书名之下，并反映在书名索引中。

4. 凡同一书的不同版本分卷不统一时，按不同情况做如下处理：

（1）多数版本卷数统一时，在书名后著录卷数。个别版本卷数不同，则在该版本后加括号标明卷数。

（2）多数版本卷数均不统一时，书名后不著录卷数，在各版本后加括号标明卷数。

5. 两名以上作者，如属同朝代人，只在第一作者前冠以朝代，其他人从略。如各个作者所属朝代不同，均注明。

6. 1911年以后的作者，姓名前不冠时代，但如为第二、第三作者，为与其前一作者所属朝代相区别，姓名前冠以"民国"。

7. 托名之作者，在其姓名前冠以"原题"字样。

8. 1911年以前历代医疗机构名称，在名称前冠以朝代，不加括号。如：清太医院。

9. 僧人作者，其法名前冠以"释"字，与朝代一并著录。例（清释）智修撰。

10. 1911年以前的出版物，在版本项中将出版朝代、帝王年号、干支、公元纪年

对照著录；1911 年以后只著录公元年号，不著录干支。1911 至 1949 年间的出版物，查不出具体时间者，著录"民国"。另有部分出版物无法确定其出版时代，则直接著录版本形式，如：刻本、抄本、石印本、铅印本等。

11. 丛书（包括体例相同的合刻、合抄）著录子目项，反映所收子目的书名、卷数、作者。

12. 本目录一律采用汉字简化字，但书名或人名中有可能出现歧义的字，仍沿用原书文字。

四、索引

1. 医学类古籍和非医学类古籍后分别附有索引，以供读者检索使用。医学类古籍后附有书名笔画索引、书名音序索引、著者笔画索引、著者音序索引、刊刻者笔画索引、刊刻者音序索引。非医学类古籍后附书名笔画索引、书名音序索引、著者笔画索引、著者音序索引。

2. 书名索引包括正书名、异名、合刻书名、丛书子目书名、各书附录中无单行本之独立著作书名等。

3. 书名中加有括号的限定词不排序，无括号的限定词亦排序。

4. 著者索引中包括著者姓名、字、号、别号的，按著者姓名排序。字、号、别号加括号列于姓名之后。

目　　录

前言 …………………………………………………………………………… 1

凡例 …………………………………………………………………………… 1

医学类古籍 ……………………………………………………………… 1

　1　医经 ……………………………………………………………………… 3

　2　基础理论 ………………………………………………………………… 8

　3　伤寒金匮 ………………………………………………………………… 10

　4　诊法 ……………………………………………………………………… 18

　5　针灸推拿 ………………………………………………………………… 21

　6　本草 ……………………………………………………………………… 23

　7　方书 ……………………………………………………………………… 29

　8　临床各科 ………………………………………………………………… 40

　9　养生 ……………………………………………………………………… 64

　10　医案医话医论 …………………………………………………………… 66

　11　医史 …………………………………………………………………… 74

　12　综合性著作 …………………………………………………………… 76

　书名笔画索引 ……………………………………………………………… 97

　书名音序索引 ……………………………………………………………… 119

　著者笔画索引 ……………………………………………………………… 148

　著者音序索引 ……………………………………………………………… 159

　刊刻者笔画索引 …………………………………………………………… 175

　刊刻者音序索引 …………………………………………………………… 184

非医学类古籍 …………………………………………………………… 197

　书名笔画索引 ……………………………………………………………… 229

　书名音序索引 ……………………………………………………………… 236

　著者笔画索引 ……………………………………………………………… 248

　著者音序索引 ……………………………………………………………… 254

医学类古籍

1 医经

1.1 内经(素灵合编)

0001 黄帝内经素问灵枢十二卷 762
(唐)王冰(启玄子)注 (宋)林亿校正
孙兆重改误
清光绪二十二年丙申(1896)图书集成
印书局石印本
子 1.1/6

0002 黄帝素问灵枢经十二卷 762
(宋)史崧音释 (明)马莳(仲化、元
台)注证
1.民国商务印书馆四部丛刊影印本
2.民国上海涵芬楼影印本
子 1.1/8

0003 (重广补注)黄帝内经素问二十四卷
762
附素问遗篇
(唐)王冰(启玄子)注
黄帝内经灵枢十二卷
(宋)史崧音释
1.清道光二十九年己酉(1849)京口遵
仁堂重刻本(存素问)
2.清光绪十年甲申(1884)京口文成堂
摹宋刻本
3.民国商务印书馆影印四部丛刊本(存
素问)
4.上海涵芬楼影印本(存素问)
子 1.1/22

0004 (重广补注)黄帝内经素问二十四卷
762
(唐)王冰(启玄子)注 (宋)林亿等
校正
附群经见智录三卷
恽铁樵(树钰)撰
现代影印本
子 1.1/7

0005 类经三十二卷 1624
(明)张介宾(景岳、会卿、通一子)类注
1.清嘉庆四年己未(1799)刻本天德堂
藏板(存八卷)
2.民国八年(1919)上海千顷堂书局石
印本
3.民国八年(1919)石印本
子 1.1/9

0006 类经三十二卷 1624
附类经图翼十一卷
类经附翼四卷
(明)张介宾(景岳、会卿、通一子)类注
1.明天启四年甲子(1624)天德堂刻本
2.明刻本
子 1.1/10

0007 黄帝内经素问灵枢经合类九卷 1628
(明)王九达(日逵)撰
1985 年中国古籍出版社影印本
子 1.1/5

0008 内经集注 1628
(清)张志聪(隐庵)集注 莫承艺(仲
超)参订
清刻本
子 1.1/12

0009 黄帝内经节选 [1628]
佚名抄
清抄本
子 1.1/1

0010 内经知要二卷 1642
(明)李中梓(士材、念莪、尽凡居士)
编注
1.清光绪九年癸未(1883)抱芳堂刻本
2.清光绪十六年庚寅(1890)常郡文兴
堂刻本
3.民国上海商务印书馆石印本
子 1.1/16

0011 黄帝内经素问灵枢合编二十卷 1670
(明)马莳(仲化、元台) (清)张志聪
(隐庵)注

1. 清光绪五年己卯（1879）太医院刻本
2. 清光绪十七年辛卯（1891）艺林堂
刻本
子目：
（1）素问注证发微九卷
（2）灵枢注证发微九卷附补遗
子 1.1/2

0012 黄帝内经素问灵枢合注九卷　　1670
（清）张志聪（隐庵）集注
1. 清康熙大成斋刻本
2. 清末刻本
子 1.1/3

0013 黄帝内经素问灵枢合纂十卷　[1670]
又名黄帝内经马张合注
（明）马莳（仲化、元台）　（清）张志聪
（隐庵）合注
1. 民国锦章图书局石印本
2. 民国医学公会石印本
子 1.1/4

0014 内经灵枢素问九卷　　1670
（清）张志聪（隐庵）集注
清刻本
子 1.1/14

0015 素问灵枢类纂约注三卷　　1689
又名黄帝素问灵枢合纂
（清）汪昂（讱庵）撰
1. 清康熙二十八年己巳（1689）刻本
2. 清咸丰元年辛亥（1851）同文堂刻本
3. 清同治十年辛未（1871）扫叶山房
刻本
4. 清光绪六年庚辰（1880）紫文阁刻本
5. 清光绪六年庚辰（1880）尚德堂刻本
6. 清光绪十三年丁亥（1887）扫叶山房
刻本
7. 清刻本
8. 民国上海鸿章书局石印本
子 1.1/19

0016 素灵微蕴四卷　　1753
（清）黄元御（坤载、研农、玉楸子）撰
清咸丰十年庚申（1860）长沙徐氏燮龢

精舍刻本
子 1.1/18

0017 医经原旨六卷　　1754
（清）薛雪（生白、一瓢）集注　杨采青
重校
1. 清乾隆刻本
2. 清刻本
子 1.1/21

0018 灵枢素问节要浅注十二卷　　1803
（清）陈念祖（修园）著
1. 清同治五年丙寅（1866）南雅堂刻本
2. 清光绪元年乙亥（1875）善成堂刻本
3. 清末宏道堂刻本
子 1.1/11

0019 医经余论　　1812
附医林杂咏
（清）罗浩（养斋）撰
附杏林余兴
（日）今村亮著
1989 年江苏广陵古籍刻印社影印本
所属丛书：广陵医籍丛刊第二辑
子 1.1/20

0020 内经精要六卷　　1855
（清）吴宗善（达侯）编辑
1980 年上海古籍出版社影印本
子 1.1/13

0021 内经评文十二卷　　1891
（清）周学海（澄之）注
清光绪二十四年戊戌（1898）皖南建德
周氏刻本
子目：
（1）内经评文素问二十四卷
（2）内经评文灵枢十二卷
子 1.1/15

0022 群经见智录三卷　　1922
附古医经论
恽铁樵（树钰）撰
民国十一年（1922）铅印本
子 1.1/17

1.2 素问

0023 **(补注)黄帝内经素问二十四卷** 762
(唐)王冰(启玄子)注 (宋)林亿校正 孙兆重改误
1. 清光绪三年丁丑(1877)浙江书局刻本
2. 民国隆文书局石印本
3. 民国上海育文书局石印本
子 1.2/2

0024 **黄帝内经素问** 762
(清)吴崑(山甫、鹤皋山人、参黄子)注
清刻本(存十五卷)
子 1.2/3

0025 **读素问钞九卷** 1519
(元)滑寿(伯仁、撄宁生)编 (明)汪机(省之、石山居士)注
2011 年中医古籍出版社据明嘉靖刻本影印本
所属丛书:中医古籍孤本大全
子 1.2/1

0026 **黄帝内经素问注证发微九卷** 1586
(明)马莳(仲化、元台)注证
1. 清大文堂刻本
2. 清芸生堂刻本
子 1.2/8

0027 **黄帝内经素问吴注二十四卷** 1594
(明)吴崑(山甫、鹤皋山人、参黄子)注
1. 明万历三十七年己酉(1609)石室刻本
2. 清光绪刻本
子 1.2/6

0028 **黄帝内经素问集注九卷** 1670
(清)张志聪(隐庵)集注
1. 清光绪十六年庚寅(1890)浙江书局刻本
2. 清刻本(存五卷)
3. 清抄本
子 1.2/4

0029 **黄帝内经素问九卷** 1670
(清)张志聪(隐庵)注
清瀛洲书屋刻本(存九卷)
子 1.2/5

0030 **黄帝内经素问直解九卷** 1695
(清)高世栻(士宗)注解
1. 清康熙三十四年乙亥(1695)侣山堂刻本
2. 清光绪十三年丁亥(1887)浙江书局刻本
3. 清光绪十三年丁亥(1887)浙江书局刻本
子 1.2/7

0031 **素问悬解十三卷** 1755
(清)黄元御(坤载、研农、玉楸子)解
1982 年中医古籍出版社影印本
所属丛书:中医珍本丛书
子 1.2/9

0032 **素问识八卷** 1806
(日)丹波元简(廉夫)撰
日本文政二年己卯(1819)东都青云堂刻本聿修堂藏版
子 1.2/10

1.3 灵枢

0033 **黄帝内经灵枢十二卷** 762
(宋)史崧音释 (清)黄以周(元同、儆季、哉生)总校
清刻本
子 1.3/1

0034 **黄帝内经灵枢注证发微九卷** 1586
(明)马莳(仲化、元台)注证
清光绪大文堂刻本
子 1.3/2

0035　灵枢经九卷 　　　　　1670
（清）张志聪（隐庵）集注
清光绪十六年庚寅（1890）浙江书局
刻本
子1.3/3

0036　灵枢悬解九卷 　　　　　1754
（清）黄元御（坤载、研农、玉楸子）解
1986年甘肃中医学院图书馆影印本
子1.3/4

1.4　难经

0037　难经集注五卷 　　　　　1026
又名王翰林集注黄帝八十一难经
（宋）王惟一（惟德）编
1. 民国上海中华书局影印本
2. 民国商务印书馆据四部丛刊本影
　印本
子1.4/5

0038　难经本义二卷 　　　　　1361
（元）滑寿（伯仁、撄宁生）注
清刻本
子1.4/3

0039　图注八十一难经辨真四卷 　1510
（明）张世贤（天成、静斋）注
1. 清嘉庆文星堂刻本
2. 清善成堂刻本
3. 清京都泰山堂刻本
4. 清书业堂刻本
5. 清扫叶山房刻本
6. 清刻本
7. 清末刻本
8. 2011年中医古籍出版社据清中期刻
　本影印本（所属丛书：中医古籍孤本
　大全）
子1.4/8

0040　图注八十一难经四卷 　　1510
（明）张世贤（天成、静斋）注

1. 清光绪三十一年乙巳（1905）鸿宝斋
　石印本
2. 清锦章书局刻本
3. 清刻本
4. 民国上海广益书局石印本
子1.4/9

0041　图注脉诀辨真四卷附方一卷 　1510
又名图注王叔和脉诀、图注王叔和脉诀
琼璜
（明）张世贤（天成、静斋）注
1. 清亦西斋刻本
2. 清刻本
子1.4/10

0042　校正图注难经四卷 　　　1510
附濒湖脉诀
（明）张世贤（天成、静斋）注
1. 民国上海会文堂书局石印本
2. 民国上海校经山房石印本
3. 民国上海受古书店石印本
4. 民国上海鸿宝斋书局石印本
子1.4/11

0043　扁鹊难经二卷 　　　　　1723
（战国）秦越人（扁鹊）撰　（元）滑寿
（伯仁、撄宁生）疏注
民国八年（1919）成都昌福公司据白氏
丽瞩楼藏书五种本铅印本
子1.4/1

0044　古本难经阐注二卷 　　　1736
（清）丁锦（履中）集注
1. 清同治三年甲子（1864）旌孝堂刻本
2. 清同治三年甲子（1864）刻本
3. 清抄本
子1.4/2

0045　难经悬解二卷 　　　　　1756
（清）黄元御（坤载、研农、玉楸子）解
1985年甘肃中医学院图书馆影印本
子1.4/7

0046　**难经疏证二卷**　　　　　1819

又名黄帝八十一难经疏证

（日）丹波元胤（绍翁）撰

日本文政二年己卯（1819）东都青云堂

刻本聿修堂藏版（存卷上）

所属丛书：韦修堂医学丛书

子 1.4/6

0047　**难经编正二卷**　　　　　1919

司树屏（建侯）编疏

民国九年（1920）南通翰墨林铅印本

子 1.4/4

2 基础理论

2.1 理论综合

0048 释名疏证 [160]
(汉)刘熙(成国)著
清乾隆五十五年庚戌(1790)刻本
丑 2.1/4

0049 运气商 1634
(明)徐亦稚(季孺)撰
2009 年中医古籍出版社据明崇祯刻本
影印本
所属丛书:中医古籍孤本大全
丑 2.1/5

0050 彻剩八编内镜二卷 1722
(清)刘思敬(觉岸、碧幢山隐)撰
2005 年中医古籍出版社据清康熙刻本
影印本
所属丛书:中医古籍孤本大全
丑 2.1/2

0051 四圣心源十卷 1753
(清)黄元御(坤载、研农、玉楸子)撰
清道光刻本
丑 2.1/3

0052 医原三卷 1861
(清)石寿棠(芾南)撰 佚名抄
清抄本
丑 2.1/6

2.3 藏象骨度

0053 (重刊)巢氏诸病源候总论五十卷 610
(隋)巢元方等撰
清光绪十二年丙戌(1886)湖北官书处
刻本
丑 2.3/5

0054 存真环中图 [1113]
(宋)杨介(吉老)撰
2014 年中医古籍出版社据清抄绘本影
印本
所属丛书:中医古籍孤本大全
丑 2.3/7

0055 尊生图要 1547
原题(明)文徵明(徵仲、衡山居士)撰
2009 年中医古籍出版社据明彩绘本影
印本
所属丛书:中医古籍孤本大全
丑 2.3/1

0056 脏腑证治图说人镜经八卷 1606
又名人镜经附录全书
原题(战国)秦越人(扁鹊)撰
脏腑证治图说人镜经附录二卷
(明)钱雷(豫斋)撰
脏腑证治图说人镜经续录二卷
(明)张俊英(钟奇)撰
1. 清康熙元年壬寅(1662)益州张吾瑾
   刻本
2. 清刻本
丑 2.3/2

0057 寿世内镜图说八卷 1606
又名脏腑证治图说人镜经
原题(战国)秦越人(扁鹊)撰
寿世内镜图说附录二卷
(明)钱雷(豫斋)撰 王宗泉传
寿世内镜图说续录二卷
(明)张俊英(钟奇)撰
1987 年甘肃中医学院图书馆复印本
丑 2.3/8

0058 医林改错二卷 1830
(清)王清任(勋臣)撰
清京都宝经堂刻本
丑 2.3/3

0059 中西医粹三卷   1882
又名脏腑图说症治要言合璧
（清）罗定昌（茂亭）撰
1986 年上海孚华书局印行
丑 2.3/4

0060 中医病理学会宗   1935
刘宝森（柏函）撰
民国三十五年（1946）上海中医书局铅
印本
丑 2.3/6

3 伤寒金匮

3.1 伤寒金匮合编

0061 仲景全书二十卷   1688
（汉）张机（仲景）等原撰
清光绪二十年甲午（1894）成都邓氏崇
文斋校刻本
寅 3.1/1

0062 伤寒杂症抄本   ［1912］
佚名著
民国抄本
寅 3.1/2

0063 仲景大全书   1930
余道善（达川、性初、三阳道人）编
民国十九年（1930）云南大理乐真堂
刻本
寅 3.1/3

0064 伊尹汤液经六卷首一卷末一卷附录一卷
                                ［1948］
原题（商）伊尹撰 （汉）张机（仲景）广
论 （民国）杨师伊（尹绍）考次 刘复
（民叔）补修
民国三十七年（1948）一钱阁曾福臻铅
印本
寅 3.1/4

3.2 伤寒论

0065 伤寒论十卷   219
又名校正伤寒论、宋本伤寒论
（汉）张机（仲景）撰 （晋）王熙（叔和）
编 （宋）林亿校
民国十二年（1923）恽铁樵据明万历赵
开美刻本影印本
寅 3.2/40

0066 伤寒总病论六卷   1100
（宋）庞安时（安常）撰
民国上海千顷堂书局据士礼居黄氏丛书
影印本
寅 3.2/63

0067 南阳活人书二十三卷   1107
又名伤寒类证活人书
（宋）朱肱（翼中）撰
清光绪儒林堂重刻本
寅 3.2/4

0068 伤寒类证活人书二十二卷   1107
又名南阳活人书
（宋）朱肱（翼中）撰
清光绪十二年丙戌（1886）广东刻本
寅 3.2/24

0069 伤寒百证歌五卷   1132
（宋）许叔微（知可）原撰
民国抄本
寅 3.2/6

0070 注解伤寒论十卷   1144
（汉）张机（仲景）撰 （晋）王熙（叔和）
编 （金）成无己注
1. 明刻本（存三卷）
2. 清同治九年庚午（1870）常郡陆氏双
   白燕堂刻本（附明理论四卷）
3. 清光绪刻本
4. 民国十三年（1924）上海广雅书局、启
   新书局石印本
寅 3.2/71

0071 云岐子保命集论类要二卷   1308
（元）张璧（云岐子）撰
民国三十五年（1946）魏吉亭抄本
寅 3.2/68

0072 伤寒纪玄妙用集十卷   1331
又名伤寒纪元、尚氏伤寒纪选
张仲景药性论治
（元）尚从善编
2008 年中医古籍出版社影印本

所属丛书:中医古籍孤本大全

寅 3.2/20

0073 伤寒六书六卷 1445

（明）陶华（尚文、节庵）撰

1. 明步月楼刻本

2. 民国十九年（1930）上海千顷堂书局
   石印本

子目：

（1）伤寒家秘的本

（2）伤寒明理续论

（3）伤寒琐言

（4）伤寒杀车槌法

（5）伤寒一提金

（6）伤寒证脉药截江网

寅 3.2/27

0074 考证注解伤寒论十卷 ［1545］

（明）黄甲撰

2014 年中医古籍出版社据明嘉靖本影
印本

所属丛书:中医古籍孤本大全

寅 3.2/3

0075 伤寒论条辨八卷 1589

附本草钞

　或问

　痉书

（明）方有执（中行）编撰

1. 清康熙陈友恭校刻本

2. 1957 年四川人民出版社据 1925 年渭
   南严氏刻本重印本

寅 3.2/42

0076 伤寒准绳八卷 1602

（清）王肯堂（宇泰、损庵、念西居士）辑

清光绪十八年壬辰（1892）上海图书集
成印书局铅印本

寅 3.2/62

0077 伤寒集验六卷 1633

（明）陈文治（国章、岳谿）编

1980 年上海古籍书店据明崇祯六年癸
酉（1633）刻本影印本

寅 3.2/17

0078 伤寒补天石二卷 1644

　　　续伤寒补天石二卷

（明）戈维城（存橘）撰

清宁波汲绠斋刻本

寅 3.2/8

0079 伤寒述微三卷 1646

（清）李杬撰

2014 年中医古籍出版社据清抄本影
印本

所属丛书:中医古籍孤本大全

寅 3.2/51

0080 尚论篇四卷首一卷 1648

又名尚论张仲景伤寒论重编三百九十
七法

（清）喻昌（嘉言、西昌老人）撰

1. 清顺治八年辛卯（1651）葵锦堂刻本

2. 清乾隆三十年乙酉（1765）黎川陈守
   诚嵩秀堂刻本

3. 清光绪二十六年庚子（1900）上海校
   经山房石印本（二卷本）

4. 清两仪堂刻本（二卷本）

5. 清刻本（二卷本）

寅 3.2/65

0081 尚论后篇四卷 1648

又名尚论张仲景伤寒论重编三百九十
七法

（清）喻昌（嘉言、西昌老人）撰

1. 清乾隆二十八年癸未（1763）黎川陈
   守诚嵩秀堂刻本

2. 民国上海校经山房石印本

寅 3.2/12

0082 伤寒缵论二卷 1663

（清）张璐（路玉、石顽老人）撰

1. 清康熙六年丁未（1667）明德堂刻本

2. 日本文化元年甲子（1804）思德堂
   刻本

寅 3.2/64

0083 伤寒大成五种 1665

（清）张璐（路玉、石顽老人）等撰

1. 清康熙六年丁未（1667）金阊书业堂刻本（七卷本，其伤寒绪论为二卷。存四种，缺诊宗三昧）
2. 清刻本（八卷本，其伤寒绪论为三卷。存四种，缺伤寒缵论）
子目：
(1) 伤寒绪论二卷　（清）张璐撰
(2) 伤寒舌鉴　（清）张登撰
(3) 伤寒兼症析义　（清）张倬撰
(4) 诊宗三昧　（清）张登编
(5) 伤寒缵论二卷　（清）张璐撰
寅 3.2/11

0084　伤寒兼症析义　　　　　1665
（清）张倬（飞畴）撰
清刻本
寅 3.2/21

0085　伤寒绪论三卷　　　　　1665
（清）张璐（路玉、石顽老人）撰
清刻本（存二卷）
寅 3.2/53

0086　伤寒论后条辨　　　　　1670
（清）程应旄（郊倩）撰
清康熙十年辛亥（1671）刻本
寅 3.2/30

0087　伤寒论纲目九卷　　　　　1673
（清）张志聪（隐庵）撰
2007 年中医古籍出版社据清康熙十二年癸丑（1673）刻本影印本
所属丛书：中医古籍孤本大全
寅 3.2/29

0088　伤寒附翼二卷　　　　　1674
（清）柯琴（韵伯）著
清乾隆刻本
寅 3.2/5

0089　伤寒论翼二卷　　　　　1674
（清）柯琴（韵伯）著
1. 清宏道堂刻本
2. 清三多斋刻本
寅 3.2/44

0090　伤寒论三注十六卷　　　　　1677
（清）周扬俊（禹载）编著
清光绪十三年丁亥（1887）味经堂刻本
寅 3.2/38

0091　伤寒正宗八卷　　　　　1680
（清）史以甲（子仁）撰
2009 年中医古籍出版社据清康熙十七年戊午（1678）刻本影印本
所属丛书：中医古籍孤本大全
寅 3.2/60

0092　伤寒论集注六卷　　　　　1683
（清）张志聪（隐庵）注　高世栻（士宗）纂集
1. 清同治九年庚午（1870）刻本
2. 清光绪二十五年己亥（1899）石印本
3. 清抄本
4. 民国十九年（1930）上海广益书局石印本
5. 民国上海进步书局石印本（附疟疾新论）
寅 3.2/31

0093　伤寒源流全集六卷　　　　　1697
（清）陶憺庵编
1985 年中医古籍出版社据清康熙三十六年丁丑（1697）刻本影印本
所属丛书：中医珍本丛书
寅 3.2/57

0094　伤寒来苏集八卷　　　　　1706
又名伤寒论注来苏集
（清）柯琴（韵伯）著
1. 清乾隆二十年乙亥（1755）刻本昆山绥福堂藏版
2. 清同治宏文阁刻本
3. 清金阊绿慎堂刻本（存六卷）
4. 清务本堂刻本
5. 清翻刻乾隆嘉庆间古香室刻本
6. 清苏州扫叶山房刻本（存六卷）
7. 清光绪刻本
8. 清刻本

9.民国上海文瑞楼石印本
子目:
(1)伤寒论注四卷
(2)伤寒论翼二卷
(3)伤寒附翼二卷
寅 3.2/23

0095 伤寒集注　　　　　　　1710
(清)舒诏(驰远、慎斋学人)编
清刻本(存五卷)
寅 3.2/18

0096 伤寒论直解六卷　　　　1712
(清)张锡驹(令韶)著
1.清康熙刻本(附伤寒论一卷附馀一卷)
2.清光绪十一年乙酉(1885)福州醉经
　阁刻本
寅 3.2/46

0097 伤寒大白四卷总论一卷　1714
(清)秦之桢(皇士)撰
清康熙五十三年甲午(1714)陈懋宽其
顺堂刻本
寅 3.2/10

0098 伤寒贯珠集八卷　　　　1729
又名宗圣要旨伤寒贯珠集
(清)尤怡(在泾、饲鹤山人)编注
清嘉庆十五年庚午(1810)朱陶性木活
字本白鹿山房藏版
寅 3.2/16

0099 伤寒古方通六卷　　　　1731
(清)王子接(晋三)著
民国刻本
寅 3.2/15

0100 医效秘传三卷　　　　　1742
(清)叶桂(天士、香岩、南阳先生)撰
1.清道光十一年辛卯(1831)刻本吴氏
　贮春仙馆藏版
2.民国石印本
寅 3.2/66

0101 伤寒正医录十卷　　　　1744
(清)薛成平(庸济)编

1994 年中医古籍出版社据清乾隆九年
甲子(1744)三当轩刻本影印本
所属丛书:中医古籍孤本大全
寅 3.2/59

0102 伤寒类证解惑四卷　　　1745
(清)张泰恒撰
2013 年中医古籍出版社据清光绪刻本
影印本
所属丛书:中医古籍孤本大全
寅 3.2/25

0103 伤寒悬解十四卷首一卷末一卷　1748
(清)黄元御(坤载、研农、玉楸子)撰
1.清道光十二年壬辰(1832)长沙徐氏
　燮酥精舍刻本
2.清宛邻书屋刻本
寅 3.2/54

0104 伤寒论类方　　　　　　1759
(清)徐大椿(灵胎、洄溪老人)编
1.清宣统二年庚戌(1910)陇右乐善书
　局刻本
2.清刻本
寅 3.2/35

0105 伤寒集注大成十卷　　　1770
(清)舒诏(驰远、慎斋学人)编
清乾隆三十五年庚寅(1770)双峰堂
刻本
寅 3.2/19

0106 再重订伤寒集注十五卷　1770
(清)舒诏(驰远、慎斋学人)编
清文胜堂刻本
寅 3.2/69

0107 伤寒易简三卷　　　　　1775
(清)王廷瑞(辑五)注　鉴庵编
2009 年中医古籍出版社据明崇祯二年
己巳(1629)刻本影印本
所属丛书:中医古籍孤本大全
寅 3.2/56

0108 伤寒论参注　　　　　　1776
(清)王更生编

2008 年中医古籍出版社据清乾隆稿本
影印本
所属丛书：中医古籍孤本大全
寅 3.2/28

0109　伤寒第一书四卷附馀二卷　　　1780
（清）车宗辂（质中）、胡宪丰（骏宁）撰
清乾隆四十九年甲辰（1784）刻本
寅 3.2/13

0110　伤寒瘟疫条辨六卷　　　1784
又名寒温条辨
附温病坏症
（清）杨璿（栗山、玉衡）撰
1. 清光绪十四年戊子（1888）三义堂
刻本
2. 民国十一年（1922）上海锦章图书局
石印本
寅 3.2/52

0111　伤寒谱八卷　　　1787
（清）沈凤辉（丹彩）撰
1980 年上海古籍书店据嘉庆八年癸亥
（1803）大中堂刻本影印本
寅 3.2/47

0112　感症宝筏四卷　　　1796
又名伤寒指掌
（清）吴贞安（坤安）撰
清宣统三年辛亥（1911）浙东印书局铅
印本
寅 3.2/1

0113　伤寒指掌四卷　　　1796
又名感症宝筏
（清）吴贞安（坤安）撰
民国七年（1918）上海鸿宝斋书局石印
陆懋修重订本
寅 3.2/61

0114　伤寒论浅注六卷　　　1797
（清）陈念祖（修园）撰
1. 清同治元年壬戌（1862）刻本
2. 清光绪十五年己丑（1889）江左书林
刻本

3. 清光绪二十一年乙未（1895）宏道堂
刻本
4. 清光绪二十七辛丑（1901）新化三味
书局刻本
5. 清嘉庆刻本（存一卷）
寅 3.2/37

0115　伤寒撮要四卷　　　1799
（清）王梦祖（竹坪）辑注
1. 清光绪三十四年戊申（1908）抄本
2. 民国十九年至二十年（1930—1931）
上海中医书局据静益山房刻本影
印本
寅 3.2/9

0116　伤寒论辑义七卷　　　1801
（日）丹波元简（廉夫）编注
日本文政五年壬午（1822）聿修堂刻本
寅 3.2/33

0117　伤寒真方歌括六卷　　　1803
（清）陈念祖（修园）撰
清光绪八年壬午（1882）三山林氏刻本
寅 3.2/58

0118　长沙方歌括六卷　　　1803
（清）陈念祖（修园）撰
1. 清光绪元年乙亥（1875）南雅堂刻本
2. 清光绪十五年己丑（1889）扫叶山房
刻本
3. 清刻本
寅 3.2/70

0119　伤寒寻源三卷　　　1850
（清）吕震名（茶村）撰
清光绪七年辛巳（1881）刻本
寅 3.2/55

0120　伤寒论章句四卷　　　1851
**　　　伤寒方解二卷**
（清）陈恭溥（退翁）编
1957 年福建省中医学术委员会复印本
寅 3.2/45

0121　伤寒审症表　　　1870
（清）包诚（兴言）撰

清同治十年辛未（1871）湖北崇文书局刻本

寅 3.2/50

0122 伤寒论尚论篇辨似 1872

（清）高学山（汉崝）编

清抄本

寅 3.2/39

0123 伤寒神秘精粹录 1875

（清）吴谦（六吉）撰

2014 年中医古籍出版社据清抄本影印本

所属丛书：中医古籍孤本大全

寅 3.2/49

0124 伤寒辨类二卷 ［1880］

（清）何世仁（元长、澹安）著　何时希校辑

1981 年上海古籍书店据青浦何时希藏书影印本

寅 3.2/7

0125 伤寒锦囊二卷 1881

（清）刘渭川撰

2009 年中医古籍出版社据清光绪七年辛巳（1881）三槐堂抄本影印本

所属丛书：中医古籍孤本大全

寅 3.2/22

0126 伤寒论浅注补正七卷 1884

（清）陈念祖（修园）撰　唐宗海（容川）补正

清光绪二十年甲午（1894）上海顺成书局石印本

寅 3.2/36

0127 余注伤寒论翼四卷 1888

（清）柯琴（韵伯）原撰　余景和（听鸿）重订　能静居士评

1. 清光绪十九年癸巳（1893）会稽扫闲居士孙思恭刻本

2. 清苏州绿荫堂刻本

寅 3.2/67

0128 伤寒论识六卷 1894

（日）浅田惟常（栗园、宗伯）撰　（民国）何廉臣（炳元、印岩）订

民国二十五年（1936）上海六也堂书药局铅印本

寅 3.2/41

0129 伤寒医诀串解六卷 ［1905］

（清）陈念祖（修园）撰

清刻本

寅 3.2/72

0130 伤寒方轨纲领 ［1912］

陈龄（士瞻）撰

民国抄本

寅 3.2/14

0131 伤寒三字经 1920

刘懋勋撰

民国十九年（1930）上海千顷堂书局石印本

寅 3.2/48

0132 伤寒论研究四卷 1923

恽铁樵（树钰）撰

民国十三年（1924）上海商务印书馆铅印本

寅 3.2/43

0133 伤寒论辑义按四卷 1927

恽铁樵（树钰）撰

1987 年油印本

寅 3.2/32

0134 伤寒论辑义按六卷 1927

恽铁樵（树钰）撰

民国十七年至十八年（1928—1929）上海商务印书馆铅印本

寅 3.2/32

0135 伤寒论今释八卷 1930

陆渊雷（彭年）撰

民国二十年（1931）上海国医学院铅印本

寅 3.2/34

0136 **伤寒六经新解** 1942
雒镛(声峻)撰
民国三十一年(1942)西安克兴印书馆铅
印本
寅 3.2/26

3.3 金匮要略

0137 **金匮要略方论三卷** 219
又名金匮玉函要略方论
(汉)张机(仲景)撰 (晋)王熙(叔和)
集 (宋)林亿校
民国上海涵芬楼影印本
寅 3.3/8

0138 **金匮要略二十四卷** 1671
(清)徐彬(忠可)注
民国上海涵芬楼影印本(存九卷)
寅 3.3/6

0139 **金匮要略论注二十四卷** 1671
(清)徐彬(忠可)注
1. 清道光二十二年壬寅(1842)扫叶山
房刻本
2. 清光绪五年己卯(1879)校经山房重
刻本
3. 清光绪五年己卯(1879)扫叶山房
刻本
寅 3.3/10

0140 **金匮玉函经二注二十二卷** 1687
(元)赵以德(良仁)衍义 (清)周扬俊
(禹载)补注
清嘉庆白鹿山房刻本
寅 3.3/16

0141 **金匮要略方论本义二十二卷** 1720
又名金匮玉函要略论注
(清)魏荔彤(念庭)释义
清刻本
寅 3.3/17

0142 **金匮心典三卷** 1729
(清)尤怡(在泾、饲鹤山人)集注

1. 清同治八年己巳(1869)刻本双白燕
堂藏版
2. 清光绪七年辛巳(1881)刻本崇德院
藏板
3. 清光绪三十年甲辰(1904)上海国文
书局石印本
4. 民国上海广益书局石印本(存二卷)
5. 旧抄本
寅 3.3/4

0143 **金匮翼八卷** 1768
(清)尤怡(在泾、饲鹤山人)编
民国三年(1914)上海文瑞楼石印本
寅 3.3/15

0144 **金匮要略浅注十卷** 1803
(清)陈念祖(修园)撰
1. 清道光十七年丁酉(1837)聚兴堂
刻本
2. 清咸丰五年乙卯(1855)重庆书业堂
刻本
3. 清同治八年己巳(1869)伟文堂刻本
4. 清光绪元年乙亥(1875)赖文海堂校
刻本
5. 清梓会堂刻本
寅 3.3/12

0145 **金匮方歌括六卷** 1830
(清)陈元犀(灵石)编
1. 清道光十六年丙申(1836)南雅堂
刻本
2. 清同治五年丙寅(1866)聚兴堂刻本
3. 清光绪五年己卯(1879)扫叶山房
刻本
4. 清光绪十八年壬辰(1892)上海图书
集成印书局铅印本
5. 清光绪二十一年乙未(1895)宏道堂
刻本
6. 清光绪三十二年丙午(1906)上海飞
鸿阁书局石印本
7. 清光绪三十三年丁未(1907)巴蜀善
成堂刻本

8. 清宏道堂刻本

寅 3.3/1

0146 **(高注)金匮要略八卷** ［1872］

(清)高学山(汉峙)著

2014 年中医古籍出版社据清稿本影
印本

所属丛书:中医古籍孤本大全

寅 3.3/5

0147 **金匮要略阙疑二卷** 1895

(清)叶霖(子雨)撰

新抄本

寅 3.3/13

0148 **金匮要略浅注方论合编十卷** 1908

(清)陈念祖(修园)撰　严岳莲编

清宣统元年己酉(1909)渭南严氏刻本

寅 3.3/11

0149 **金匮要略阐义** 1911

(清)汪近垣编

2011 中医古籍出版社据清咸丰十年庚
申(1860)稿本影印本

所属丛书:中医古籍孤本大全

寅 3.3/7

0150 **金匮要略讲义** 1912

邱崇(宗山)著

民国石印本

寅 3.3/9

0151 **金匮讲义二卷** ［1912］

杨叔澄辑

民国北平聚魁堂铅印本

寅 3.3/2

0152 **金匮要略五十家注二十四卷首一卷末
一卷** 1929

吴考槃(隐亭)编

1. 民国千顷堂书局铅印本

2. 1987 年甘肃中医学院图书馆据民国
千顷堂书局石印本复印本

寅 3.3/14

0153 **金匮脉证治歌** ［1935］

佚名著

旧抄本

寅 3.3/3

4 诊法

4.1 诊法通论

0154 诊家正眼二卷   1642
（明）李中梓（士材、念莪、尽凡居士）撰
    （清）尤乘（生洲、无求子）增补
清康熙六年丁未（1667）刻本（存一卷）
卯 4.1/1

0155 四诊抉微八卷   1723
附管窥附馀
（清）林之翰（慎庵、莒东逸老）撰
清雍正四年丙午（1726）玉映堂刻本本衙
藏版
卯 4.1/2

0156 诊断学汇编二卷   1913
（隋）杨上善撰注   廖平补注
民国十三年（1924）上海千顷堂书局石
印本
卯 4.1/3

0157 纪氏望闻问切秘诀   ［1934］
佚名著
旧抄本
卯 4.1/7

0158 诊断学讲义   1936
吴锡璜（瑞甫、黼堂）撰
民国二十五年（1936）厦门大同印务公
司铅印本
卯 4.1/4

0159 诊断治疗二卷   1949
陆渊雷（彭年）撰述
民国排印本
卯 4.1/5

0160 四时诊规   ［1949］
佚名著
稿本
卯 4.1/6

4.2 脉诊

0161 王氏脉诊十卷   280
（晋）王熙（叔和）撰
民国商务印书馆据四部丛刊本影印本
卯 4.2/1

0162 王叔和图注难经脉诀四卷   280
（晋）王熙（叔和）撰   （明）张世贤（天
成、静斋）注
1. 清康熙三十九年庚辰（1700）光启堂
   刻本
2. 清光绪文奎堂刻本
3. 清海清楼刻本
4. 清刻本翼经堂藏板（存二卷）
5. 清刻本
6. 清末文瑞堂刻本
卯 4.2/2

0163 脉诀指掌   1347
（元）朱震亨（彦修、丹溪）撰
清光绪二酉堂刻本
卯 4.2/3

0164 脉荟二卷   1547
（明）程伊（宗衡、月溪）撰
2011 年中医古籍出版社据明嘉靖三十
一年壬子（1552）刻本影印本
所属丛书：中医古籍孤本大全
卯 4.2/4

0165 濒湖脉学   1564
（明）李时珍（东璧、濒湖山人）撰
清刻本
卯 4.2/5

0166 家传太素脉秘诀二卷   1575
张太素（青城山人）撰
民国十七年（1928）北京天华馆铅印本
卯 4.2/6

0167 太素脉要   1592
（明）程大中撰
2011 年中医古籍出版社据明万历刻本影

印本

所属丛书:中医古籍孤本大全

卯 4.2/7

0168 **脉诀汇辩十卷** 1662

(清)李延昰(辰山、期叔)撰

1980 年上海古籍书店据清康熙五年丙午(1666)刻本影印本

卯 4.2/8

0169 **删注脉诀规正二卷** 1693

(清)沈镜(微垣)删注

1. 清光绪十八年壬辰(1892)宝庆务本书局刻本

2. 清善成堂刻本

卯 4.2/9

0170 **脉贯九卷** 1710

(清)王贤(世瞻)撰

1986 年中国中医研究院图书馆据清康熙五十年辛卯(1711)盛德堂刻本影印本

卯 4.2/10

0171 **脉如二卷** 1753

(清)郭治(元峰)撰

1969 年上海古籍出版社复印本

卯 4.2/11

0172 **三指禅三卷** 1827

(清)周学霆(荆威、梦觉道人)撰

清道光十二年壬辰(1832)宏道堂刻本

卯 4.2/12

0173 **脉理宗经四卷** 1868

(清)张福田著

2009 年中医古籍出版社据清光绪六年庚辰(1880)绛雪堂刻本影印本

所属丛书:中医古籍孤本大全

卯 4.2/13

0174 **脉学发微四卷** 1928

恽铁樵(树钰)撰

民国十九年(1930)上海恽铁樵医寓铅印本

所属丛书:药盦医学丛书

卯 4.2/14

0175 **脉学发微五卷** 1936

恽铁樵(树钰)撰

民国二十五年(1936)章巨膺医寓铅印本

所属丛书:药盦医学丛书

卯 4.2/15

4.4　舌诊

0176 **望色启微三卷** 1672

(清)蒋示吉(仲芳、自了汉)撰

2008 年中医古籍出版社据清康熙十一年壬子(1672)刻本影印本

所属丛书:中医古籍孤本大全

卯 4.4/1

0177 **叶天士先生辨舌广验** 1855

(清)叶桂(天士、香岩、南阳先生)撰

2013 年中医古籍出版社据清抄本影印本

所属丛书:中医古籍孤本大全

卯 4.4/2

0178 **舌鉴十三方** [1865]

佚名著

2013 年中医古籍出版社据清抄本影印本

所属丛书:中医古籍孤本大全

卯 4.4/2

0179 **舌图辨证** 1877

(清)何愚、朱黼合编

清光绪三年丁丑(1877)寄隐轩刻本

卯 4.4/3

0180 **舌鉴辨正二卷** 1894

(清)梁玉瑜(特岩)撰　陶保廉(拙存)录

1987 年抄本

卯 4.4/4

0181 **舌象图** [1900]

佚名著

清抄本

卯 4.4/7

0182 **舌谱** 1910

佚名著

清抄精绘本

卯 4.4/5

0183 **唇舌症候图** 1911

（清）力钧绘

2007 年中医古籍出版社据清光绪彩绘

本影印本

所属丛书：中医古籍孤本大全

卯 4.4/6

5　针灸推拿

5.1　针灸通论

0184　**黄帝针灸甲乙经**　　282
又名针灸甲乙经
（晋）皇甫谧（士安、玄晏先生）撰
（宋）林亿校
清光绪十一年乙酉（1885）四明存轩
刻本
辰 5.1/1

0185　**针灸择日编集**　　1447
（明）金循义、金义孙编
备急灸法
（宋）闻人耆年撰
清光绪十七年辛卯（1891）江宁藩署刻
本十瓣同心兰室藏版
辰 5.1/2

0186　**徐氏针灸大全六卷**　　1465
又名针灸大全
（明）徐凤（延瑞）编
1987 年甘肃中医学院图书馆复印本
辰 5.1/3

0187　**针灸大成十卷**　　1601
又名针灸大全、卫生针灸玄机秘要
（明）杨继洲（济时）撰　靳贤补辑重编
1. 清康熙十九年庚申（1680）山西平阳
　 李月桂刻本
2. 清道光十四年甲午（1834）志嶙轩
　 刻本
3. 清道光十九年己亥（1839）文发堂
　 刻本
4. 清咸丰宏道堂刻本（存一卷）
5. 清刻本
6. 民国十四年（1925）上海鸿宝斋书局
　 石印本（十二卷本）
7. 民国上海锦章书局石印本（十二卷本）
8. 民国上海简青斋石印本（十二卷本）

辰 5.1/4

0188　**针灸易学二卷**　　1798
（清）李守先（善述）撰
民国石印本
辰 5.1/5

0189　**针灸集成四卷**　　1874
又名勉学堂针灸集成
（清）廖润鸿撰
民国二十二年（1933）铅印本慈善会
存板
辰 5.1/6

5.2　经络孔穴

0190　**铜人腧穴针灸图经三卷**　　1026
又名黄帝内经明堂
（宋）王惟一（惟德）编
明刻本
辰 5.2/1

0191　**铜人徐氏针灸合刻**　　1465
明太医院参订
1. 明刻本
2. 1987 年甘肃中医学院图书馆摄影本
子目：
（1）铜人腧穴针灸图经三卷（存上卷）
　　 （宋）王惟一著
（2）徐氏针灸大全六卷（缺卷一）　（明）徐
　　 凤著
辰 5.2/2

0192　**凌氏传授铜人指穴**　　1795
佚名著
2013 年中医古籍出版社据清光绪刻本影
印本
所属丛书：中医古籍孤本大全
辰 5.2/3

0193　**经脉穴俞新考证二卷**　　1923
张寿颐（山雷）撰
民国十二年（1923）兰溪中医专门学校
油印本
辰 5.2/4

5.3 针灸方法

0194 **黄帝虾蟆经** 419
又名黄帝针灸虾蟆经
(日)和气奕世传
精抄本
辰 5.3/1

0195 **太乙神针** 1727
又名雷火针、太乙针方、太乙神针方、太
乙神针古方、经验太乙神针方
(清)范毓𬯀(培兰)编
民国二十一年(1932)上海万有书局据
清光绪四年戊寅(1878)洞庭小补轩刻
本影印本
辰 5.3/2

0196 **太乙离火感应神针** 1836
附治病图说
佚名著
2013 年中医古籍出版社据清光绪刻本
影印本
所属丛书:中医古籍孤本大全
辰 5.3/3

0197 **太乙神针集解** 1836
(清)孔广培(筱亭)参订
清刻本
辰 5.3/4

0198 **传悟灵济录二卷** 1869
(清)张衍思(有恒)撰
2005 年中医古籍出版社据清同治八年
己巳(1869)彩绘本影印本

所属丛书:中医古籍孤本大全
辰 5.3/5

0199 **针灸经验要辑** [1949]
佚名著
稿本
辰 5.3/6

0200 **针灸传真** [1976]
赵熙(辑庵)等编
铅印本
辰 5.3/7

5.5 推拿按摩

0201 **理瀹外治方要** 1864
又名理瀹骈文二十一膏良方、理瀹骈文
摘要
(清)吴师机(尚先、杖仙、安业)原撰
苏州官医局编
1980 年江苏广陵古籍刻印社影印本
所属丛书:广陵医籍丛刊第二辑
辰 5.5/1

0202 **新刊补注铜人腧穴针灸图经五卷**
[1234]
(宋)王惟一(惟德)编
1. 清宣统元年己酉(1909)影印本
2. 1980 年江苏广陵古籍刻印社重刻本
辰 5.5/2

0203 **按摩术及改正操** [1960]
李芳编
油印本
辰 5.5/3

6 本草

6.1 本草经

0204 新修本草残本十卷 626
（唐）李勣（徐世勣）等撰
1980 年上海古籍出版社影印本
巳 6.1/15

0205 救荒本草二卷附录一卷 1406
（明）朱橚撰
1959 年复印本
巳 6.1/10

0206 本草经疏三十卷 1625
（明）缪希雍（仲醇、慕台）撰
复印本
巳 6.1/4

0207 本草崇原三卷 1663
（清）张志聪（隐庵）撰 高世栻（士宗）
编订
清乾隆三十二年丁亥（1767）王琦校
刻本
巳 6.1/1

0208 本经逢原四卷 1695
（清）张璐（路玉、石顽老人）撰
1. 清光绪三十四年戊申（1908）渭南严
氏刻本
2. 清刻本（存三卷）
3. 民国十二年（1923）成都刻本
4. 民国石印本
5. 1957 年四川人民出版社据清光绪三
十四年戊申（1908）渭南严氏刻本影
印本
巳 6.1/7

0209 本草经解四卷附馀一卷 1724
又名本草经解要
（汉）姚球（颐真）撰 （清）叶桂（天士、
香岩、南阳先生）集注
民国十五年（1926）广益书局铅印本
巳 6.1/2

0210 神农本草经百种录 1736
（清）徐大椿（灵胎、洄溪老人）撰
清乾隆元年丙辰（1736）刻本
巳 6.1/11

0211 应用本草分类辑要 1801
华实孚撰
民国上海中华书局铅印本
巳 6.1/16

0212 本草经疏辑要八卷 1809
（清）吴世铠（怀祖）编
清嘉庆十四年己巳（1809）书业草堂
刻本
巳 6.1/3

0213 本经疏证十二卷 1837
（清）邹澍（润安、闰庵）撰
1. 清长年医局刻本
2. 清道光常郡韩文焕斋镌刻本（残本）
巳 6.1/9

0214 本经疏证十二卷 1837
本经序疏要八卷
本经续疏六卷
（清）邹澍（润安、闰庵）撰
清咸丰八年戊午（1858）常郡韩文焕斋
据常州长年医局刻本重刻本
巳 6.1/8

0215 神农本草经四卷 1844
（三国魏）吴普等述 （清）顾观光（尚
之、漱泉、武陵山人）辑
1. 清善成堂刻本
2. 清刻本渔古山房藏板
3. 民国上海中华书局石印本
巳 6.1/12

0216 本草三家合注六卷 1850
又名神农本草经合注
附神农本草经百种录
（清）郭汝聪（小陶）编
1. 清刻本
2. 民国上海鸿宝斋石印本
巳 6.1/5

0217　本经便读四卷　　　　　1869
附名医别论（残本）
（清）黄钰（宝臣）撰
民国石印本
巳 6.1/6

0218　神农本草经注论二卷　　　1929
孙巳云撰
民国二十年（1931）北京济生医室铅
印本
巳 6.1/13

0219　神农古本草经三卷　　　　1942
又名神农本草
附本说
　　三品逸文考异
刘复（民叔）编
民国三十一年（1942）上海中国古医学
会铅印古医汤液丛书本
巳 6.1/14

6.2　综合本草

0220　本草纲目五十二卷首一卷图二卷　1578
（明）李时珍（东璧、濒湖山人）撰　李
建中、李建元校正　李建元、李建木图
1. 明末刻本（存七卷）
2. 清康熙刻本
3. 清道光六年丙戌（1826）务本堂刻本
　 张云中重订
4. 民国五年（1916）上海鸿宝斋书局石
　 印本（附拾遗）
5. 民国上海锦章书局石印本
巳 6.2/9

0221　本草纲目五十二卷首一卷图二卷　1578
附濒湖脉学
　　脉诀考证
　　奇经八脉考
　　本草万方针线
　　本草纲目拾遗
（明）李时珍（东璧、濒湖山人）撰　李
建中、李建元校正　李建元、李建木图

民国元年（1912）上海章福记书局石
印本
巳 6.2/10

0222　本草纲目五十二卷首一卷图二卷　1578
附奇经八脉
　　万方针线
（明）李时珍（东璧、濒湖山人）撰　李
建中、李建元校正　李建元、李建木图
1. 清同治十一年壬申（1872）芥子园
　 刻本
2. 清刻本
巳 6.2/11

0223　药性纂要歌　　　　　　［1912］
徐时进集　季裘抄
民国抄本
巳 6.2/28

0224　尔雅翼三十卷　　　　　1174
（宋）罗愿（端良、存斋）撰
明正德十四年己卯（1519）罗文殊覆宋
刻本
巳 6.2/21

0225　履巉岩本草三卷　　　　1220
（宋）王介（圣与、默庵）编绘
1980 年影印本
巳 6.2/24

0226　重修政和经史证类备用本草三十卷
　　　　　　　　　　　　　　1249
又名重修政和本草
（宋）唐慎微（审元）原撰　（元）曹孝忠
校　（宋）张存惠（魏卿）校补
1. 民国八年至二十五年（1919—1936）
　 上海商务印书馆据金泰和四年甲子
　 （1204）晦明轩刻本影印四部丛刻本
2. 1957 年人民卫生出版社据蒙古定宗
　 四年己酉（1249）张存惠晦明轩刻本
　 影印本
3. 2010 年中医古籍出版社据蒙古定宗四
　 年己酉（1249）张存惠晦明轩刻本影印
　 本（所属丛书：中医古籍孤本大全）
巳 6.2/31

0227 **汤液本草三卷** 1298
（元）王好古（进之、海藏）撰
清初刻本
巳 6.2/26

0228 **本草蒙筌十二卷总论一卷** 1565
（明）陈嘉谟（廷采、月朋子）撰
1. 1962 年成都中医学院据北京图书馆
藏本复印本
2. 1985 年甘肃中医学院图书馆影印本
巳 6.2/14

0229 **太乙仙制本草药性大全八卷** 1599
（明）王文浩（冰鉴、抚东五为子）撰
2001 年中医古籍出版社据明陈孙安积
善堂刻本影印本
所属丛书：中医古籍孤本大全
巳 6.2/25

0230 **本草原始十二卷** 1612
又名本草原始合雷公炮制、增图本草原
始、新增图考本草原始
（明）李中立（正宇）纂辑
1. 清乾隆五十一年丙午（1786）存诚堂
刻本安雅堂藏版
2. 清嘉庆二十三年戊寅（1818）经余堂
刻本（存四卷）
3. 2006 年中医古籍出版社据清光绪五
年己卯（1879）刻本影印本（所属丛
书：中医古籍孤本大全）
巳 6.2/20

0231 **本草通玄四卷** 1655
又名本草通元
（明）李中梓（士材、念莪、尽凡居士）撰
民国上海校经山房石印本（存二卷）
巳 6.2/19

0232 **精校本草纲目五十二卷** 1655
（清）吴玉涵（毓昌）注
民国五年（1916）上海鸿宝斋书局石
印本
巳 6.2/23

0233 **本草述三十二卷首一卷** 1664
（清）刘若金（云密、蠡园逸叟）著　薛

恮秉校订
民国二十一年（1932）上海万有书局石
印本
巳 6.2/18

0234 **（增补）本草备要八卷** 1694
又名补图本草备要
（清）汪昂（讱庵）撰
1. 清光绪三十三年丁未（1907）上海同
文书局石印本（存卷一）
2. 民国三年（1914）上海共和书局石
印本
3. 本民国二十四年至三十七年（1935—
1948）上海广益书局石印本
巳 6.2/1

0235 **（增订）本草备要四卷** 1694
又名增补本草备要图注、新镌增补详注
本草备要
（清）汪昂（讱庵）撰
1. 清康熙休宁吴德辉还读斋刻本
2. 清道光二十七年丁未（1847）刻本
3. 清刻本
巳 6.2/3

0236 **（增订）本草备要四卷** 1694
又名增订图注本草备要
附汤头歌括
（清）汪昂（讱庵）撰
清咸丰元年辛亥（1851）苏州桐石山房
刻本
巳 6.2/4

0237 **本草品汇精要四十二卷续集十卷** 1700
脉诀四言举要
本草品汇精要校勘记
（明）刘文泰等撰　（清）王道纯等续编
民国二十五年至二十六年（1936—
1937）上海商务印书馆铅印本
巳 6.2/15

0238 **药性通考八卷** 1722
附辑录神效单方二卷
（清）太医院编
清道光二十九年己酉（1849）京都刻本

巳 6.2/27

0239 长沙药解四卷 1753

（清）黄元御（坤载、研农、玉楸子）撰

1. 清咸丰七年丁巳（1857）刻本
2. 清光绪二十二年丙申（1896）上海图书集成印书局铅印本

巳 6.2/30

0240 本草从新六卷 1757

（清）吴仪洛（遵程）编

1. 清光绪六年庚辰（1880）扫叶山房刻本
2. 清光绪七年辛巳（1881）恒德堂刻本

巳 6.2/6

0241 本草从新十八卷 1757

（清）吴仪洛（遵程）编

1. 清道光二十六年丙午（1846）瓶花书屋校刻本同治九年庚午（1870）重印本
2. 清光绪二十年甲午（1894）学库山房刻本
3. 民国九年（1920）恒德堂刻本

巳 6.2/7

0242 本草纲目拾遗十卷首一卷 1765

（清）赵学敏（恕轩、依吉）撰

1. 清同治十年辛未（1871）吉心堂刻本
2. 民国上海锦章书局石印本

巳 6.2/8

0243 本草求真九卷 1769

脉理求真三卷

（清）黄宫绣（锦芳）撰

1. 清绿圃斋刻本
2. 清刻本学源堂藏版（存六卷）
3. 民国上海广益书局石印本

巳 6.2/16

0244 法古录 1780

（清）鲁永斌（宪德）撰

1982 年上海古籍书店据清乾隆四十五年庚子（1780）稿本影印本

巳 6.2/22

0245 本草述钩元三十二卷 1833

（清）刘若金（云密、蠢园逸叟）原撰

杨时泰（贞颐、穆如）编

1. 清道光二十二年壬寅（1842）毗陵涵雅堂刻本
2. 民国十年（1921）上海进化书局石印本

巳 6.2/17

0246 （增补）本草纲目五十二卷 1850

（清）吴玉涵（毓昌）注

清光绪三十二年丙午（1906）萃珍书局铅印本

巳 6.2/2

0247 本草汇纂三卷 1863

（清）屠道和（燮臣）撰

民国二十六年（1937）北平国医砥柱月刊社铅印本

巳 6.2/13

0248 要药分剂补正 1905

（清）沈金鳌（芊绿、汲门、尊生老人）原辑　刘鹗（铁云）补正

2007 年中医古籍出版社据清光绪三十一年乙巳（1905）稿本影印本

所属丛书：中医古籍孤本大全

巳 6.2/29

0249 本草备要不分卷

（清）汪昂（讱庵）撰

清光绪三十年甲辰（1904）晋升山房刻本

巳 6.2/5

6.3 歌括、便读

0250 珍珠囊药性赋二卷 1465

（元）李杲（明之、东垣老人）撰　（明）熊均（宗立、道轩、勿听子）校补

1. 清刻本
2. 清刻本（存一卷）

巳 6.3/8

0251 珍珠囊指掌补遗药性赋四卷　　1622
又名增补雷公炮制药性赋解
（元）李杲（明之、东垣老人）撰
清经纶堂刻本
巳 6.3/10

0252 珍珠囊药性赋医方捷径　　1627
附药性歌括
（明）罗必炜参订
民国二十三年（1934）上海铸记书局石
印本
巳 6.3/9

0253 （太医院增补）青囊药性赋直解三卷
1627
（明）罗必炜编
民国上海锦章书局石印本
巳 6.3/1

0254 伤寒歌括六卷　　1803
（清）陈念祖（修园）撰
清咸丰九年己未（1859）三山林氏味根
斋校刻本
巳 6.3/2

0255 长沙集六卷　　1803
又名陈修园长沙方歌括
（清）陈念祖（修园）撰
清宏道堂刻本
巳 6.3/7

0256 药性蒙求　　1856
（清）张仁锡（希白）编
1979 年上海古籍书店复印上海中医学院
藏书
巳 6.3/5

0257 药要便蒙新编二卷　　1881
又名药性新赋
（清）谈鸿鋆（问渠）编
清光绪十八年壬辰（1892）京都龙光斋
刻本
巳 6.3/6

0258 四言药性　　［1924］
含用药指迷
佚名著　佚名抄

旧抄本
巳 6.3/3

0259 药赋新编　　1935
佚名著
民国二十四年（1935）佚名抄本
巳 6.3/4

6.4　食疗本草

0260 食物本草四卷　　［1520］
佚名著
2014 年中医古籍出版社据明彩绘本影
印本
所属丛书：中医古籍孤本大全
巳 6.4/2

0261 食品集二卷附录一卷　　1537
（明）吴禄辑
1980 年北京中国书店据明嘉靖三十五
年丙辰（1556）刻本影印本
巳 6.4/1

0262 食物本草二十二卷　　1627
（元）李杲（明之、东垣老人）编　（明）
李时珍（东璧、濒湖山人）参订
1985 年中国古籍出版社影印本
巳 6.4/3

0263 食物本草会纂十二卷　　1691
附食物本草图十卷
（清）沈李龙（云将）编
清康熙三十年辛未（1691）欲静楼刻本
巳 6.4/4

0264 随息居饮食谱　　1861
（清）王士雄（孟英、潜斋、随息居士）编
清光绪三十年甲辰（1904）石印本
巳 6.4/5

6.6　炮制

0265 （新刊）雷公炮制便览　　1590
（明）俞汝溪编
2008 年中医古籍出版社据明刻本影

印本

所属丛书:中医古籍孤本大全

巳 6.6/1

0266 雷公炮制药性赋四卷 1622

又名珍珠囊指掌补遗药性赋

(元)李杲(明之、东垣老人)撰

清光绪三十二年丙午(1906)扫叶山房
刻本

巳 6.6/2

0267 雷公炮制药性赋解六卷 1622

(元)李杲(明之、东垣老人)撰 (明)
李中梓(士材、念莪、尽凡居士)编

1. 清光绪十二年丙戌(1886)江左书林
刻本
2. 清光绪刻本
3. 清校经山房刻本
4. 清群玉山房刻本
5. 民国十五年(1926)上海会文堂书局
铅印本

子目:

(1)珍珠囊指掌补遗药性赋四卷 (元)李
杲编

(2)雷公炮制药性解六卷 (明)李中梓编

巳 6.6/3

0268 (增补)珍珠囊雷公炮制药性赋解十卷
1622

(元)李杲(明之、东垣老人)撰

民国三年(1914)上海广益书局石印本

子目:

(1)珍珠囊指掌补遗药性赋四卷 (元)李

杲编

(2)雷公炮制药性解六卷 (明)李中梓编

巳 6.6/4

0269 丸散膏丹自制法 1925

胡安邦编

民国十四年(1925)上海中华新教育社
石印本

巳 6.6/5

6.7 本草谱录

0270 滇南本草图说十二卷 1556

(明)兰茂(廷秀、止庵、和光道人)撰

2007年中医古籍出版社据清乾隆三十
八年癸巳(1773)抄本影印本

所属丛书:中医古籍孤本大全

巳 6.7/1

0271 二如亭群芳谱二十八卷首一卷 1619

(明)王象晋(荩臣、康宁)撰 陈继儒
(仲醇)等校

明天启元年辛酉(1621)文富堂刻本

巳 6.7/2

0272 本草图谱 1630

(明)周禧绘 周仲文撰文

2011年中医古籍出版社据清初彩绘本
影印本

所属丛书:中医古籍孤本大全

巳 6.7/3

7 方书

7.1 晋唐方书

0273 千金方　　　651
（唐）孙思邈撰
清刻本
午 7.1/1

0274 千金翼方三十卷　　　682
（唐）孙思邈撰
1. 清乾隆十一年丙寅（1746）金匮华氏据元大德刻本影刻本
2. 民国五年（1916）上海鸿宝斋书局石印本
3. 民国上海鸿章书局石印本
4. 1955 年人民卫生出版社据日本影刻大德梅溪书院本影印本
午 7.1/2

0275 备急千金要方三十卷　　　682
又名孙真人备急千金要方
（唐）孙思邈撰　（宋）林亿校
1. 清光绪影宋刻本重印本
2. 清刻本京都太医院藏板
3. 民国四年（1915）江左书林石印本
4. 民国鸿宝斋书局石印本
午 7.1/3

0276 外台秘要四十卷　　　752
（唐）王焘撰
1. 明崇祯十三年庚辰（1640）新安程衍道刻本
2. 清同治十三年甲戌（1874）广东翰墨园刻本
3. 清光绪二十四年戊戌（1898）上海图书集成印书局铅印本
午 7.1/4

7.2 宋元方书

0277 新编备急管见大全良方　　　1024
（宋）陈自明（良甫、药隐老人）撰
2005 年中医古籍出版社据清抄本影印本
所属丛书：中医古籍孤本大全
午 7.2/14

0278 内翰良方十卷　　　1075
（宋）苏轼（子瞻、东坡）、沈括（存中）编
民国十四年（1925）上海千顷堂书局石印本
午 7.2/3

0279 苏沈良方八卷　　　1075
又名苏沈内翰良方、内翰良方
（宋）苏轼（子瞻、东坡）、沈括（存中）等编
1. 清乾隆四十一年丙申（1776）武英殿活字本
2. 清光绪二十三年丁酉（1897）武强贺氏刻本
午 7.2/10

0280 圣散子方　　　1100
（宋）苏轼（子瞻、东坡）传
2005 年中医古籍出版社据明嘉靖刻本影印本
所属丛书：中医古籍孤本大全
午 7.2/9

0281 圣济总录二百卷　　　1117
又名政和圣济总录、大德重校圣济总录
（宋）徽宗赵佶敕撰
民国八年（1919）上海文瑞楼石印本
午 7.2/8

0282 千金宝要六卷　　　1124
（唐）孙思邈原撰　（宋）郭得（思之）编
清抄本
午 7.2/5

0283 全生指迷方四卷 1125
（宋）王貺（子亨）撰
民国十九年（1930）上海中医书局石印本
午 7.2/6

0284 鸡峰普济方三十卷 1132
（宋）张锐（子刚）撰
1988 年中国古籍出版社复印本
午 7.2/2

0285 普济本事方十卷
本事方续集十卷 1132
又名类证普济本事后集
（宋）徐叔微（知可）撰
1986 年甘肃中医学院图书馆复印本
午 7.2/4

0286 太平惠民合剂局方十卷 1151
（宋）陈师文等校正
民国十四年（1925）上海校经山房石印本
午 7.2/11

0287 三因极一病证方论十八卷 1174
又名三因极一病源论粹、三因方
（宋）陈言（无择）撰
1. 民国上海文瑞楼石印本
2. 民国抄本
午 7.2/7

0288 易简方 1191
（宋）王硕（德肤）撰
1987 年南京中医学院图书馆据日本文化十四年丁丑（1817）刻本复印本
午 7.2/13

0289 永类钤方二十二卷首一卷 1331
（元）李仲南（栖碧山中人）撰
1983 年北京大学出版社据元至顺刻本影印本
午 7.2/12

0290 本事方释义十卷 1746
（宋）许叔微（知可）原撰 （清）叶桂（天士、香岩、南阳先生）释义

清嘉庆十九年甲戌（1814）姑苏扫叶山房刻本
午 7.2/1

7.3 明代方书

0291 回回药方三十六卷 1367
（明）佚名著
1. 民国二十八年（1939）协和医院图书馆据明刻本抄本（存三卷）
2. 1998 年北京学苑出版社据协和医院抄本影印本
午 7.3/2

0292 （新编）名方类证医书大全二十四卷 1446
又名医书大全、名方类证
（明）熊均（宗立、道轩、勿听子）编
1985 年中医研究院图书情报中心据明刻本影印本
午 7.3/5

0293 奇效良方六十九卷 ［1449］
又名太医院经验奇效良方大全
（明）董宿原辑 方贤纂集 杨文翰校正
明成化刻本（有抄配）
午 7.3/7

0294 救急易方 1449
（明）赵叔文（季敷）编
2001 年中医古籍出版社据明成化十五年己亥（1479）刻本影印本
所属丛书：中医古籍孤本大全
午 7.3/3

0295 医方选要十卷 1495
（明）周文采编
1985 年中国中医研究院据明刻本影印本
午 7.3/17

0296 摄生众妙方十一卷 1550
（明）张时彻（维静、东沙、九一）编

1980年江苏广陵古籍刻印社据明嘉靖刻本影印本

午 7.3/11

0297　医便五卷　　　　　　　1569

（明）王君赏等编

1980年上海古籍书店影印本

午 7.3/15

0298　（新刊）三丰张真人神速万应方四卷

　　　　　　　　　　　　　　〔1570〕

（明）孙天仁编

2013年中医古籍出版社据明抄本影印本

所属丛书：中医古籍孤本大全

午 7.3/10

0299　传信尤易方八卷　　　　　　1570

（明）曹汝励（叔强、连塘）编

2003年中医古籍出版社据明隆庆四年庚午（1570）刻本影印本

所属丛书：中医古籍孤本大全

午 7.3/1

0300　武林陈氏家传仙方佛法灵寿丹　1588

又名灵寿丹方

（明）陈楚良（益元道人）编

2014年中医古籍出版社据明刻本影印本

所属丛书：中医古籍孤本大全

午 7.3/12

0301　众妙仙方四卷　　　　　　1595

（明）冯时可（元成、敏卿）编

1987年中医古籍出版社复印本

所属丛书：中医珍本丛书

午 7.3/19

0302　类方准绳八卷　　　　　　1602

又名杂病证治类方

（明）王肯堂（宇泰、损庵、念西居士）撰

清光绪十八年壬辰（1892）上海图书集成印书局铅印本

午 7.3/4

0303　墨宝斋集验方　　　　　　1609

（明）郑泽（于荣）集

2011年中医古籍出版社据明刻本影印本

所属丛书：中医古籍孤本大全

午 7.3/6

0304　玉笥龙瑞方　　　　　　　1619

（明）黄建中编

2005年中医古籍出版社据明天启二年壬戌（1622）刻本影印本

所属丛书：中医古籍孤本大全

午 7.3/18

0305　仁文书院集验方七卷　　　1622

（明）邹元标（尔瞻、南皋）撰

2003年中医古籍出版社据明天启刻本影印本

所属丛书：中医古籍孤本大全

午 7.3/9

0306　新方八阵二卷　　　　　　1624

（明）张介宾（景岳、会卿、通一子）撰

周弘度（公望）校订

清抄本

午 7.3/13

0307　悬袖便方四卷　　　　　　1629

（明）张延登（济美、华东）编

2008年中医古籍出版社据明崇祯二年己巳（1629）刻本影印本

所属丛书：中医古籍孤本大全

午 7.3/14

0308　祖剂四卷　　　　　　　　1640

（明）施沛（沛然、笠泽居士）撰

1981年上海中医学院复印本

午 7.3/20

0309　医方考绳愆六卷　　　　　1854

（明）吴崑（山甫、鹤皋山人、参黄子）撰

（日）北山友松绳愆

1980年甘肃中医学院图书馆复印本

午 7.3/16

7.4 清代方书

0310 **本草万方针线八卷** 1655
（清）蔡烈先（茧斋）编
清乾隆四十九年甲辰（1784）金阊书业
堂刻本
午 7.4/5

0311 **医方小品** 1657
（清）宋良弼编
2005 年中医古籍出版社据清初刻本影
印本
所属丛书：中医古籍孤本大全
午 7.4/78

0312 **方以类聚五十卷** 1677
（清）张勇辑
1.清康熙三十六年丁丑（1697）刻本
2.1986 年甘肃中医学院图书馆复印本
午 7.4/12

0313 **医方集解三卷** 1682
（清）汪昂（讱庵）撰
1.清光绪五年己卯（1879）扫叶山房
刻本
2.清光绪二十年甲午（1894）刻本文奎
堂藏板
3.清光绪二十二年丙申（1896）上海图
书集成印书局铅印本（二十二卷本）
4.清两仪堂刻本
5.清三槐堂刻本
6.清有怀堂刻本
7.清刻本
8.民国十一年（1922）江阴宝文堂刻本
9.民国十二年（1923）上海锦章图书局
石印本
10.民国石印本（二十三卷本，存二十
卷）
午 7.4/76

0314 **程氏易简方论六卷** 1683
（清）程履新（德基）编

清嘉庆二十二年丁丑（1817）吴县石韫玉
刻本
午 7.4/8

0315 **汤头歌诀** 1694
（清）汪昂（讱庵）撰
1.清光绪二年丙子（1876）墨润堂刻本
（附经络歌诀）
2.清光绪三十三年丁未（1907）上海同
文书局石印本
3.清刻本（附经络歌诀）
午 7.4/58

0316 **惠直堂经验方四卷** 1695
（清）陶承熹（东亭）编
1987 年甘肃中医学院图书馆复印本
午 7.4/23

0317 **千金方衍义三十卷** 1698
（唐）孙思邈原撰　（清）张璐（路玉、石
顽老人）衍义
清扫叶山房刻本
午 7.4/48

0318 **寿世良方八卷** 1703
（清）李士麟（孝则、静山）编
2011 年中医古籍出版社据清康熙四十
二年癸未（1703）刻本影印本
所属丛书：中医古籍孤本大全
午 7.4/56

0319 **同仁堂药目** 1706
（清）乐凤鸣（梧岗）编
1.清光绪十五年己丑（1889）同仁堂
刻本
2.民国十二年（1923）刻本
午 7.4/59

0320 **良朋汇集经验神方五卷** 1711
（清）孙伟（望林）编
1.清康熙五十年辛卯（1711）世荣堂
刻本
2.清道光四年甲申（1824）姑苏崇德书
院刻本（附急救仙方）
3.清善成堂刻本（附急救仙方）

4. 清刻本（存一卷）

5. 清抄本

午 7.4/43

0321　自在壶天五卷　　　　　1711

（清）孙继朗（亦倩）抄传

1983 年天津古籍书店据清康熙五十年
辛卯（1711）抄本影印本

午 7.4/89

0322　巫斋急应奇方　　　　　1717

（清）巫斋居士编

2005 年中医古籍出版社据清稿本影
印本

所属丛书：中医古籍孤本大全

午 7.4/25

0323　绛雪园古方选注　　　　　1731

附得宜本草

（清）王子接（晋三）注　叶桂（天士、香
岩、南阳先生）校

1. 清雍正九年辛亥（1731）扫叶山房
刻本

2. 清介景楼刻本

3. 清扫叶山房刻本

午 7.4/32

0324　古方选注四卷　　　　　1732

又名十三科选注

（清）王子接（晋三）撰

民国上海千顷堂书局石印本

午 7.4/15

0325　是乃仁术医方集　　　　　1733

（清）糜世俊编

2001 年中医古籍出版社据清雍正十一
年癸丑（1733）稿本影印本

所属丛书：中医古籍孤本大全

午 7.4/55

0326　卫生编三卷

（清）糜世俊编

1987 年中医古籍出版社复印本

所属丛书：中医珍本丛书

午 7.4/64

0327　卫生编三卷　　　　　1737

（清）石文爓（右容）编

2005 年中医古籍出版社据清乾隆二年
丁巳（1737）刻本影印本

所属丛书：中医古籍孤本大全

午 7.4/64

0328　吴氏医方类编　　　　　1744

（清）吴杖仙撰

2011 年中医古籍出版社据清乾隆九年
甲子（1744）稿本影印本

所属丛书：中医古籍孤本大全

午 7.4/65

0329　涵秋堂纂集经验秘方六卷　　　　　1744

（清）林山甫（芃郎）纂编　林友甫、林
伯甫校订

清道光十六年丙申（1836）刻本

午 7.4/16

0330　新增屡效方　　　　　［1753］

（清）佚名著

清上湘刘讲斋刻本

午 7.4/70

0331　经验广集四卷　　　　　1754

又名经验广集良方、仙拈集

（清）李文炳（焕章）汇集　李友洙（瑞
夫）订

1. 清乾隆四十三年戊戌（1778）山右李
氏刻本椿荫堂藏板

2. 清乾隆刻本

3. 清刻本（存二卷）

4. 清刻本（存卷四）

午 7.4/34

0332　串雅内编四卷　　　　　1759

（清）赵学敏（恕轩、依吉）编

1. 清光绪十四年戊子（1888）榆园刻本

2. 精抄本

午 7.4/9

0333　成方切用十二卷首一卷末一卷　　　　　1761

（清）吴仪洛（遵程）编

清乾隆二十六年辛巳（1761）吴氏利济

堂刻本

所属丛书:吴氏医学述

午 7.4/7

0334 同寿录四卷尾一卷 1762

(清)曹氏撰　乐苦抄

1. 清道光二十八年戊申(1848)文馨斋
刻本

2. 1949 年抄本

午 7.4/60

0335 (增注)古方新解八卷 1764

(清)徐大椿(灵胎、洄溪老人)原撰

(民国)陆士谔(守先)编

民国九年(1920)上海广文书局石印本

午 7.4/85

0336 玄机活法 [1764]

(清)沈尧封(又彭)撰

2013 年中医古籍出版社据清抄本影
印本

所属丛书:中医古籍孤本大全

午 7.4/71

0337 种福堂公选良方四卷 1766

又名种福堂续选医案、种福堂续选临证
指南

(清)叶桂(天士、香岩、南阳先生)撰

华岫云(南田)编

清文盛堂刻本清刻本(存卷三)

子目:

(1)温热论一卷

(2)公选良方三卷

午 7.4/87

0338 慈惠小编三卷 1775

(清)钱守和(靖邦、觉非)等撰

2005 年中医古籍出版社据清乾隆四十
年乙未(1775)刻本影印本

所属丛书:中医古籍孤本大全

午 7.4/10

0339 (增订)本草附方二卷 1785

(清)佚名著

清乾隆五十年乙巳(1785)和采堂刻本

午 7.4/82

0340 经验良方 1786

(清)陆画邨编

清咸丰七年丁巳(1857)刻本

午 7.4/35

0341 回生集二卷 1789

(清)陈杰(乐天叟)编

清抄本

午 7.4/20

0342 经验奇方 1789

(清)倪瑶璋撰

清嘉庆二十二年丁丑(1817)榆中栖云
山藏本

午 7.4/37

0343 汇刻经验良方 1791

(清)毛世洪(达可、枫山)编

1992 年北京科学技术出版社影印本

子目:

(1)便易经验集

(2)敬信录经验方

(3)续刊经验方

(4)几希录一卷附方一卷

(5)济世养生集

(6)经验良方

(7)新集良方

(8)汇刊经验方

(9)摘录叶天士经验方

(10)张卿子经验方

(11)良方拣要

(12)养生至论

午 7.4/21

0344 本草纲目万方类编三十二卷 1800

又名古今名医万方类编

(清)曹绳彦(鞠庵)编选

民国二十五年(1936)上海大东书局铅
印本

午 7.4/4

0345 时方歌括二卷 1801

(清)陈念祖(修园)撰

1. 清稽古堂刻本

2. 民国石印本

午7.4/53

0346 景岳新方砭四卷　1802

（清）陈念祖（修园）撰

1. 清嘉庆九年甲子（1804）刻本

2. 清光绪刻本

3. 清稽古堂刻本

午7.4/39

0347 时方妙用四卷　1803

（清）陈念祖（修园）著

1. 清稽古堂刻本（附时方歌括）

2. 清文奎堂刻本

午7.4/54

0348 敬修堂药说　1804

（清）钱澍田撰

清刻本

午7.4/40

0349 壶中医相论　1809

壶中药方便

（清）朱颜驻撰

2009年中医古籍出版社据清道光刻本影印本

所属丛书：中医古籍孤本大全

午7.4/2

0350 山居济世方二卷　1817

（清）戴辉撰

2009年中医古籍出版社据清嘉庆二十二年丁丑（1817）稿本影印本

所属丛书：中医古籍孤本大全

午7.4/51

0351 神效集　1817

附急救应验良方

（清）佚名著

清光绪十九年癸巳（1893）兰省东华观刻本

午7.4/52

0352 济世良方四卷　1827

（清）汪广期编

清道光刻本

0353 医方择要二卷　1829

（清）文祥（绮园）等编

1982年杭州古旧书店复印本

午7.4/80

0354 百毒解　1832

又名赖氏新纂百毒解

（清）赖光德、赖福邦撰

2009年中医古籍出版社据清道光十二年壬辰（1832）先慎堂刻本影印本

所属丛书：中医古籍孤本大全

午7.4/2

0355 汇生集要三十四卷　1834

又名至宝良方

（清）陈廷瑞著

2011年中医古籍出版社据清道光十四年甲午（1834）刻本影印本

所属丛书：中医古籍孤本大全

午7.4/22

0356 青囊集解六卷　1834

（清）吴筠（慈惠宗正真人）著

清道光十四年甲午（1834）刻本

午7.4/49

0357 良方集腋二卷附方一卷　1841

（清）谢元庆（蕙庭）编　王庆霄（喆林）校订

清道光二十二年壬寅（1842）留耕堂刻本

午7.4/42

0358 良朋集腋合璧　1842

（清）谢元庆（蕙庭）编　王庆霄（喆林）校订

清咸丰刻本

午7.4/44

0359 济世良方合编六卷附补遗四卷　1845

（清）周其芬原编　莹轩氏增辑

清同治四年乙丑（1865）至同治七年戊辰（1868）武昌节署刻本

午7.4/30

0360 爱庐方案 1846
又名临证经验方
（清）张大燨（仲华）编
清光绪八年壬午（1882）刻本
午7.4/1

0361 验方新编十六卷 1846
（清）鲍相璈（云韶）编辑
1.清光绪十六年庚寅（1890）刻本
2.清刻本（存卷一）
3.清刻本（存卷一至八）
4.清刻本（存卷十一）

0362 验方新编十六卷 1846
（清）鲍相璈（云韶）编辑
附痧症全书三卷
（清）王凯（养吾）编辑
咽喉秘集二卷
（清）张宋良（留仙）、吴阙名原本　海
山仙馆编梓
1.清同治三年甲子（1864）北京文贵堂
刻本
2.清同治九年庚午（1870）刻本
3.民国二十二年至三十七年（1933—
1948）上海广益书局石印本
午7.4/75

0363 （校正增广）验方新编十八卷 1846
（清）鲍相璈（云韶）编　张绍棠（又棠）
增辑　李龙订校
1.清光绪三十年甲辰（1904）上海洽记
书局石印本
2.民国石印本
午7.4/68

0364 （选录）验方新编十八卷 1846
（清）鲍相璈（云韶）撰　张绍棠（又棠）
增辑
民国上海广百宋斋铅印本
午7.4/72

0365 （新辑）验方新编十八卷 1846
（清）鲍相璈（云韶）编　张绍棠（又棠）
增辑

民国十四年（1925）上海启新书局石印
本（存十五卷,缺卷九至十一）
午7.4/74

0366 （重订）验方新编十八卷 1846
又名（增辑）验方新编、中国名医验方
集成
（清）鲍相璈（云韶）编　张绍棠（又棠）
增辑
清光绪三十三年丁未（1907）上海铸记
书局石印本
午7.4/83

0367 （校正增广）验方新编二十四卷 1846
（清）鲍相璈（云韶）编　张绍棠（又棠）
增辑　李龙订校
1.清光绪四年戊寅（1878）上洋珍艺书
局仿聚珍版铅印本
2.清光绪二十一年乙未（1895）上海宝
善书局石印本
午7.4/73

0368 赛金丹二卷 1847
（清）徐半峰（纯一、蕴真子）编
清同治刻本
午7.4/50

0369 五种经验方 1850
（清）叶志诜（廷方、东卿）编
清道光三十年庚戌（1850）粤东抚署
刻本
午7.4/66

0370 经验良方大全十卷 1851
（清）黄统（伯垂）著　王孟英续编
民国上海进步书局石印本
午7.4/36

0371 经验神效良方 1851
（清）佚名著
清光绪十七年辛卯（1891）抄本
午7.4/38

0372 医方易简新编六卷 1851
又名家用良方、易简新编
（清）龚自璋（月川）、黄统（伯垂）合编

1. 清咸丰四年甲寅（1854）顺德道署刻本
2. 清光绪十五年己丑（1889）浙江慈还读轩刻本
3. 民国三年（1914）三槐堂石印本

午 7.4/79

0373　厚德堂集验方萃编四卷首一卷　1865
（清）奇克唐阿（慎修）编
清光绪七年辛巳（1881）至光绪九年癸未（1883）六印堂刻本
午 7.4/17

0374　普救回生草二卷　1865
（清）知医悯人居士撰
清光绪九年癸未（1883）乐善堂重梓
午 7.4/47

0375　急救应验良方　1867
（清）费山寿（友棠）编
1. 清光绪十二年丙戌（1886）刻本
2. 民国二十九年（1940）北京铅印本
午 7.4/27

0376　活命慈舟八卷　1870
（清）李南晖辑著
2014 年中医古籍出版社据清刻本影印本
所属丛书：中医古籍孤本大全
午 7.4/24

0377　丹桂良方二卷附手抄方一卷　1871
（清）黄翼升（星岐）撰
清光绪二年丙子（1876）毛上珍刻本
午 7.4/11

0378　成方集验四卷　1876
（清）王贤辅（弼庭）编
清光绪四年戊寅（1878）积庆堂刻本
午 7.4/6

0379　急救应急验方　1876
（清）杨昌濬撰
清光绪十四年戊子（1888）三原县署刻本
午 7.4/26

0380　胡庆余堂丸散膏丹全集　1877
（清）胡光墉（雪岩）编
清光绪三年丁丑（1877）杭州胡庆余堂刻本
午 7.4/18

0381　(集选)奇效简便良方四卷　1880
（清）丁尧臣（又香）汇集
清刻本
午 7.4/28

0382　万承志堂丸散膏丹全集　1885
（清）万承志堂编
清光绪十一年乙酉（1885）杭州万承志堂刻本
午 7.4/63

0383　增删经验良方　1886
（清）李君施（济之）撰
清刻本
午 7.4/84

0384　备急验方二卷　1888
（清）郑官应（陶斋）编
1987 年甘肃中医学院图书馆据清乾隆十一年丙寅（1746）刻本复印本
午 7.4/3

0385　瞑眩疗　1889
（清）佚名著
2007 年中医古籍出版社据清光绪十五年己丑（1889）抄本影印本
所属丛书：中医古籍孤本大全
午 7.4/45

0386　医方诗要四卷　1889
（清）孙庚（位金）编
清光绪二十四年戊戌（1898）抄本
午 7.4/77

0387　接骨入骱备方　[1891]
（清）成汝渊撰
清光绪十七年辛卯（1891）抄本
午 7.4/33

0388　饲鹤亭集方　1892
（清）凌奂（维正、晓五、折肱老人）撰

民国十七年（1928）上海中西医药书局
铅印本

午 7.4/57

0389　退思轩验方　　　　　　　　1894

（清）张百熙（潜斋）著

清刻本

午 7.4/61

0390　雷氏丸散谱　　　　　　　　1898

（清）佚名著

清光绪二十九年癸卯（1903）抄本

午 7.4/41

0391　外科统治秘方　　　　　　　[1899]

（清）佚名著

清抄本

午 7.4/62

0392　新方八略引　　　　　　　　[1899]

（明）张介宾（景岳、会卿、通一子）著

清抄本

午 7.4/69

0393　枕藏外科要方　　　　　　　[1899]

（清）佚名著

清稿本

午 7.4/86

0394　附用良方　　　　　　　　　[1901]

（清）佚名著　陆林仙抄

清抄本

午 7.4/13

0395　改良经验良方二卷　　　　　1909

（清）次留编辑

清宣统元年己酉（1909）扫叶山房石
印本

午 7.4/14

0396　杂症选方　　　　　　　　　1910

（清）佚名著

清宣统二年庚戌（1910）抄本

午 7.4/81

0397　勿药单方四卷　　　　　　　[1911]

（清）汪涛编

新抄本

午 7.4/67

0398　济公方　　　　　　　　　　[1911]

（清）佚名著

清抄本

午 7.4/29

0399　内症通用方外症通用方　　　1915

（清）陆汝衔（芥山）编

民国四年（1915）刻本

午 7.4/46

7.5　近代方书

0400　倪复初摘录医学笔记　　　　[1890]

倪复初抄

民国二十四年（1935）抄本

子目：

（1）经验救急方

（2）玉历金丹经验百方

（3）白喉治法忌表抉微

（4）小儿科

（5）汤头歌诀

（5）妇科万方汇集

（6）花柳下疳方

（6）外科证治全生集

（7）疔疮秘诀

（8）杂病秘方

（9）希韶阁验方候鲭

午 7.5/2

0401　秘方集录　　　　　　　　　[1912]

（清）佚名著　薛增寿抄

民国抄本

午 7.5/6

0402　（校正）国药丸散膏丹古方汇编四卷

　　　　　　　　　　　　　　　　1930

施家栋、程调之等编

民国十九年（1930）南京国药业公所铅
印本

午 7.5/1

0403　（梅氏）验方新编十七卷　　1934

梅启照、天虚我生编

民国二十三年（1934）上海家庭工作社铅印本

午 7.5/5

0404　经验良方　　　　　　［1949］

佚名著

新抄本

午 7.5/4

0405　经方应用　　　　　　［1964］

武国良（简侯）编纂

1964 年泰州新华书店古籍部抄本

午 7.5/3

7.6　国外方书

0406　救急选方二卷　　　　　1801

（日）丹波元简（廉夫）编

民国二十四年（1935）上海中医书局石印本

午 7.6/8

0407　全体新论　　　　　　　1851

（英）合信氏　（清）陈修堂合著

清咸丰元年辛亥（1851）羊城惠爱医馆刻本

午 7.6/3

0408　西医略论三卷　　　　　1857

（英）合信氏　（清）管茂材同撰

清咸丰七年丁巳（1857）江苏上海仁济医馆刻本

午 7.6/5

0409　西医内科全书六卷　　　［1882］

佚名著

清光绪八年壬午（1882）博济医局刻本

午 7.6/6

0410　全体通考十八卷　　　　1884

（英）德贞子固辑

清光绪铅印本

午 7.6/2

0411　万国药方八卷　　　　　1886

（美）洪士提译

民国十三年（1924）铅印本

午 7.6/4

0412　西医五种　　　　　　　1904

（英）合信氏　（清）管茂材、陈修堂同撰

民国铅印本

子目：

（1）全体新论

（2）博物新编

（3）西医略论

（4）妇婴新编

（5）内科新论

午 7.6/7

0413　全体阐微三卷　　　　　1905

（美）柯为良撰

清光绪三十一年乙巳（1905）惜阴书屋刻本

午 7.6/1

0414　药徵全书　　　　　　　1931

（日）东洞益吉著　李启贤校订

民国二十年（1931）上海中医书局排印本

午 7.6/9

8 临床各科

8.0 临床综合

0415 扁鹊心书三卷首一卷 1146
附扁鹊心书神方
（宋）窦材撰
民国上海千顷堂书局石印本
未 8.0/2

0416 儒门事亲十五卷 1228
（金）张从正（子和、戴人）撰
清宣统二年庚戌（1910）上海千顷堂石
印本
未 8.0/29

0417 兰室秘藏三卷 1251
（元）李杲（明之、东垣老人）撰
明万历新安吴勉学校刻本（存一卷）
未 8.0/20

0418 方脉举要三卷 1279
（宋）刘开（立之、三点、复真先生）撰
2005 年中医古籍出版社据明嘉靖三十
三年甲寅（1554）黄鲁曾刻本影印本
所属丛书：中医古籍孤本大全
未 8.0/11

0419 卫生宝鉴二十四卷附补遗一卷 1283
（元）罗天益（谦甫）撰
清光绪二十二年丙申（1896）长沙刻惜
阴轩丛书本
未 8.0/40

0420 金匮钩玄三卷 1358
又名平治会萃
（元）朱震亨（彦修、丹溪）撰 （明）戴
思恭（原礼、肃斋）编
清二酉堂刻本
未 8.0/19

0421 医学引彀 1367
（元）滑寿（伯仁、撄宁生）撰
2009 年中医古籍出版社据明正统十一

年丙寅（1446）刻本影印本
所属丛书：中医古籍孤本大全
未 8.0/73

0422 证治要诀十二卷 1405
（明）戴思恭（原礼、肃斋）撰
明万历刻本
未 8.0/87

0423 明医杂著六卷 1502
（明）王纶（汝言、节斋）撰 薛己（新
甫、立斋）注
1. 清刻本
2. 1979 年上海古籍书店据明嘉靖刻本
　影印本
未 8.0/26

0424 苍生司命八卷首一卷药性一卷 1515
（明）虞抟（天民、恒德老人）编
1987 年中医古籍出版社复印本
所属丛书：中医珍本丛书
未 8.0/9

0425 医林正宗八卷 1528
（明）饶鹏纂
2006 年中医古籍出版社据清抄本影
印本
所属丛书：中医古籍孤本大全
未 8.0/53

0426 丹溪心法附馀二十四卷首一卷 1536
（明）方广（约之、古庵）编
明嘉靖大业堂刻本
未 8.0/10

0427 医方集宜十卷 1554
（明）丁凤（文瑞、竹溪）撰
1992 年中医古籍出版社据明学风楼刻
本影印
所属丛书：中医古籍孤本大全
未 8.0/46

0428 万氏医贯三卷 1567
（明）万宁（咸邦）撰
清同治十年辛未（1871）鹭门征瑞堂
刻本

未 8.0/39

0429 医圣阶梯十卷 1573
（明）周礼（半山）撰 张昆校正
2005 年中医古籍出版社据明万历吴兴
童子山刻本影印本
所属丛书：中医古籍孤本大全
未 8.0/57

0430 万病回春八卷 1587
（明）龚廷贤（子才、云林山人、悟真
子）编
1. 清善成堂刻本
2. 清扫叶山房刻本
3. 清刻本
未 8.0/37

0431 （新镌）云林神彀四卷 1591
（明）龚廷贤（子才、云林山人、悟真
子）撰
明万历十九年辛卯（1591）金陵书林校
刻本
未 8.0/79

0432 云林神彀四卷 1591
（明）龚廷贤（子才、云林山人、悟真
子）编
1981 年甘肃中医学院图书馆复印本
未 8.0/80

0433 医家赤帜益辨全书十二卷 ［1597］
（明）吴文炳（绍轩、光甫、沛泉）撰
2009 年中医古籍出版社据明万历种德
堂刻本影印本
所属丛书：中医古籍孤本大全
未 8.0/50

0434 士林余业医学全书六卷 1598
（明）叶云龙撰
2007 年中医古籍出版社据明万历二十
七年己亥（1599）刻本影印本
所属丛书：中医古籍孤本大全
未 8.0/32

0435 医方捷径指南全书四卷 ［1600］
原题（明）王宗显编 钱允治校

1. 清永顺堂刻本（三卷本）
2. 清经窗书屋刻本
3. 民国三年（1914）成都三味堂刻本
未 8.0/48

0436 六科证治准绳 1602
（明）王肯堂（宇泰、损庵、念西居士）辑
1. 清光绪十八年壬辰（1892）上海图书
集成印书局石印本
2. 民国十二年（1923）上海鸿宝斋书局
石印本
3. 民国二十四年（1935）扫叶山房石
印本
4. 民国石印本（存一卷）
子目：
（1）证治准绳四卷
（2）幼科准绳九卷
（3）外科准绳六卷
（4）伤寒准绳八卷
（5）女科准绳五卷
未 8.0/23

0437 寿世保元十卷 1615
（明）龚廷贤（子才、云林山人、悟真
子）编
1. 清道光七年丁亥（1827）文贤堂刻本
2. 清道光三十年庚戌（1850）宏道堂
刻本
3. 清宣统三年辛亥（1911）石印本
4. 清登云堂刻本
5. 清刻本
6. 清刻本（存八卷）
7. 清刻本（存一卷）
8. 民国元年至二年（1912—1913）上海
江东书局石印本
9. 民国二年（1913）上海广益书局石
印本
未 8.0/34

0438 证治晰疑录四卷 ［1620］
（明）戴氏撰
2009 年中医古籍出版社据清抄本影
印本

所属丛书:中医古籍孤本大全

未 8.0/86

0439　济阳纲目一百八卷　　　　1626

(明)武之望(叔卿)撰

1982 年江苏广陵古籍刻印社据清咸丰

六年丙辰(1856)姚锡三刻本影印本

未 8.0/15

0440　辨证入药镜　　　　　　　1630

(明)唐相原编　唐昌胤校

2011 年中医古籍出版社据明崇祯三年庚

午(1630)影印本

所属丛书:中医古籍孤本大全

未 8.0/8

0441　医学秘奥　　　　　　　　1643

(宋)高德因原撰　　(明)高梦麟编

1985 年浙江中医学院图书馆复印本

未 8.0/66

0442　辩证集六卷　　　　　　[1644]

(清)陈广宁撰　刘家沂抄

清道光二十六年丙午(1846)精抄本

未 8.0/7

0443　医方捷径二卷　　　　　　1644

(明)太医院原本　罗必炜校正

民国上海中医书局石印本

未 8.0/47

0444　医门法律六卷　　　　　　1658

(清)喻昌(嘉言、西昌老人)撰

1. 清顺治葵锦堂刻本

2. 清乾隆三十年乙酉(1765)黎川陈守
诚刻本集思堂藏版(二十四卷本,存
十九卷)

3. 清两仪堂刻本

4. 清刻本

5. 民国上海锦章图书局石印本

未 8.0/56

0445　医宗说约六卷　　　　　　1662

(清)蒋示吉(仲芳、自了汉)撰

1. 清嘉庆二十五年庚辰(1820)刻本

2. 清道光八年戊子(1828)三余堂刻本

3. 民国四年(1915)上海萃英书局石

印本

未 8.0/77

0446　医学集要　　　　　　　　1668

(清)朱凤台(慎人)撰

2005 年中医古籍出版社据清康熙七年

戊申(1668)刻本影印本

所属丛书:中医古籍孤本大全

未 8.0/61

0447　玉机辨证二集　　　　　　1669

原题(清)柯琴(韵伯)、改斋氏撰

新抄本

未 8.0/78

0448　辨证录十四卷　　　　　　1687

又名伤寒辨证录

(清)陈士铎(敬之、远公、大雅堂主人)

撰　陶式玉参订

清光绪刻本

未 8.0/3

0449　辨证奇闻十卷　　　　　　1687

(清)陈士铎(敬之、远公、大雅堂主人)

撰　钱松(镜湖)编

1. 清光绪五年己卯(1879)上海锦章图书
局印行

2. 清宣统元年己酉(1909)广益书局
石印

3. 民国二年(1913)上海校经山房石
印本

未 8.0/4

0450　辨证奇闻十五卷　　　　　1687

(清)陈士铎(敬之、远公、大雅堂主人)

原撰　文守江(南纪)述

清光绪十九年癸巳(1893)扬州李记庄

刻本(存卷十三之惊疳吐泻外科门)

未 8.0/5

0451　石室秘录六卷　　　　　　1687

(清)陈士铎(敬之、远公、大雅堂主

人)撰

1. 清康熙江左书局刻本

2. 清康熙刻本(存卷六)

3. 清同治四年乙丑(1865)刻本

4. 清光绪十二年丙戌(1886)善成堂刻本

5. 清文奎堂刻本

6. 清刻本菁华堂藏板(存卷一至三)

7. 清刻本(存卷三)

8. 清刻本(存卷三至四)

9. 清刻本(存卷五至六)

10. 民国上海锦章图书局石印本

11. 民国上海江东茂记书局石印本

未 8.0/31

0452　证治汇补八卷　　　　　　1687

(清)李用粹(修之、惺庵)撰

清康熙二十六年丁卯(1687)书林刘公生刻本

未 8.0/85

0453　辨症玉函四卷　　　　　　1693

(清)陈士铎(敬之、远公、大雅堂主人)著

2013 年中医古籍出版社据清康熙刻本影印本

所属丛书:中医古籍孤本大全

未 8.0/6

0454　旃檀保产万全经二卷　　　1694

(清)冯兆张(楚瞻)撰

清抄本

未 8.0/82

0455　张氏医通十六卷　　　　　1695

(清)张璐(路玉、石顽老人)撰

1. 清康熙四十八年己丑(1709)刻本

2. 清光绪二十年甲午(1894)上海图书集成印书局铅印本

3. 清宣统铅印本

4. 清文德堂刻本(存二卷)

5. 清刻本(存十二卷)

未 8.0/83

0456　医林口谱六治秘书　　　　1698

(清)周笙(指航)编

2014 年中医古籍出版社据清康熙抄本影印本

所属丛书:中医古籍孤本大全

未 8.0/52

0457　医学津梁六卷　　　　　　1722

又名医镜删补

(明)王肯堂(宇泰、损庵、念西居士)等撰　(清)岳昌源删补

民国上海学海图书馆铅印本

未 8.0/64

0458　医学心悟五卷　　　　　　1732

(清)程国彭(钟龄、普明子)撰

1. 清乾隆五十六年辛亥(1791)休宁汪氏书栗轩刻本

2. 清光绪二十年甲午(1894)上海图书集成书局铅印本

3. 清光绪二十一年乙未(1895)学库山房刻本(附华陀外科十法一卷)

4. 清刻本(存一卷)

5. 民国二十二年(1933)鸿文书局石印本

6. 1953 年上海锦章书局石印本

7. 2006 年中医古籍出版社据清乾隆十三年戊辰(1748)刻本影印本(所属丛书:中医古籍孤本大全)

未 8.0/72

0459　医学纂要六卷　　　　　　1739

(清)刘渊(圣泉)编

清乾隆二十九年甲申(1764)致和堂刻本(附心法灵机)

未 8.0/74

0460　祁氏家传外科大罗二卷　　1745

(清)祁坤(广生)纂

2014 年中医古籍出版社据清抄本影印本

所属丛书:中医古籍孤本大全

未 8.0/28

0461　医方一盘珠全集十卷　　　1749

(清)洪金鼎(玉友)撰

1. 清文发堂刻本
2. 民国上海锦章书局石印本（存五卷）
未 8.0/49

0462 **四圣悬枢五卷** 1753
（清）黄元御（坤载、研农、玉楸子）撰
清咸丰十年庚申（1860）长沙徐氏燮穌
精舍刻本
未 8.0/36

0463 **方症会要四卷** 1756
（清）佚名著
2005 年中医古籍出版社据清乾隆二十
一年丙子（1756）刻本影印本
所属丛书：中医古籍孤本大全
未 8.0/13

0464 **医林纂要探源十卷** 1758
（清）汪绂（灿人、重生、双池）编
1. 清道光二十九年己酉（1849）刻本遗
经堂藏板
2. 清光绪二十三年丁酉（1897）江苏书
局刻本
未 8.0/54

0465 **弄丸心法全集八卷** ［1759］
（清）杨凤庭（瑞虞、西山）撰
清宣统三年辛亥（1911）成都张兴龙校
刻本牟顺斋刻字铺藏板
未 8.0/27

0466 **蒋氏脉诀真传二卷** 1760
又名医学脉诀真传
（清）蒋氏撰
2009 年中医古籍出版社据清抄本影
印本
所属丛书：中医古籍孤本大全
未 8.0/17

0467 **兰台轨范八卷** 1764
（清）徐大椿（灵胎、洄溪老人）撰
1. 清乾隆二十九年甲申（1764）洄溪草堂
原刻本
2. 民国铅印本
未 8.0/21

0468 **鹤鹩会约** 1767
（清）翁振基（汉溪）撰 廖百龄辑
1980 年上海古籍书店复印本
未 8.0/18

0469 **寿世编二卷** 1785
（清）顾奉璋（左宜、三近居士）撰
清光绪刻本
未 8.0/35

0470 **橡村治验小儿诸热辨合刻** 1785
（清）许豫和（宣治、橡村）撰
清刻本
未 8.0/42

0471 **医宗宝镜五卷** 1798
（清）邓复旦编 （清）朱德明校注
民国上海文瑞楼石印本
未 8.0/75

0472 **医学三字经四卷** 1803
（清）陈念祖（修园）撰
1. 清光绪二十七年辛丑（1901）新化三
味书局刻本（存二卷）
2. 清经元堂刻本
3. 清刻本（存二卷）
4. 民国上海广益书局石印本
未 8.0/68

0473 **医学实在易八卷** 1808
（清）陈念祖（修园）撰
1. 清光绪二年丙子（1876）懿惠堂仿南
雅堂刻本
2. 清渔古山房刻本
3. 清刻本（存二卷）
4. 清刻本（存六卷）
5. 清细柳山房抄本
未 8.0/69

0474 **医宗备要三卷** 1814
（清）曾鼎（香田）撰
清同治八年己巳（1869）湖北崇文书局
刻本
未 8.0/76

0475 医学从众录八卷   1820
（清）陈念祖（修园）撰
1. 清光绪二十一年乙未（1895）宏道堂
刻本
2. 清光绪三十三年丁未（1907）巴蜀善
成堂刻本
3. 清福文堂刻本
未 8.0/59

0476 杂症总诀二卷   ［1820］
（清）何其伟（庆曾、韦人、书田）撰
1981 年上海古籍书店据青浦何时希藏
书影印本
未 8.0/81

0477 方脉权衡   1821
（清）江维一编
2009 年中医古籍出版社据清抄本影
印本
所属丛书：中医古籍孤本大全
未 8.0/12

0478 明医要诀   1821
（清）张桢汀撰
2009 年中医古籍出版社据道光元年辛
巳（1821）稿本影印本
所属丛书：中医古籍孤本大全
未 8.0/25

0479 笔花医镜四卷   1824
又名卫生便览
（清）江涵暾（笔花）撰
1. 清道光二十八年戊申（1848）篆云斋
刻本
2. 清光绪十一年乙酉（1885）坊刻本田
氏本宅藏板
3. 清光绪二十七年辛丑（1901）錬石书
局石印本
4. 清光绪二十七年辛丑（1901）文宣书局
石印本
5. 清刻本
6. 民国七年（1918）铸记书馆石印本
未 8.0/1

0480 类证治裁八卷   1839
附舌色变
（清）林佩琴（羲桐）撰
清光绪十年甲申（1884）刻本丹阳林晋
卿研经堂藏板
未 8.0/22

0481 医方辨难大成三集二百六卷首一卷
                                1844
佚名著
清刻本（缺四卷）
未 8.0/45

0482 赵李合璧八卷   1848
（清）赵廷儒（纯臣）　李环山（玉峰）撰
清光绪三十四年戊申（1908）新都张氏
刻本
未 8.0/84

0483 医灯集焰二卷   1864
（清）严燮（兼三、武林遯叟）撰
1984 年天津古籍书店据清光绪七年辛
巳（1881）刻本影印本
未 8.0/44

0484 医学汇参六卷   1871
（清）林枫（苇庭）编　馨呈氏抄
清光绪三十四年戊申（1908）抄本
未 8.0/60

0485 医学金针八卷   1877
（清）陈念祖（修园）撰　潘霨（伟如、铧
园居士）增辑
清光绪四年戊寅（1878）潘氏敏德堂
刻本
未 8.0/63

0486 医学心传·历年医案   1882
（清）王明德著
2014 年中医古籍出版社据清刻本影
印本
所属丛书：中医古籍孤本大全
未 8.0/71

0487 活人慈航十七卷首一卷   1883
附四诊脉诀

（清）郑玉成纂　郑道谦辑

1.1987 年甘肃中医学院图书馆复印本

2.1997 年中医古籍出版社据清光绪刻
本影印本（所属丛书：中医古籍孤本
大全）

子目：

（1）杂症集腋四卷

（2）外因贯串二卷

（3）女科纲目二卷

（4）幼科审治二卷

（5）痘科集腋二卷

（6）眼科选方二卷

（7）外科要诀二卷

（8）祖方原本一卷

未 8.0/14

0488　医门补要三卷　　　　　　1883

（清）赵濂（竹泉）撰

1.清光绪九年癸未（1883）刻本（存一
卷）

2.民国十八年（1929）抄本（附青囊立效
秘方）

3.民国上海中医书局据清光绪九年癸未
（1883）古本医学丛书刻本影印本（存
二卷）

未 8.0/55

0489　医家四要四卷　　　　　　1884

（清）程曦（锦雯）等撰

清光绪十二年丙戌（1886）豫章邓灿堂
刻本养鹤山房藏板

未 8.0/51

0490　简易医诀四卷　　　　　　1892

（清）周云章（松仙、松儒）撰

清宣统元年己酉（1909）新都周祖佑刻
本成都志古堂藏版

未 8.0/16

0491　脉症治三要六卷　　　　　1892

（清）孔胤（八桂）撰

2011 年中医古籍出版社据清光绪十八
年壬辰（1892）抄本影印本

所属丛书：中医古籍孤本大全

未 8.0/24

0492　儒门医学三卷　　　　　　［1898］

（英）海得兰撰　傅兰雅口译　（清）赵
元益笔述

1.清江南制造总局刻本

2.清著易堂仿聚珍版铅印本

未 8.0/30

0493　万氏秘传幼科片玉二卷　　［1899］

（明）万全（密斋）撰

清抄本

未 8.0/38

0494　知医捷径　　　　　　　　1901

钱荣国（缙甫）编

民国十三年（1924）江阴钱氏石印本

未 8.0/88

0495　武昌医馆丛书　　　　　　1904

（清）柯逢时（巽庵）编

1986 年北京新华书店复印本

子目：

（1）经史证类大观本草三十一卷　（宋）唐
慎微撰

（2）大观本草札记二卷　（清）柯逢时撰

（3）本草衍义二十卷　（宋）寇宗奭撰

（4）伤寒论四卷　（汉）张机撰

（5）伤寒病总论六卷　（宋）庞安时撰

（6）类症增注伤寒百问歌四卷　（宋）钱闻
礼撰

（7）伤寒补亡论二十卷　（宋）郭雍撰

（8）活幼心书三卷　（元）曾世荣撰

未 8.0/41

0496　霄鹏先生遗著　　　　　　1911

（清）黄保康（霄鹏）撰

清宣统三年辛亥（1911）南海黄发堂
刻本

未 8.0/43

0497　医学南针　　　　　　　　1920

陆士谔（守先）撰

民国十三年（1924）上海世界书局石
印本

未 8.0/67

0498　医学见能四卷　　　　　　　1924
（清）唐宗海（容川）撰　（民国）秦伯之
（之济、谦斋）批校
1955 年中医书局铅印本
未 8.0/62

0499　医学门径语　　　　　　　　1924
陈邦贤（冶愚、也愚、红杏老人）、钟伯英
合撰
民国上海医学书局铅印本
未 8.0/65

0500　医学通灵四卷　　　　　　　1930
余道善（达川、性初、三阳道人）编
民国十九年（1930）云南大理乐真堂
刻本
未 8.0/70

0501　医事蒙求　　　　　　　　　1933
张寿颐（山雷）撰
民国二十三年（1934）嘉定张氏体仁堂
铅印本
未 8.0/58

0502　释名病释　　　　　　　　　1938
余岩（云岫）编
民国二十七年（1938）上海华丰出版社
铅印本
未 8.0/33

0503　中国医学初桄　　　　　　　1938
（日）矢道有道撰　陈祖同译
民国三十年（1941）京华印书局铅印本
未 8.0/89

8.1　温病

0504　瘟疫论二卷　　　　　　　　1642
（明）吴有性（又可）撰
1. 清乾隆十九年甲戌（1754）刻本
2. 清刻本
3. 1987 年甘肃中医学院图书馆复印本
未 8.1/27

0505　尚论张仲景春三月温症　　［1648］
（清）喻昌（嘉言、西昌老人）撰
1987 年甘肃中医学院图书馆复印本
未 8.1/13

0506　温热暑疫全书四卷　　　　　1679
（清）周扬俊（禹载）编　薛雪（生白、一
瓢）校
清光绪十五年己丑（1889）扫叶山房
刻本
未 8.1/22

0507　痧症全书三卷　　　　　　　1686
（清）林森（药樵）传授　王凯（养吾）编
清抄本
未 8.1/11

0508　补注瘟疫论四卷　　　　　　1707
又名瘟疫论补注、瘟疫补注论
（明）吴有性（又可）著　许复科（西垣）
校订
清刻本
未 8.1/24

0509　瘟疫论补注二卷　　　　　　1707
又名增补瘟疫论
（明）吴有性（又可）撰　（清）郑重光
（在辛、素圃）补注
1. 民国上海普通书局石印本
2. 民国石印本
未 8.1/26

0510　瘟疫发源　　　　　　　　　1710
（清）马印麟（长公、好生主人）编
2005 年中医古籍出版社据清雍正三年
乙巳（1725）刻本影印本
所属丛书：中医古籍孤本大全
未 8.1/25

0511　续刻临证指南温热论四卷　　1746
（清）叶桂（天士、香岩、南阳先生）撰
清道光九年己丑（1829）刻本卫生堂
藏板
未 8.1/32

0512 瘟疫明辨四卷附诸方一卷　　1750
（清）戴天章（麟郊）撰
1. 清研香书馆抄本
2. 1987年甘肃中医学院图书馆复印本
未 8.1/28

0513 痢症大全四卷　　1751
又名痢症论
（清）孔毓礼（以立）编
清惠林堂刻本古益州天彭存板
未 8.1/8

0514 痢证汇参十卷补遗一卷　　1773
（清）吴道源（本立）编
清乾隆三十八年癸巳（1773）敦厚堂
刻本
未 8.1/7

0515 疫诊一得二卷　　1785
（清）余霖（师愚）撰
清光绪五年己卯（1879）刻本
未 8.1/34

0516 松峰说疫六卷　　1789
（清）刘奎（松峰、文甫）撰
1. 清刻本
2. 1987年甘肃中医学院图书馆复印本
未 8.1/16

0517 温病条辨六卷首一卷　　1798
（清）吴瑭（鞠通）撰
1. 清嘉庆十八年癸酉（1813）刻本
2. 清咸丰十年庚申（1860）刻本
3. 清光绪十九年癸巳（1893）上海图书
集成印书局铅印本
4. 清宣统元年己酉（1909）渭南严氏孝
义家塾刻本
5. 清宁波群玉山房刻本
6. 清上海文渊山房刻本
7. 清刻本
8. 民国上海广益书局石印本
未 8.1/19

0518 叶氏增批温病条辨六卷　　1798
附温病条辨歌括

（清）吴瑭（鞠通）撰　　（民国）何廉臣
（炳元、印岩）增订
民国上海鑫记书社铅印本
未 8.1/33

0519 瘟疫条辨摘要　　1811
（清）陈良佐（愚山、三锡）晰义　　杨璿
（栗山、玉衡）条辨　　吕田（心斋）集录
清光绪三十年甲辰（1904）月澄斋刻本
未 8.1/30

0520 感症集腋二卷　　1815
（清）茅仲盈（配京）编
1981年上海古籍书店据清道光十六年丙
申（1836）拜石山房重修本影印本
未 8.1/1

0521 四时病机十四卷　　1815
（清）邵登瀛（步青）编
清光绪刻本
未 8.1/15

0522 温热赘言　　1824
（清）寄瓢子述　　天倪室道人校
清刻本灵鹤山房藏板
未 8.1/23

0523 温热经纬五卷　　1852
（清）王士雄（孟英、潜斋、随息居士）编
1. 清同治十三年甲戌（1874）湖北崇文
书局刻本
2. 清光绪二十二年丙申（1896）上海图
书集成局铅印本
未 8.1/21

0524 霍乱论二卷　　1866
（清）王士雄（孟英、潜斋、随息居士）撰
1. 清光绪二十二年丙申（1896）上海图
书集成印书局石印本
2. 清光绪三十年甲辰（1904）石印本
未 8.1/3

0525 时病论八卷　　1882
（清）雷丰（少逸）撰
1. 民国十二年（1923）上海广益书局石
印本

2. 民国二十三年（1934）上海广益书局
石印本

3. 民国石印本

未 8.1/14

0526 **新增时病论八卷**　　　　　　　1882

（清）雷丰（少逸）撰　（民国）何廉臣
（炳元、印岩）增订

民国二十五年（1936）上海大东书局铅
印本

未 8.1/31

0527 **橄榄治痢奇验方**　　　　　　　1888

（清）陈熊（采臣）撰

清光绪十九年癸巳（1893）杭州景文斋
刻本

未 8.1/2

0528 **痧症辑要四卷**　　　　　　　　1890

（清）叶霖（子雨）撰

清光绪十六年庚寅（1890）石林书屋
刻本

未 8.1/12

0529 **救疫全生篇二卷**　　　　　　　1899

又名瘟疫明辨主治方法

（清）梁玉池编

清光绪写刻本

未 8.1/6

0530 **温病汤头歌括**　　　　　　　[1901]

（清）梦袁生编　陆林仙抄

清抄本

未 8.1/18

0531 **六淫疠气证治异同辨二卷**　　[1905]

（清）吴士镐编

新抄本

未 8.1/10

0532 **解毒编**　　　　　　　　　　　1911

（清）海阳竹林人辑

清光绪刻本

未 8.1/5

0533 **重校防疫刍言**　　　　　　　　1911

（清）曹廷杰著

民国七年（1918）京师警察厅石印本

未 8.1/35

0534 **急性险疫证治**　　　　　　　　1920

徐相任（尚志、相宸）撰

民国九年（1920）徐寿华堂铅印本

未 8.1/4

0535 **温病明理五卷**　　　　　　　　1928

恽铁樵（树钰）撰

民国二十五年（1936）章巨膺医寓铅
印本

所属丛书：药盦医学丛书

未 8.1/17

0536 **临证汇集**　　　　　　　　　　1936

倪奎照（寅亮）编

民国二十五年（1936）嘉兴世界书局铅
印本

未 8.1/9

0537 **温病择录**　　　　　　　　　[1948]

吴联奎抄

民国三十七年（1948）抄本

未 8.1/20

8.2　内科（男科）

0538 **脾胃论三卷**　　　　　　　　　1249

（元）李杲（明之、东垣老人）撰

明万历二十九年辛丑（1601）新安吴勉
学校刻本

未 8.2/13

0539 **杂病治例**　　　　　　　　　　1479

（明）刘纯（宗厚）撰

2013 年中医古籍出版社据明成化刻本
影印本

所属丛书：中医古籍孤本大全

未 8.2/20

0540 **（薛立斋先生）内科医案摘要**　1529

（明）应麐删校

2005 年中医古籍出版社据明泰昌元年
庚申（1620）刻本影印本

所属丛书：中医古籍孤本大全

未 8.2/1

0541 内科摘要二卷 1529

（明）薛己（新甫、立斋）撰

明刻本

未 8.2/12

0542 医略正误概论二卷 1545

（明）李象（石泉）撰

2005 年中医古籍出版社据明万历张学诗刻本影印本

所属丛书：中医古籍孤本大全

未 8.2/19

0543 百病问答辨疑五卷 1581

（清）张昶（甲弘、海澄）撰

2005 年中医古籍出版社据明万历张学诗刻本影印本

所属丛书：中医古籍孤本大全

未 8.2/2

0544 丹溪摘玄二十卷 1619

佚名著

2005 年中医古籍出版社据明万历抄本影印本

所属丛书：中医古籍孤本大全

未 8.2/4

0545 百效内科全书八卷 1630

（明）龚居中（应园、如虚子、寿世主人）撰

2005 年中医古籍出版社影印本

所属丛书：中医古籍孤本大全

未 8.2/3

0546 慎柔五书五卷 1636

（明）胡慎柔（住想）撰 （清）石震（瑞章）撰

1987 年甘肃中医学院图书馆复印本

未 8.2/14

0547 理虚元鉴二卷 1644

（明）汪琦石撰

清光绪二十二年丙申（1896）萧山陈氏刻本

未 8.2/8

0548 傅青主男科二卷 ［1684］

（清）傅山（青主、公它、朱衣道人）撰

1. 清光绪四年戊寅（1878）刻本

2. 清光绪十一年乙酉（1885）善成堂刻本

未 8.2/5

0549 傅青主男科二卷 ［1684］

傅青主女科二卷

产后编二卷

又名征君男女科全集、傅征君全集

（清）傅山（青主、公它、朱衣道人）撰

1. 清光绪二十二年丙申（1896）京都成兴斋刻本

2. 民国十七年（1928）上海启新书局石印本

3. 民国石印本

未 8.2/6

0550 何氏心传 1722

又名何氏虚劳心传

（清）何炫（令昭、嗣宗）撰

清光绪十五年己丑（1889）吴县朱氏槐庐刻本

未 8.2/7

0551 林氏活人录汇编十四卷 1753

又名活人方汇编、类证活人书

（清）林开燧（慕莪）撰 张在浚（念亭）重编

清乾隆十六年辛未（1751）听涛书屋刻本

未 8.2/9

0552 十药神书注解 1803

（元）葛乾孙（可久）撰 （清）陈念祖（修园）注

民国石印本

未 8.2/15

0553 医略十三卷 1840

又名医略十三篇

附医略论列方

关格考

人迎辨

(清)蒋宝素(问斋)撰

1989 年江苏广陵古籍刻印社影印本

所属丛书:广陵医籍丛刊第二辑

未 8.2/18

0554　内科新说二卷　　　　　　　[1858]

(英)合信氏　(清)管茂材同撰

清咸丰八年戊午(1858)上海仁济医馆
刻本

未 8.2/10

0555　内科新说三卷　　　　　　　[1858]

(英)合信氏　(清)管茂材同撰

日本安政七年庚申(1860)刻本

未 8.2/10

0556　医醇賸义四卷　　　　　　　　1863

(清)费伯雄(晋卿、砚云子)撰

1. 清光绪三年丁丑(1877)刻本

2. 清光绪十四年戊子(1888)上海扫叶
山房刻本

未 8.2/17

0557　内科杂症　　　　　　　　　[1910]

佚名著

清抄本

未 8.2/11

0558　增补活幼心法大全医方诗括八卷首一卷

　　　　　　　　　　　　　　　[1912]

附药性诗括

民国佚名抄本

未 8.2/21

0559　证治权衡二卷　　　　　　　[1912]

佚名著

1980 年泰州新华书店古籍部新抄本

未 8.2/22

0560　素问痿论释难　　　　　　　　1928

刘复(民叔)著

民国二十二年至二十七年(1933—
1938)上海三友实业社铅印本

未 8.2/16

0561　(重订)中风斠诠　　　　　　　1932

张寿颐(山雷)撰

民国二十二年(1933)石印本

未 8.2/23

8.3　女科

0562　女科济阴要语万全方二卷　　　1165

(宋)郑春敷编

2009 年中医古籍出版社据清抄本影
印本

所属丛书:中医古籍孤本大全

未 8.3/24

0563　女科百问二卷　　　　　　　　1220

(宋)齐仲甫撰

清光绪八年壬午(1882)世德堂刻本

未 8.3/21

0564　妇人良方二十四卷　　　　　　1237

又名妇人大全良方

(宋)陈自明(良甫、药隐老人)编

(明)薛己(新甫、立斋)注　闵道政校

1. 明富春堂刻本(存十三卷)

2. 明新都闵道政刻本(存二十一卷)

3. 明刻本

4. 1985 年江苏广陵古籍刻印社据嘉靖
刻本缩印

未 8.3/13

0565　胎产秘书三卷　　　　　　　　1347

(元)朱震亨(彦修、丹溪)撰

民国铅印本

未 8.3/35

0566　女医杂言　　　　　　　　　　1510

(明)杨谈(允贤)撰

2007 年中医古籍出版社据明万历十三
年乙酉(1585)谈氏纯敬堂刻本影印本

所属丛书:中医古籍孤本大全

未 8.3/30

0567　女科撮要二卷　　　　　　　　1529

(明)薛己(新甫、立斋)撰

明刻本
未 8.3/22

0568　补增万氏女科三卷　　　　1549
又名万氏妇人科、万氏家传妇人秘科
（明）万全（密斋）撰
民国上海铸记书局石印本
未 8.3/3

0569　妇科约囊万金方二卷　　　1549
（宋）郑氏撰　任树仁（月峤）订
2008 年中医古籍出版社据清求志堂抄
本影印本
所属丛书：中医古籍孤本大全
未 8.3/11

0570　万氏妇科三卷　　　　　　1549
（明）万全（密斋）撰
民国石印本
未 8.3/37

0571　支氏女科枢要三卷　　　　1581
（明）支秉中（改斋）撰
2011 年中医古籍出版社据明万历九年辛
巳（1581）刻本影印本
所属丛书：中医古籍孤本大全
未 8.3/43

0572　保产延寿录　　　　　　　1602
（明）江腾蛟（梅捣山人）撰　徐氏抄
清乾隆五十年乙巳（1785）抄本
未 8.3/2

0573　产宝百问五卷总论一卷　　1613
（元）朱震亨（彦修、丹溪）撰　（明）王
肯堂（宇泰、损庵、念西居士）订正
清刻本
未 8.3/4

0574　济阴纲目十四卷　　　　　1620
（明）武之望（叔卿）撰　馨呈氏抄
附保生碎事
（清）汪淇辑
1.清光绪三十四年戊申（1908）抄本
2.清光绪二十九年癸卯（1903）越中墨
　润堂石印本

3.清致盛堂刻本
4.清经纶堂刻本
5.清上洋江左书林刻本
6.清刻本（存十卷）
7.民国上海广益书局石印本
8.民国校经山房石印本
未 8.3/19

0575　产鉴三卷　　　　　　　〔1628〕
（明）王化贞（肖乾）撰
1987 年甘肃中医学院图书馆复印本
未 8.3/6

0576　秦氏幼科折衷二卷　　　　1641
（明）秦昌遇（景明、广埜道人）编
1980 年上海古籍书店复印本
未 8.3/31

0577　产后编二卷　　　　　　　1684
又名产后全集
（清）傅山（青主、公它、朱衣道人）撰
清咸丰重刻本
未 8.3/5

0578　性原广嗣六卷　　　　　　1691
（清）王宏翰（惠源、浩然子）撰
2014 年中医古籍出版社据清康熙刻本影
印本
所属丛书：中医古籍孤本大全
未 8.3/40

0579　女科心法　　　　　　　　1697
又名郑氏女科秘方
（清）郑钦谕（三山、保御）撰
2005 年中医古籍出版社据清康熙三十
六年丁丑（1697）抄本影印本
所属丛书：中医古籍孤本大全
未 8.3/27

0580　达生编二卷　　　　　　　1715
又名改良达生编、胎产辑要
（清）亟斋居士编
1.清兰州府署刻本
2.清刻本（存卷下）
3.清刻本

4.清抄本

未 8.3/8

0581　新定达生编　　　　　　1715

又名改良达生编、胎产辑要

痘症集验

（清）亟斋居士撰

清嘉庆十九年甲戌（1814）刻本赐书堂
藏板

未 8.3/39

0582　女科切要　　　　　　1717

（清）秦之桢（皇士）撰　须用恒编　陈
曰寿增订

2011 年中医古籍出版社据清康熙五十
六年丁酉（1717）抄本影印本

所属丛书:中医古籍孤本大全

未 8.3/25

0583　胎产心法三卷　　　　　　1730

（清）阎纯玺（诚斋）撰

清刻本

未 8.3/36

0584　叶氏女科证治四卷　　　　　　1746

（清）叶桂（天士、香岩、南阳先生）撰

民国石印本

未 8.3/41

0585　胎产集要三卷　　　　　　1752

附幼科摘要

（清）黄惕斋编

1.清同治十年辛未（1871）常熟怀永堂
　刻本

2.清同治十年辛未（1871）凝善堂刻本

子目:

（1）保产机要总论

（2）达生编二卷　（清）亟斋居士著

未 8.3/34

0586　一壶天三卷　　　　　　1759

（清）杨凤庭（瑞虞、西山）撰

民国十八年（1929）志道山房石印本

未 8.3/42

0587　大生要旨五卷　　　　　　1762

（清）唐千顷（桐园）撰

1.清道光九年己丑（1829）种善堂刻本

2.清咸丰九年己未（1859）陈明德大房
　刻本

未 8.3/9

0588　女科辑要二卷　　　　　　1764

又名沈氏女科辑要

（清）沈尧封（又彭）撰　徐政杰（蔼辉）
补正

清同治元年壬戌（1862）刻本海上大隐
庐藏板

未 8.3/23

0589　沈氏女科辑要笺证二卷　　　　　　1764

又名女科辑要

（清）沈尧封（又彭）撰　徐政杰（蔼辉）
补正

民国二十三年（1934）兰谷协记书庄铅
印本

未 8.3/32

0590　妇婴三书　　　　　　1773

（清）沈金鳌（芊绿、汲门、尊生老人）、
强健撰

清光绪十七年辛卯（1891）上海醉六堂
刻本

子目:

（1）妇科玉尺六卷　（清）沈金鳌撰

（2）幼科释迷六卷　（清）沈金鳌撰

（3）痘疹宝筏六卷　（清）强健撰

未 8.3/14

0591　女科切要八卷　　　　　　1773

（清）吴道源（本立）撰

清乾隆三十八年癸巳（1773）海虞吴氏
家刻本

未 8.3/26

0592　产科心法二集　　　　　　1780

（清）王喆（朴斋）撰

1.清嘉庆九年甲子（1804）嘉郡秀水县
　王绵文刻本（附福幼编）

2. 清道光九年己丑(1829)嘉郡九思堂刻本

3. 清光绪二十四年戊戌(1898)刻本

未 8.3/7

0593 宁坤秘笈三卷 1786

又名竹林寺女科

(清)竹林寺僧撰 袁光裕(坦斋)校

清道光五年乙酉(1825)聚经堂刻本

未 8.3/20

0594 萧山竹林寺妇科秘传 1786

又名竹林寺妇科秘方、竹林妇科秘传

(清)竹林寺僧撰

民国二十一年(1932)上海万有书局石印本

未 8.3/38

0595 竹林女科五卷 1786

(清)竹林寺僧撰

上海锦章书局石印本

未 8.3/44

0596 竹林寺女科秘方 1786

(清)竹林寺僧撰 李广录抄

1. 清抄本

2. 清刻本

未 8.3/45

0597 妇婴至宝五种八卷 1796

(清)徐忕忛(尚慧)编

1. 清光绪二年丙子(1876)刻本

2. 清道光二十七年丁未(1847)刻本

子目:

(1)达生编四卷 (清)亟斋居士编

(2)种痘法 (清)毓兰居士辑

(3)福幼编 (清)庄一夔撰

(4)遂生编痘科治法 (清)庄一夔撰

(5)推拿摘要辩证指南 (清)王兆鳌重校

未 8.3/16

0598 女科要旨四卷 1803

(清)陈念祖(修园)撰 陈元犀(灵石)注

1. 清道光二十一年辛丑(1841)南雅堂刻本

2. 清刻本

未 8.3/28

0599 胎产大法二卷 1846

(清)程从美编

2011 年中医古籍出版社据清道光二十六年丙午(1846)刻本影印本

所属丛书:中医古籍孤本大全

未 8.3/33

0600 妇科宗主四卷 1848

又名妇科正宗

附续增胎产心法

　附论一卷

(清)崔建庵(秉铣)撰

2013 年中医古籍出版社据清道光存诚堂刻本影印本

所属丛书:中医古籍孤本大全

未 8.3/12

0601 妇婴新说 1858

(英)合信氏 (清)管茂材同撰

清咸丰八年戊午(1858)刻本

未 8.3/15

0602 回春丹 1885

佚名编

清光绪十一年乙酉(1885)暨阳陈宝善堂刻本

未 8.3/17

0603 保产金丹四卷 1886

(清)刘文华编

新抄本

未 8.3/1

0604 妇科精蕴五卷 1889

(美)托马氏撰 (清)高继良译

清光绪十五年己丑(1889)羊城博济医局刻本

未 8.3/10

0605 济生集六卷 1896

(清)王上达(春亭)撰

清光绪二十二年丙申(1896)宁波咏古斋刻本

未 8.3/18

0606　女科医案选粹四卷　1920
严鸿志(痴孙)编
民国十年(1921)宁波汲绠书庄刻本
未 8.3/46

0607　女科指南　1926
叶衡隐撰
民国十五年(1926)上海广益书局铅
印本
未 8.3/29

8.4　儿科

0608　钱氏小儿药证直诀三卷附方一卷　1119
又名小儿药证直诀
(宋)钱乙(仲阳)撰　阎孝忠辑
清同治元年壬戌(1862)群籇刻本
所属丛书:群籇丛书
未 8.4/31

0609　丹溪秘藏幼科捷径全书　1230
(元)朱震亨(彦修、丹溪)撰
2011 年中医古籍出版社据清刻本影
印本
所属丛书:中医古籍孤本大全
未 8.4/8

0610　活幼心书三卷　1294
(元)曾世荣(德显)编
清宣统二年庚戌(1910)武昌医馆据元
至元艺风堂刻本重刻本
未 8.4/28

0611　(闻人氏)痘疹论三卷　1323
(宋)闻人规(伯圜)撰
1. 元至治三年癸亥(1323)丁永嵘校
刻本
2. 1987 年甘肃中医学院图书馆复印本
未 8.4/14

0612　婴童百问十卷　1403
(明)鲁伯嗣撰
1. 清刻本

2. 清抄本
3. 民国八年(1919)上海大东书局石
印本
未 8.4/43

0613　夏氏小儿良方　1512
(明)李辉(石洞逸叟)撰
2009 年中医古籍出版社据明抄本影
印本
所属丛书:中医古籍孤本大全
未 8.4/39

0614　保赤心法二卷　1579
(明)翁仲仁(嘉德)撰
清刻本
未 8.4/2

0615　痘疹金镜录四卷　1579
(明)翁仲仁(嘉德)撰　陆道元补遗
陆道光参补
1. 清康熙苏州绿荫楼刻本
2. 清道光二十年庚子(1840)刻本
3. 清光绪十六年庚寅(1890)镇江文成堂
刻本
未 8.4/17

0616　痘疹金镜录真本三卷　1579
(明)翁仲仁(嘉德)撰　陆道元补遗
陆道光参补
清刻本
未 8.4/18

0617　幼科痘疹金镜录四卷首一卷　1579
又名痘疹玉髓金镜录
(明)翁仲仁(嘉德)撰
民国三年至十一年(1914—1922)上海
锦章书局石印本
未 8.4/45

0618　幼科发挥二卷　1579
(明)万全(密斋)撰
民国二十六年(1937)医界春秋社据日
本元禄八年乙亥(1695)刻本影印本
未 8.4/46

0619 **痘疹传心录** 1594
（明）朱惠民（惠明、济川）撰
清抄本
未 8.4/12

0620 **仙传痘疹奇书三卷** 1598
又名痘疹真传奇书
（明）高我冈（如山）撰　高尧臣（幼冈）编
民国七年（1918）上海中华书局铅印本
未 8.4/40

0621 **疹科** 1604
（明）孔弘擢撰
明万历三十二年甲辰（1604）王继濂刻本
未 8.4/55

0622 **保幼新编** 1605
（明）无忌撰
2009 年中医古籍出版社据朝鲜刻本影印本
所属丛书：中医古籍孤本大全
未 8.4/6

0623 **慈幼玄机二卷** 1610
（明）李景芳撰
2008 年中医古籍出版社据明万历三十八年庚戌（1610）刻本影印本
所属丛书：中医古籍孤本大全
未 8.4/7

0624 **痘疹活幼心法八卷末一卷** 1616
又名痘疹活幼心法大全、痘疹活幼至宝、活幼心法大全
（明）聂尚恒（久吾、惟贞）撰
1. 明崇祯六年癸酉（1633）闵齐伋刻本
2. 清乾隆四十六年辛丑（1781）芸生堂刻本
未 8.4/13

0625 **活幼心法大全六卷** 1616
（明）聂尚恒（久吾、惟贞）撰
清同治八年己巳（1869）重刻常郡韩文焕斋藏板

未 8.4/27

0626 **摘星楼治痘全书十八卷** 1619
（明）朱一麟（应我）撰
清咸丰四年甲寅（1854）上海耕乐堂刻本（存十三卷）
未 8.4/54

0627 **痘疹折衷二卷** 1641
（明）秦昌遇（景明、广埜道人）撰
清抄本
未 8.4/21

0628 **幼科医学指南四卷** 1661
（清）周震（慎斋）撰
1. 清光绪刻本
2. 民国十四年（1925）上海广益书局石印本
3. 民国上海锦章图书局石印本
未 8.4/51

0629 **伤寒痘疹辨证合编四卷** 1670
又名伤寒痘疹辩证
（清）陈尧道（素中）编
清咸丰二年壬子（1852）聚奎堂刻本
未 8.4/33

0630 **小儿推拿广意三卷** 1676
又名推拿广意、幼科推拿广意、推拿保幼录
（清）熊应雄（运英）编　陈世凯（紫山）重编
1. 清光绪十四年戊子（1888）扫叶山房刻本
2. 民国石印本
未 8.4/41

0631 **痘科辩证二卷** 1678
（清）陈尧道（素中）编
清抄本
未 8.4/10

0632 **幼科秘书六卷** 1682
（清）孟河（介石）撰
2014 年中医古籍出版社据清康熙刻本影印本

所属丛书:中医古籍孤本大全

未 8.4/47

0633 冯氏锦囊秘传痘疹全集二卷　　1694

（清）冯兆张（楚瞻）撰

清抄本

未 8.4/26

0634 幼科铁镜六卷　　1695

（清）夏鼎（禹铸）撰

1. 清同治九年庚午（1870）金陵授经堂
　刻本

2. 清光绪八年壬午（1882）刻本

3. 1980 年江苏广陵古籍刻印社影印本
　（所属丛书:广陵医籍丛刊第二辑）

未 8.4/49

0635 痘学真传八卷　　1732

（清）叶大椿（子容）撰

清嘉庆二十五年庚辰（1820）书业堂
刻本

未 8.4/11

0636 幼科要则　　1740

（清）陈复正（飞霞）撰

清毓秀堂丁氏抄本

未 8.4/50

0637 种痘新书十二卷　　1740

（清）张琰（逊玉）撰

清咸丰三年癸丑（1853）经国堂刻本

未 8.4/57

0638 麻科活人全书四卷　　1748

附麻疹论

　麻疹补论

　瘄论

（清）谢玉琼（昆秀、璞斋）撰

民国十一年（1922）刻本

未 8.4/29

0639 幼幼集成六卷　　1750

（清）陈复正（飞霞）撰　　刘勤校正

1. 清光绪金裕堂刻本

2. 清宣统三年辛亥（1911）上海会文堂
　石印本

3. 清刻本（存一卷）

4. 民国文林堂石印本

未 8.4/52

0640 增补幼幼集成　　1750

（清）陈复正（飞霞）编

民国章福记书局石印本（存四卷）

未 8.4/53

0641 天花精言六卷　　1753

（清）袁句（大宣、双梧主人）撰

清宣统元年己酉（1909）上海扫叶山房
石印本

未 8.4/37

0642 仝氏家藏幼科指南四卷　　1771

（清）仝兆龙（乘六）撰

2009 年中医古籍出版社据清道光九年己
丑（1829）抄本影印本

所属丛书:中医古籍孤本大全

未 8.4/38

0643 千金至宝　　1777

又名遂生福幼合编、传家至宝

（清）庄一夔（在田）撰

清刻本

未 8.4/30

0644 遂生编　　1777

又名痘疹遂生编

（清）庄一夔（在田）撰

清道光刻本

未 8.4/36

0645 幼儿杂症说要　　1785

（清）孙丰年（际康）撰

2011 年中医古籍出版社据清乾隆五十
年乙巳（1785）刻本影印本

所属丛书:中医古籍孤本大全

未 8.4/44

0646 痘疹精详十卷　　1794

（清）周冠（甄陶）编

民国上海广益书局石印本

未 8.4/19

0647 儿科醒十二卷　　　　　　1813
（清）芝屿樵客撰
民国二十六年（1937）上海千顷堂书局
铅印本
未 8.4/23

0648 痘疹捷要二卷　　　　　　1824
（清）刘文雅（温堂）编
清芝瑞堂刻本
未 8.4/16

0649 仁端录摘要　　　　　　　1830
佚名著
民国抄本
未 8.4/32

0650 保赤摘录六卷　　　　　　1832
附五运六气
（清）崔昌龄（锡武）撰
清道光十二年壬辰（1832）刻本
未 8.4/5

0651 痘疹集验　　　　　　　　1847
（清）傅霖编
清道光二十七年丁未（1847）推爱堂
刻本
未 8.4/15

0652 保赤心筌八卷　　　　　　1872
（清）胡凤昌（云谷）撰
2007 年中医古籍出版社据清抄本影
印本
所属丛书：中医古籍孤本大全
未 8.4/3

0653 述古斋幼科新书六卷　　　1888
（清）张振鋆（醴泉、惕厉子）编撰
清光绪十八年壬辰（1892）古香阁刻本
未 8.4/35

0654 徐氏活幼心法六卷　　　　1894
（清）徐恂甫著
2013 年中医古籍出版社据清抄本影
印本
所属丛书：中医古籍孤本大全
未 8.4/42

0655 痘科　　　　　　　　　［1901］
（清）张家椿抄
1.清抄本
2.民国诸光鉴抄本
未 8.4/9

0656 沈虚明先生痘疹全集三卷　［1901］
（清）沈虚明撰　陆林仙抄
清抄本
未 8.4/34

0657 幼科三种十卷　　　　　　1904
佚名编
1.清宣统元年己酉（1909）文元书局石
印本
2.清宣统二年庚戌（1910）上海萃英书
局石印本
3.民国元年（1912）上海江东书局石
印本
4.民国元年（1912）上海广益书局石
印本
子目：
（1）幼儿痘疹玉髓金镜录四卷首一卷
　　（明）翁仲仁撰
（2）小儿推拿广意三卷　（清）熊应雄编
（4）幼科铁镜二卷　（清）夏鼎撰
未 8.4/48

0658 重刊引痘新书　　　　　［1906］
佚名著
清兰州官书局铅印本
未 8.4/58

0659 痘疹玄珠　　　　　　　［1911］
佚名著
清抄本
未 8.4/20

0660 保赤万应散　　　　　　［1912］
佚名著
民国抄本
未 8.4/1

0661 保赤新书八卷　　　　　　1924
恽铁樵（树钰）撰
民国二十五年（1936）章巨膺医寓铅

印本
所属丛书:药盦医学丛书
未 8.4/4

0662　儿科辑要四卷　　1928
姚济苍(博施)编
1.清光绪三年丁丑(1877)树德堂刻本
2.民国十九年(1930)成都文华印字馆
　铅印本
未 8.4/22

0663　中西痘科合璧十二卷　　1930
卜子义等编
民国十九年(1930)上海中华书局铅
印本
未 8.4/56

0664　幼婴疢疾秘书二卷　　1934
又名林氏家藏幼婴疢疾秘书、保赤新书
林永泽(葆予)撰
民国二十三年(1934)厦门印书馆铅
印本
未 8.4/59

0665　儿科诊断学　　1949
何廉臣(炳元、印岩)编
民国上海大东书局铅印本
未 8.4/24

0666　范氏锦囊秘录痘疹全集　　[1956]
佚名著
新抄本
未 8.4/25

8.5　外科

0667　卫济宝书二卷　　1170
(宋)董璋(东轩居士)撰
1987 年甘肃中医学院图书馆复印本
未 8.5/24

0668　外科精义二卷　　1335
(元)齐德之撰
民国上海受古书店石印本
未 8.5/13

0669　外科集验方二卷　　1498
(明)周文采撰
1985 年中医研究院影印本
未 8.5/10

0670　大河外科二卷　　1557
(明)王拳撰
2008 年中医古籍出版社据明万历三十
一年癸卯(1603)刻本影印本
所属丛书:中医古籍孤本大全
未 8.5/1

0671　窦太师外科全书六卷　　1569
又名疮疡经验全书
(宋)窦杰(子声、汉卿)撰　(明)窦梦
麟续增
清乾隆三十二年丁亥(1767)养元堂
刻本
未 8.5/2

0672　疮疡经验全书十五卷　　1569
又名窦氏外科全书
原题(宋)窦杰(子声、汉卿)撰　(明)
窦梦麟续增
清刻本崇顺堂藏版(六卷本)
未 8.5/3

0673　外科经验精要方　　1572
(明)张翼校
2005 年中医古籍出版社据明隆庆六年
壬申(1572)屏山堂刻本影印本
所属丛书:中医古籍孤本大全
未 8.5/12

0674　外科准绳六卷　　1602
又名疡医准绳、外科证治准绳
(明)王肯堂(宇泰、损庵、念西居士)撰
清光绪十八年壬辰(1892)上海图书集
成印书局铅印本
未 8.5/23

0675　外科正宗十二卷附录一卷　　1617
(明)陈实功(毓仁、若虚)撰　(清)徐
大椿(灵胎、洄溪老人)评
1.清光绪二十二年丙申(1896)珍艺书

局铅印本

2. 清刻本（存三卷）

未 8.5/17

0676 外科正宗四卷 1617

又名外科微义

（明）陈实功（毓仁、若虚）撰

1. 清乾隆五十七年壬子（1792）聚锦堂刻本

2. 清刻本（存二卷）

3. 民国二年（1913）上海江东书局石印本

未 8.5/18

0677 （徐评）外科正宗十二卷 1617

（明）陈实功（毓仁、若虚）撰 （清）徐大椿（灵胎、洄溪老人）评注

1. 清光绪十二年丙戌（1886）刻本（存八卷）

2. 清扫叶山房刻本

3. 清校经山房刻本

未 8.5/19

0678 （重订）外科正宗十二卷 1617

（明）陈实功（毓仁、若虚）撰 （清）张鹜翼（青万、乐山）重订

1. 清嘉庆二十五年庚辰（1820）崇顺堂刻本

2. 清宏道堂刻本

未 8.5/20

0679 疡科选粹八卷 1628

（明）陈文治（国章、岳粼）编

民国十一年（1922）上海文瑞楼石印本

未 8.5/26

0680 霉疮秘录二卷 1632

（明）陈司成（九韶）撰

民国上海会文堂据户仓屋喜兵卫刻本影印本

未 8.5/6

0681 外科大成四卷 1665

（清）祁坤（广生）撰

民国五年（1916）上海广益书局石印本

（存三卷）

未 8.5/9

0682 明医诸风疠疡全书指掌 1675

（清释）传杰撰

2009 年中医古籍出版社据清康熙十四年乙卯（1675）刻本影印本

所属丛书：中医古籍孤本大全

未 8.5/7

0683 林屋山人证治全生集四卷 1740

又名外科证治全生集

附金疮铁扇方

（清）王维德（洪绪、林屋山人、定定子）编

清光绪十六年庚寅（1890）刻本都门河南结局藏板（二卷本）

未 8.5/5

0684 外科证治全生集四卷 1740

又名林屋山人证治全生集

（清）王维德（洪绪、林屋山人、定定子）编

1. 清光绪十年甲申（1884）吴门扫叶山房刻本（六卷本）

2. 清刻本

3. 民国上海锦章书局石印本（存二卷）

未 8.5/21

0685 医宗金鉴外科十六卷 1742

又名外科心法要诀

（清）吴谦（六吉）等撰

清光绪三十二年丙午（1906）有益斋石印本

未 8.5/28

0686 疡医大全四十卷 1760

附内经纂要

（清）顾世澄（练江、静斋）撰

1. 清同治九年庚午（1870）敦仁堂刻本

2. 清光绪二十年甲午（1894）善成堂刻本

3. 清光绪二十七年辛丑（1901）上海图书集成印书局铅印本（存卷一至十九）、

石印本(存卷二十一至四十)

未 8.5/27

0687　外科证治全书五卷末一卷　　1831

（清）许克昌（伦声）　毕法（苍霖）合编

清同治刻本

未 8.5/22

0688　外科图说四卷　　1834

又名改良外科图说

（清）高文晋（梅溪）编

1.民国上海江东书局石印本

2.1954 年上海锦章书局石印本

未 8.5/15

0689　割证全书七卷　　1890

佚名著

清光绪十六年庚寅（1890）羊城博济医

局刻本

未 8.5/4

0690　外科医案汇编四卷　　1891

又名外科临证指南医案

（清）余景和（听鸿）撰

清光绪二十年甲午（1894）苏州绿荫堂

刻本

未 8.5/16

0691　外科备要　　1904

又名外科证治方药备要

（清）易凤翥编

2011 中医古籍出版社据清光绪三十年甲

辰（1904）刻本影印本

所属丛书：中医古籍孤本大全

未 8.5/8

0692　外科经效秘方　　［1912］

佚名著

精抄本

未 8.5/11

0693　疡科纲要二卷　　1917

张寿颐（山雷）撰

民国十六年（1927）浙江中医专门学校

石印本

未 8.5/25

0694　外科奇方　　［1949］

佚名著

旧抄本

未 8.5/14

8.6　伤科

0695　（订补）明医指掌十卷　　1579

附诊家枢要

（明）皇甫中（云州）撰　王肯堂（宇泰、

损庵、念西居士）订补

明天启二年壬戌（1622）刻本

未 8.6/1

0696　伤科补要四卷　　1808

（清）钱秀昌（松溪）撰

清嘉庆二十三年戊寅（1818）虹口竹荫

堂刻本

未 8.6/2

0697　跌打验方　　［1911］

佚名著

清宣统三年辛亥（1911）稿本

未 8.6/3

8.7　眼科

0698　银海澄清要旨　　682

佚名著

清抄本

未 8.7/13

0699　银海精微二卷　　682

原题（唐）孙思邈撰

1954 年上海锦章书局石印本

未 8.7/15

0700　（程松崖先生）眼科应验良方　　［1484］

又名程松崖先生眼科、松崖眼科、眼科

良方

（明）程玠（文玉、松崖）撰

清光绪二年丙子（1876）赵氏完璧堂

刻本

未 8.7/11

0701 明目神验方 1500

佚名撰

2009 年中医古籍出版社据明弘治十三
年庚申(1500)刻本影印本

所属丛书:中医古籍孤本大全

未 8.7/2

0702 鸿飞集论眼科 1556

(明)胡大成传录

2009 年中医古籍出版社据明嘉靖三十
五年丙辰(1556)刻本影印本

所属丛书:中医古籍孤本大全

未 8.7/1

0703 (新锲)鳌头复明眼方外科神验全书

1591

(明)龚廷贤(子才、云林山人、悟真
子)编

2009 年中医古籍出版社据明万历十九
年辛卯(1591)三槐堂刻本影印本

所属丛书:中医古籍孤本大全

未 8.7/16

0704 审视瑶函六卷首一卷 1642

又名眼科大全

(明)傅仁宇(允科)撰　林长生校补

1.清道光二十七年丁未(1847)抄本

2.清经国堂刻本

3.清正古堂刻本

4 清致胜堂刻本(存五卷)

5.民国上海锦章书局石印本

未 8.7/3

0705 眼科大全六卷首一卷 1642

又名审视瑶函

(明)傅仁宇(允科)撰　林长生校补

清光绪四年戊寅(1878)同志堂刻本

未 8.7/7

0706 一草亭眼科全书四卷 1643

又名一草亭目科全集、感应一草亭书

(明)邓苑(博望)撰

民国上海千顷堂书局石印本

未 8.7/12

0707 眼科百问二卷 1657

又名眼科自疗问答、改良眼科百问、眼
科秘传

(清)王子固(文之)编

民国上海大成书局石印本

未 8.7/5

0708 银海精微补四卷 1673

(清)赵双壁(公瑶)撰

2005 年中医古籍出版社据朝鲜安东衙
刻本影印本

所属丛书:中医古籍孤本大全

未 8.7/14

0709 眼科阐微四卷 1700

(清)马化龙(云从)编

新抄本

未 8.7/6

0710 眼科启蒙四卷 1817

(清)刘一明(悟元山人、悟元子)编

清嘉庆二十二年丁丑(1817)榆中栖云山
刻本

未 8.7/9

0711 眼科 1826

佚名著

清咸丰四年甲寅(1854)精抄本

未 8.7/4

0712 眼科启明二卷 1885

(清)邓雄勋(捷卿)撰

2014 年中医古籍出版社据清抄本影
印本

所属丛书:中医古籍孤本大全

未 8.7/10

8.8　咽喉口齿

0713 咽喉脉证通论 1279

(清)佚名著　许梿(珊林)校订

民国石印本

未 8.8/10

0714 喉科指掌六卷   1757
又名治喉指掌、喉科、喉科秘旨
(清)张宗良(留仙)撰
1954 年上海锦章书局石印本
未 8.8/6

0715 治喉指掌六卷   1757
又名喉科指掌、喉科、喉科秘旨
(清)张宗良(留仙)撰
清咸丰五年乙卯(1855)刻本
未 8.8/13

0716 喉科指南二卷   1768
又名重楼玉钥、重楼玉钥喉科指南
(清)郑宏纲(纪原、梅涧)撰
民国六年(1917)上海大成书局石印本
未 8.8/5

0717 疫痧草三卷   1801
(清)陈耕道(继宣)撰　戈敬恒抄
1. 民国北京和济印刷局铅印本
2. 抄本
未 8.8/12

0718 白喉全生集   1875
(清)李纪方(伦青)撰
民国七年(1918)萧山合义和印书局铅印本
未 8.8/2

0719 疫喉浅论二卷补遗一卷   1875
(清)夏云(春农、继昭)撰
清抄本
未 8.8/11

0720 白喉万应良方   1882
(清)张绍修(善吾)撰
清光绪八年壬午(1882)兰省荆荫堂刻本
未 8.8/3

0721 白驹谷罗贞喉科   1884
(清)罗贞撰
2008 年中医古籍出版社据清抄本影印本
所属丛书:中医古籍孤本大全
未 8.8/4

0722 喉症指南四卷   1887
(清)寄湘渔父编
1. 清光绪十三年丁亥(1887)刻本严江萼溪山馆藏板
2. 民国二十三年(1934)铅印本
未 8.8/7

0723 流犯喉科药方二卷   1890
(清)郑汝恭编
甘肃中医学院图书馆据清光绪十六年庚寅(1890)刻本复印本
未 8.8/8

0724 白喉忌表抉微   1891
又名洞主仙师白喉治法忌表抉微、白喉治法忌表述要、喉症治法忌表抉微、喉症神效方、白喉瘟神方
(清)耐修子(休子)撰
1. 清光绪武威同善公所刻本
2. 清刻本
3. 民国七年(1918)石印本
未 8.8/1

0725 仙传白喉秘方   1891
佚名著
清宣统排印本
未 8.8/15

0726 紫珍集济世良方   1910
又名焦公喉科紫珍集
佚名著
2008 年中医古籍出版社据清抄本影印本
所属丛书:中医古籍孤本大全
未 8.8/14

0727 祝由方药   [1912]
佚名著
民国抄本
未 8.8/16

0728 时疫白喉痘疹验方   [1949]
佚名著
新抄本
未 8.8/9

9 养生

9.1 养生通论

0729 养性延命录二卷 536
(南朝梁)陶弘景(通明、华阳居士、华阳
真人、贞白先生)撰
1987 年甘肃中医学院图书馆复印本
申 9.1/14

0730 古今录验养生必用方三卷 1024
(宋)初虞世(和甫)撰
2011 年中医古籍出版社据清抄本影
印本
所属丛书:中医古籍孤本大全
申 9.1/2

0731 延寿神方 1398
(明)朱权(臞仙、玄洲道人、涵虚子、丹
丘先生)编
2007 年中医古籍出版社据明崇祯青阳
阁刻本影印本
所属丛书:中医古籍孤本大全
子目:
(1)珍珠囊指掌补遗药性赋四卷 (元)李
杲编
(2)雷公炮制药性解六卷 (明)李中梓编
申 9.1/10

0732 扶寿精方三卷 1587
(明)吴旻、王来贤辑
1986 年中医古籍出版社据明万历十五
年丁亥(1587)刻本影印本
所属丛书:中医古籍孤本大全
申 9.1/1

0733 遵生八笺十九卷 1591
(明)高濂(深甫、瑞南道人)编
清嘉庆八年癸亥(1803)刻本金闾书业堂
藏板
申 9.1/16

0734 尊生要旨 1592
(明)蒋学成(定宇)编 许乐善(修子)
订补
1987 年甘肃中医学院图书馆影印本
申 9.1/17

0735 养生君主论 1644
(明)佚名著
2011 年中医古籍出版社据明抄本影
印本
所属丛书:中医古籍孤本大全
申 9.1/12

0736 寿世秘典十八卷 1661
(清)丁其誉(蕈公)编
1. 清顺治十八年辛丑(1661)颐吉堂刻
本(存十四卷)
2. 1991 年中医古籍出版社据清颐吉堂
刻本影印本(所属丛书:中医古籍孤
本大全)
申 9.1/6

0737 勿药玄诠 1682
(清)汪昂(讱庵)撰
清道光二十五年乙巳(1845)文盛斋
刻本
申 9.1/8

0738 养病庸言 1877
(清)沈子复(嘉澍)撰
清光绪三年丁丑(1877)求放心斋刻本
申 9.1/11

0739 愚斋养生丛书 [1899]
佚名著
清稿本
申 9.1/15

0740 卫生学问答二卷 1901
丁福保(仲古、畴隐居士)编
清光绪三十年甲辰(1904)甘肃高等学堂
刻本
申 9.1/7

0741 护病要术 1905

（清）何福寿等撰

清光绪三十一年乙巳（1905）上海美华

书馆铅印本

申9.1/3

0742 延生宝鉴 1906

附修摄法二十五条

（清）陆镛（悟虚山人）编

清光绪三十二年丙午（1906）抄本

申9.1/9

0743 丹炉 ［1912］

佚名著

民国抄本

申9.1/18

0744 七大健康法三卷 1914

（日）松尾莱编　刘仁航（乐天修养馆

主）译

民国六年（1917）江左书林发行

申9.1/4

0745 青囊秘录四卷 1922

（汉）华佗（元化）撰　（唐）孙思邈述

民国济南道院编

民国十二年（1923）济南道院铅印本

申9.1/5

0746 养生医药浅说八卷 1936

王功镇（静斋、逸民）撰

民国二十七年（1938）逸民医庐铅印本

（存卷八）

申9.1/13

9.2 导引、气功

0747 导引图 1875

（清）敬慎山房主人编绘

2007年中医古籍出版社据清光绪初彩

绘本影印本

所属丛书：中医古籍孤本大全

申9.2/1

0748 内功图说 1881

又名内功图编

（清）潘霨（伟如、韡园居士）编

1987年甘肃中医学院图书馆复印本

申9.2/2

0749 卫生要术 1858

又名易筋经八段锦合刻

（清）徐鸣峰撰

清光绪二年丙子（1876）刻本

申9.2/3

0750 因是子静坐法 1914

蒋维乔（因是子）著

民国上海商务印书馆铅印本

申9.2/4

0751 因是子静坐法续编 1922

蒋维乔（因是子）著

民国十九年（1930）上海商务印书馆铅

印本

申9.2/5

10 医案医话医论

10.1 医案

0752 石山医案三卷附录一卷　　1519
（明）汪机（省之、石山居士）撰
1985年甘肃中医学院图书馆复印本
酉 10.1/47

0753 莲斋医意 – 立斋案疏二卷　　[1559]
（明）薛己（新甫、立斋）撰　叶崧疏
2009年中医古籍出版社据明抄本影
印本
所属丛书：中医古籍孤本大全
酉 10.1/27

0754 生生子医案三卷　　1573
（明）孙一奎（文垣、东宿、生生子）撰
清光绪二十六年庚子（1900）抄本（存二
卷）
酉 10.1/45

0755 奇效医述二卷　　1616
（明）聂尚恒（久吾、惟贞）撰
1980年上海古籍出版社据日本万治刻
本影印本
酉 10.1/35

0756 程茂先医案五卷　　1632
（明）程从周（茂先）撰
1980年上海古籍书店复印本
酉 10.1/7

0757 冰壑老人医案　　1641
（明）金九渊（少游、长鸣、冰壑老人）撰
吴天泰（谧生）等编
2007年中医古籍出版社据明崇祯刻本影
印本
所属丛书：中医古籍孤本大全
酉 10.1/2

0758 两都医案二卷　　1641
（明）倪士奇撰
2009年中医古籍出版社据明崇祯刻本

影印本
所属丛书：中医古籍孤本大全
酉 10.1/28

0759 寓意草二卷　　1643
（清）喻昌（嘉言、西昌老人）撰
1. 清光绪同文堂刻本
2. 清文益堂刻本
3. 清两仪堂刻本
4. 清刻本
酉 10.1/71

0760 秦景明先生医案　　[1644]
（明）秦昌遇（景明、广埜道人）编
清抄本
酉 10.1/38

0761 三家医案三卷　　1698
（清）丁授堂等撰
清道光刻本
酉 10.1/42

0762 鹤圃堂治验病译　　1721
（清）沈时誉（明生）撰
新抄本
酉 10.1/21

0763 东皋草堂医案　　1722
（清）王式钰（仲坚、翔千）撰
2007年中医古籍出版社据清康熙刻本
影印本
所属丛书：中医古籍孤本大全
酉 10.1/10

0764 叶氏医效秘传三卷　　1742
（清）叶桂（天士、香岩、南阳先生）撰
清道光十一年辛卯（1831）刻本
酉 10.1/62

0765 潜邨医案二卷　　1745
（清）杨乘六（以行、云峰）编
1979年上海古籍书店据清乾隆衔三堂
刻本影印本
酉 10.1/37

0766 （增补）临证指南医案十卷　　1746
（清）叶桂（天士、香岩、南阳先生）撰

华岫云(南田)编　徐大椿(灵胎、洄溪老人)评

1. 清乾隆三十一年丙戌(1766)序刻本
2. 清乾隆刻本
3. 清同治三年甲子(1864)刻本
4. 清同治六年丁卯(1867)黎照书屋刻本
5. 清同治六年丁卯(1867)刻本
6. 清光绪十年甲申(1884)古吴扫叶山房刻本
7. 清光绪二十二年丙申(1896)宝善书局石印本(附种福堂续选临证指南四卷)
8. 民国石印本

西 10.1/29

0767 香岩诊案 1746

(清)叶桂(天士、香岩、南阳先生)撰

1976 年上海古籍出版社复印本

西 10.1/54

0768 叶氏医案 1746

(清)叶桂(天士、香岩、南阳先生)撰

1963 年上海科学技术出版社排印本

西 10.1/60

0769 叶氏医案存真三卷 1746

(清)叶桂(天士、香岩、南阳先生)撰

叶万青校

附马案

(清)马元仪撰

民国四年(1915)上海千顷堂石印本

西 10.1/61

0770 傲曙斋医案举隅 1753

(清)柴潮生(屺青)著

清乾隆十八年癸酉(1753)刻本

西 10.1/25

0771 名医类案十二卷 1770

(明)江瓘(民莹)编

续名医类案三十六卷

(清)魏之琇(玉璜、柳洲)编

1. 清光绪二十年甲午(1894)上海著易

堂刻本
2. 民国石印本

西 10.1/33

0772 古今医案按十卷 1778

(清)俞震(东扶)编　李龄寿校辑

清光绪二十四年戊戌(1898)吴江李氏重刻乌程庞氏藏板

西 10.1/15

0773 赤崖医案 1782

又名新安医案

(清)汪廷元撰

2011 年中医古籍出版社据清乾隆四十七年壬寅(1782)刻本影印本

所属丛书:中医古籍孤本大全

西 10.1/8

0774 续貂集二卷 1790

(清)沈源(岷源、抱元子)编

2011 年中医古籍出版社据清乾隆五十五年庚戌(1790)序刻本影印本

所属丛书:中医古籍孤本大全

西 10.1/56

0775 高氏医案 1805

(清)高秉钧(有堂)撰

民国二十五年(1936)高氏稿本

西 10.1/14

0776 醉山草堂医案 1806

(清)何世仁(元长、澹安)撰

1981 年上海古籍书店影印本

西 10.1/13

0777 何元长先生医案 1806

(清)何世仁(元长、澹安)撰

1. 1979 年上海古籍书店据清抄本影印本
2. 上海古籍书店复印本

子目:

(1)福泉山房医案

(2)世济堂医案

(3)澹安医案

西 10.1/20

0778 齐氏医案六卷 1806
又名齐氏医案崇正辨讹
（清）齐秉慧（有堂）撰
1. 民国十一年（1922）上海千顷堂书局
石印本
2. 清刻本（存五卷）
西 10.1/34

0779 吴门治验录四卷 1821
又名顾晓澜先生医案
（清）顾金寿（晓澜）撰
清道光五年乙酉（1825）青霞斋吴学圃
刻本
西 10.1/51

0780 三家医案合刻 1831
（清）吴金寿（子音）撰
1. 清道光十一年辛卯（1831）姑苏绿润
堂刻本
2. 清光绪三十三年丁未（1907）上海海
左书局石印本
3. 清光绪刻本
子目：
（1）叶氏医案 （清）叶桂撰
（2）薛氏医案 （清）薛雪撰
（3）缪氏医案 （清）缪遵义撰
西 10.1/41

0781 吴鞠通医案四卷 1836
（清）吴瑭（鞠通）撰
民国七年（1918）上海世界书局石印本
西 10.1/50

0782 珠邨草堂医案 1836
（清）张千里（梦庐、子方）撰 徐国琛
编 王景贤抄
民国二十九年庚辰（1940）抄本
西 10.1/72

0783 黄氏纪效新书二卷 ［1840］
（清）黄堂撰
2014 年中医古籍出版社据清抄本影
印本
所属丛书：中医古籍孤本大全

西 10.1/23

0784 尚友堂医案二卷 1846
（清）方略（南薰）撰
1979 年上海古籍书店影印本
西 10.1/43

0785 李氏医案 1850
（清）抱灵居士撰
2011 年中医古籍出版社据清道光三十
年庚戌（1850）抄本影印本
所属丛书：中医古籍孤本大全
西 10.1/26

0786 外证医案汇编四卷 1850
又名外科临证指南医案、外科医案汇编
（清）余景和（听鸿）撰
清光绪三十一年乙巳（1905）集古山房
刻本
西 10.1/48

0787 问斋医案五卷 1850
（清）蒋宝素（问斋）撰
1. 清道光三十年庚戌（1850）镇江蒋氏
快志堂刻本
2. 1980 年江苏广陵古籍刻印社影印本
所属丛书：广陵医籍丛刊第二辑
西 10.1/49

0788 婺源余先生医案 1851
又名余氏医案存录
（清）余国佩（春山）撰
2005 年中医古籍出版社据清咸丰元年辛
亥（1851）刻本影印本
所属丛书：中医古籍孤本大全
西 10.1/52

0789 古今医案按选四卷 1853
（清）俞震（东扶）编 徐然石（亚枝）
校辑
民国石印本
西 10.1/16

0790 沈君医案 ［1875］
又名沈菊人方案目录、沈菊人医案
（清）沈菊人（来方）撰

清抄本
酉 10.1/44

0791 壶春丹方医案 ［1875］
佚名著
1. 晚清稿本
2. 晚清抄本
酉 10.1/22

0792 医学求是二卷 1879
（清）吴达（东旸）撰
清光绪十年甲申（1884）刻本
酉 10.1/68

0793 何鸿舫先生手书方笺 1889
（清）何鸿舫（长治、补之、横柳病鸿）撰
1979 年上海古籍书店复印本
酉 10.1/19

0794 广陵医案 1890
（清）汪廷元撰
附太乙神针
（清）杜文澜撰
金疮铁扇散方
（清）沈大润述
1984 年江苏广陵古籍刻印社影印本
所属丛书：广陵医籍丛刊第二辑
酉 10.1/18

0795 雪蕉轩医案十卷 1890
（清）佚名著　元琦校
2011 年中医古籍出版社据清光绪十六年庚寅（1890）抄本影印本
所属丛书：中医古籍孤本大全
酉 10.1/58

0796 陈氏医案二卷 ［1892］
（清）陈莘田撰　朱文熙抄
民国二十三年（1934）抄本
酉 10.1/4

0797 医案 1896
佚名著
清抄本
酉 10.1/66

0798 陈学三医案 ［1898］
陈学三著
清抄本
酉 10.1/5

0799 医案稿本 ［1898］
佚名著
清抄本
酉 10.1/67

0800 倚云轩医案医话医论八卷 1899
（清）方仁渊编
2009 年中医古籍出版社据清光绪二十五年己亥（1899）稿本影印本
所属丛书：中医古籍孤本大全
酉 10.1/69

0801 柳选四家医案三卷 1900
（清）柳宝诒（谷孙、冠群）编
民国上海文瑞楼石印本
子目：
（1）静香楼医案二卷　（清）尤怡撰
（2）继志堂医案二卷　（清）曹存心撰
（3）爱庐医案　（清）张大曦撰
（4）环溪草堂医案三卷　（清）王泰林撰
酉 10.1/30

0802 顾氏医案三卷 ［1900］
（清）顾雨棠著
清抄本
酉 10.1/17

0803 圣余医案诠解四卷 1903
（清）刘子维撰　李俊（子俊）撰
民国三十三年（1944）铅印本
酉 10.1/46

0804 徐氏四世医案合编 1908
（清）徐同熙（省安）撰　徐景文（学勤）等编
2011 年中医古籍出版社据清抄本影印本
所属丛书：中医古籍孤本大全
酉 10.1/55

0805 鲁峰医案三卷 1911
（清）鲁峰撰

2008 年中医古籍出版社影印本

所属丛书:中医古籍孤本大全

西 10.1/31

0806　御医曹沧州医案二卷　　　　1911

(清)曹沧州(智涵)撰　　(民国)屠锡
洪编

民国十三年(1924)江左书林石印本

西 10.1/70

0807　承氏医案三卷　　　　　　[1912]

佚名著

民国抄本

西 10.1/6

0808　奚可阶方案　　　　　　　[1913]

佚名著

旧抄本

西 10.1/53

0809　薛生白医案　　　　　　　1918

陆士谔(守先)撰

1. 民国十年(1921)上海广文书局石印本

2. 民国十四年(1925)上海世界书局石
印本

西 10.1/57

0810　(增补)叶天士医案四卷　　1919

陆士谔(守先)编

1986 年江苏广陵古籍刻印社影印本

所属丛书:广陵医籍丛刊第二辑

西 10.1/64

0811　(增补重编)叶天士医案四卷　1919

陆士谔(守先)撰

民国上海世界书局石印本

西 10.1/65

0812　遁园医案二卷附录一卷　　1920

萧伯章(琢如)撰

民国十二年(1923)铅印本

西 10.1/11

0813　叶天士女科医案　　　　　1920

陆士谔(守先)撰

民国九年(1920)上海世界书局石印本

西 10.1/63

0814　前清御医陈莲舫医案秘抄　　1921

董韵笙编

民国十年(1921)江苏文元书局铅印本

西 10.1/36

0815　孟河丁氏医案八卷　　　　1926

附喉痧症治概要

丁泽周(甘仁)撰　　丁济万编

民国二十六年(1937)孟河崇礼堂铅
印本

西 10.1/32

0816　翠竹山房诊暇录稿二卷　　1927

曹惕寅(契敬)撰

1927 年上海翠竹山房石印本

西 10.1/9

0817　全国名医验案类编十四卷　　1927

何廉臣(炳元、印岩)编

民国上海大东书局铅印本

西 10.1/40

0818　清代名医医案精华　　　　[1928]

秦伯之(之济、谦斋)撰

旧抄本

西 10.1/39

0819　洄溪医案唐人法　　　　　1933

黄思荣(幹南)撰

民国二十二年(1933)广州黄幹南药行
刻本

所属丛书:干卢丛书

西 10.1/24

0820　包氏医案　　　　　　　　1936

包识生(一虚、德逮)撰

民国二十五年(1936)包氏医宗出版部
铅印本

西 10.1/1

0821　药盦医案全集八卷　　　　1936

恽铁樵(树钰)撰

民国二十五年(1936)章巨膺医寓铅
印本

所属丛书:药盦医学丛书

西 10.1/59

0822　泊庐医案　　　　　　　　　1941
汪逢春撰
民国三十年(1941)铅印本
酉 10.1/3

0823　方案　　　　　　　　　　〔1976〕
佚名著
稿本
酉 10.1/12

10.2　医话医论

0824　褚氏遗书　　　　　　　　483
(南朝齐)褚澄(彦道)撰　张绍重抄
1982 年精抄本
酉 10.2/2

0825　格致余论　　　　　　　　1347
(元)朱震亨(彦修、丹溪)撰
明万历二十九年辛丑(1601)新安吴勉
学校刻本
酉 10.2/4

0826　医经溯洄集　　　　　　　1368
(元)王履(安道)撰　(明)吴勉学校
清刻本
酉 10.2/13

0827　敬修堂医源经旨八卷　　　1606
(明)李日宣编
2011 中医古籍出版社据明崇祯四年辛
未(1631)刻本影印本
所属丛书:中医古籍孤本大全
酉 10.2/5

0828　医贯六卷　　　　　　　　1617
又名赵氏医贯
(明)赵献可(养葵、医巫闾子)撰
1979 年上海古籍书店据清刻本影印本
酉 10.2/11

0829　祝茹穹先生医印三卷　　　1656
(清)赵嶷(一苍子)编注
2008 年中医古籍出版社影印本
所属丛书:中医古籍孤本大全

酉 10.2/20

0830　医衡四卷　　　　　　　　1661
又名医衡病论
(清)沈时誉(明生)撰　梅鼎编　顾
是订
1. 清抄本
2. 1982 年上海古籍书店据康熙六十年辛
　　丑(1721)刻本影印本
酉 10.2/12

0831　医贯砭二卷　　　　　　　1741
(清)徐大椿(灵胎、洄溪老人)撰
清乾隆半松斋刻本
酉 10.2/10

0832　指南后论二卷　　　　　　1764
佚名著
2005 年中医古籍出版社据清乾隆二十
九年甲申(1764)抄本影印本
所属丛书:中医古籍孤本大全
酉 10.2/19

0833　愿体医话良方　　　　　　1838
(清)史典(缙臣)撰
1989 年江苏广陵古籍刻印社影印本
所属丛书:广陵医籍丛刊第二辑
酉 10.2/18

0834　医法圆通四卷　　　　　　1874
(清)郑寿全(钦安)撰
清光绪十三年丁亥(1887)成都五福堂
刻本
酉 10.2/9

0835　存存斋医话稿二卷　　　　1881
(清)赵彦辉(晴初)撰
民国四年(1915)绍兴裘氏刻本
酉 10.2/3

0836　医法心传　　　　　　　　1882
(清)程芝田(瘦樵)撰
清光绪十三年丁亥(1887)养鹤山房刻
本柯城慎修堂藏板
酉 10.2/8

0837 医论　　　　　　　　1890
佚名著
清抄本
酉 10.2/15

0838 王肯堂公笔尘医说　　　[1892]
（明）王肯堂（宇泰、损庵、念西居士）著
清抄本
酉 10.2/6

0839 医理略述二卷　　　　　1893
（清）尹端模编
清光绪十九年癸巳（1893）羊城博济医局刻本
酉 10.2/14

0840 医学答问四卷　　　　　1895
（清）梁玉瑜（特岩）传　陶保廉（拙存）录
清光绪二十三年丁酉（1897）太原任振基刻本兰州固本书局藏版
酉 10.2/16

0841 叶选医衡二卷　　　　　1898
（清）叶桂（天士、香岩、南阳先生）选定
民国上海文瑞楼石印本
酉 10.2/7

0842 曹凤韶医话　　　　　　[1912]
佚名著
民国十三年（1924）稿本
酉 10.2/1

0843 余氏医述六卷　　　　　1928
余岩（云岫）编
民国社会医报馆铅印本
酉 10.2/17

10.3　笔记杂录

0844 吴医汇讲十一卷　　　　1792
（清）唐大烈（笠山）编
1. 清乾隆五十七年壬子（1792）吴门唐氏问心草堂刻本
2. 清乾隆五十七年壬子（1792）刻本嘉

庆十九年甲戌（1814）扫叶山房印本
3. 清嘉庆元年丙辰（1796）刻本
4. 清嘉庆外镌本
酉 10.3/5

0845 青囊琐探二卷　　　　　1801
（日）片仓元周（鹤陵）撰
日本享和元年辛酉（1801）静俭堂刻本
酉 10.3/4

0846 观泉医案　　　　　　　[1804]
又名杏轩医案
程文囿（观泉、杏轩）著
清抄本
酉 10.3/2

0847 重庆堂随笔二卷　　　　1808
（清）王学权（秉衡）撰　王国祥（永嘉）注
1987 年甘肃中医学院图书馆复印本（存一卷）
酉 10.3/10

0848 金镜录　　　　　　　　1817
佚名著
清咸丰六年丙辰（1856）宏道堂重刻本
酉 10.3/3

0849 灵兰社稿八卷　　　　　[1850]
佚名著
2009 年中医古籍出版社据清稿本影印本
所属丛书：中医古籍孤本大全
酉 10.3/11

0850 顾干臣医案　　　　　　[1910]
（清）顾干臣撰
清抄本
酉 10.3/1

0851 习医随录　　　　　　　[1912]
佚名著
清抄本
酉 10.3/6

0852 诊余日记　　　　　　　[1919]
佚名著

民国八年（1919）稿本

西 10.3/8

0853 治证略札 ［1922］

佚名著

民国十一年（1922）抄本

西 10.3/9

0854 医学讲义 1936

陆湘生撰述

民国排印本

西 10.3/7

11 医史

11.1 医史、书目

0855 扁鹊仓公列传补注三卷　　公元前 91
（汉）司马迁（子长）撰
民国二十二年（1933）成都张氏刻本
戌 11.1/2

0856 扁鹊仓公列传割解二卷　　1766
（日）滕惟寅解　滕惟正路补正
日本明和七年庚寅（1770）京都书林林
芳兵卫刻本
戌 11.1/3

0857 中国医学史　　1919
陈邦贤（冶愚、也愚、红杏老人）撰
民国九年（1920）上海医学书局铅印本
戌 11.1/1

0858 四部总录医药编　　1924
丁福保（仲古、畴隐居士）、周云青编
1. 1955 年商务印书馆铅印本
2. 1984 年文物出版社排印本
戌 11.1/5

0859 北京图书馆藏中国医药书目　　1954
北京图书馆编
1954 年北京图书馆排印本
戌 11.1/4

11.6 杂著

0860 晰微补化二卷　　1814
又名沙胀全书
（清）王凯（养吾）著
清嘉庆十九年甲戌（1814）栖云山刻本
戌 11.6/10

0861 医学考辨十二卷　　1844
（清）罗绍芳（林一）纂辑　方问经（史
臣）校订
清咸丰刻本

戌 11.6/11

0862 医学考辨摘要　　1844
（清）罗绍芳（林一）纂辑　方问经（史
臣）校订
清光绪十三年丁亥（1887）刻本（存一
卷）
戌 11.6/12

0863 夺锦琐言　　[1850]
（清）张仁锡（希白）著

附乐余老人医案
（清）陈秉钧（莲舫、乐余老人）
民国十三年（1924）抄本
戌 11.6/3

0864 西药略释四卷　　1875
（清）孔继良译撰
清光绪十二年丙戌（1886）羊城博济医
局刻本
戌 11.6/9

0865 便蒙杂症　　[1912]
佚名著
民国抄本
戌 11.6/1

0866 看病要诀　　[1912]
佚名著
民国抄本
戌 11.6/8

0867 跻园论治录　　[1912]
佚名著
旧稿本
戌 11.6/5

0868 达病刍言　　[1924]
佚名著　佚名抄本
新抄本
戌 11.6/2

0869 法尤堂医案　　[1956]
法尤堂主人撰
稿本
戌 11.6/6

0870 何氏八百年医学   1980   铅印本

何时希撰　何南山参校   戊 11.6/4

1980 上海中医研究所文献资料研究室

12　综合性著作

12.1　通论

0871　**心印绀珠经二卷**　　　　[1368]
(明)李汤卿撰
1980 年上海古籍书店据明嘉靖二十六
年丁未(1547)刻本影印本
亥 12.1/15

0872　**(新刊京本)活人心法**　　　[1420]
又名臞仙活人心方
(明)朱权(臞仙、玄洲道人、涵虚子、丹
丘先生)撰
2014 年中医古籍出版社据明刻本影
印本
所属丛书:中医古籍孤本大全
亥 12.1/7

0873　**古今医统大全一百卷**　　　1556
(明)徐春甫(汝元、东皋)编
1984 年影印本
亥 12.1/6

0874　**医学入门七卷首一卷**　　　1575
(明)李梴(健斋)编
1. 明刻本(存三卷)
2. 民国二年(1913)上海校经山房石
印本
亥 12.1/23

0875　**吴氏家抄济世良方**　　　1597
(明)吴惟贞集　周绍濂编
2007 年中医古籍出版社据明万历二十
五年丁酉(1597)刻本影印本
所属丛书:中医古籍孤本大全
亥 12.1/14

0876　**杏苑生春八卷**　　　1610
(明)芮经、纪梦德编　龚廷贤(子才、云
林山人、悟真子)校正
1981 年南京中医学院图书馆复印本
亥 12.1/16

0877　**杏苑生春八卷**　　　1610
(明)芮经、纪梦德编　龚廷贤(子才、云
林山人、悟真子)校正
2013 年中医古籍出版社据明刻本影
印本
所属丛书:中医古籍孤本大全
亥 12.1/17

0878　**东医宝鉴二十三卷目录二卷**　　　1611
(朝)许浚等撰
1. 清乾隆三十一年丙戌(1766)刻本
2. 清光绪三十四年戊申(1908)扫叶山
房铅印本
3. 清光绪上海校经山房石印本
4. 民国上海锦章书局石印本
5. 民国千顷堂书局石印本
6. 朝鲜刻本
亥 12.1/3

0879　**医林正印十卷**　　　1616
(明)马兆圣(无竟)撰
2011 年中医古籍出版社据明万历四十
四年丙辰(1616)刻本影印本
所属丛书:中医古籍孤本大全
亥 12.1/18

0880　**医宗必读十卷**　　　1637
(明)李中梓(士材、念莪、尽凡居士)撰
1. 清光绪三十三年丁未(1907)崇实书局
刻本
2. 清光绪经国堂刻本(五卷首一卷本)
3. 明刻本(存二卷)
4. 民国元年(1912)上海文盛书局石印
本(卷三至四为 1916 年上海广益书
局石印本补配)
亥 12.1/25

0881　**医宗必读五卷首一卷**　　　1637
(明)李中梓(士材、念莪、尽凡居士)撰
清光绪十二年丙戌(1886)遵经堂刻本
亥 12.1/26

0882　**古今名医汇粹八卷**　　　1675
(清)罗美(澹生、东逸)编

清嘉庆六年辛酉(1801)刻本五柳居
藏板

亥 12.1/5

0883 医学辨害十二卷 1681
附医家非说目录
(日)宇治田云庵撰
1986 年甘肃中医学院图书馆据日本延
宝九年辛酉(1681)刻本复印本

亥 12.1/19

0884 脉草经络五种会编八卷 1694
(清)汪昂(讱庵)撰 刁凤岩辑
清光绪十四年戊子(1888)三义堂刻本
子目:
(1)增订本草备要四卷 (清)汪昂撰
(2)经络歌诀 (清)汪昂撰
(3)改正内景五脏六腑经络图说 (清)汪
昂撰
(4)医方汤头歌诀 (清)汪昂撰
(5)濒湖二十七脉歌 (清)汪昂撰

亥 12.1/9

0885 嵩厓尊生全书十五卷 1696
(清)景日昣(冬阳)撰
1.清康熙三十五年丙子(1696)刻本(存
十四卷)
2.清乾隆五十五年庚戌(1790)古吴致
和堂刻本
3.清光绪扫叶山房刻本
4.清黎照书屋刻本(十卷本)

亥 12.1/10

0886 图书集成医部全录 1723
又名古今图书集成医部全录
(清)蒋廷锡(扬孙、西谷)等纂
清光绪十年甲申(1884)上海图书集成
印书局影印本

亥 12.1/12

0887 王氏医宗家学渊源 1802
(清)作德主人撰
2008 年中医古籍出版社据清乾隆抄本
影印本
所属丛书:中医古籍孤本大全

亥 12.1/13

0888 家藏蒙筌十六卷 1836
(清)王世钟(小溪)编
1.清道光二十四年甲辰(1844)刻本文
盛堂藏板
2.2001 年中医古籍出版社据清道光二
十四年甲辰(1844)刻本影印本(所属
丛书:中医古籍孤本大全)

亥 12.1/8

0889 医学传珍 [1840]
佚名著
清抄本

亥 12.1/20

0890 素仙简要四卷 1842
(清)奎瑛(素仙)撰
清道光二十三年癸卯(1843)明道堂
刻本

亥 12.1/11

0891 慈恩玉历汇录 1845
(清)俞大文(荔峰)编
清刻本(存卷五)

亥 12.1/2

0892 医学集成四卷 1873
又名医学指南
(清)刘仕廉(清臣)撰
清同治十二年癸酉(1873)醉吟山房
刻本

亥 12.1/21

0893 医学摘萃五种 1896
(清)庆恕(云阁)编辑
1.清光绪二十三年丁酉(1897)上海著
易堂书局铅印本
2.清光绪二十三年丁酉(1897)五凉文
社重刻本
3.清光绪二十三年丁酉(1897)刻本(存
一卷)
4.清光绪刻本
5.清光绪铅印本(附天人解、六气解
(清)黄元御著)

子目：

（1）伤寒十六证类方二卷 （汉）张仲景撰

（2）伤寒证辨

（3）四诊要诀

（4）杂症要法三卷

（5）本草类要

亥 12.1/24

0894 增补汇要 ［1899］

（清）张逢吉（尔康）撰

清存耕堂稿本

亥 12.1/27

0895 医学入门 1910

（清）周伯贞辑录

民国二十年（1931）铅印本

亥 12.1/22

0896 外候答问十二卷 1920

陆锦燧（晋笙）撰

民国绍兴医药学报社铅印本

所属丛书：鲟溪医述十五种

亥 12.1/1

0897 敦煌遗书医学集锦 1987

王道坤、谢光、赵健雄、宋东誉选辑

1987 年甘肃中医学院图书馆复印本

亥 12.1/4

12.2 合刻、合抄

0898 丹溪先生医著四种九卷 1347

（元）朱震亨（彦修、丹溪）撰

1982 年江苏广陵古籍刻印社影印本

所属丛书：广陵医籍丛刊第二辑

子目：

（1）格致余论

（2）金匮钩玄

（3）脉因证治

（4）局方发挥

亥 12.2/8

0899 刘河间伤寒三书二十卷 1368

（金）刘完素（守真、河间居士、通玄处士）撰

1. 明刻本

2. 清宣统元年己酉（1909）上海千顷堂书局石印本

子目：

（1）黄帝素问宣明论方十五卷 （金）刘完素撰

（2）（新刊）注释素问玄机原病式 （金）刘完素撰 （元）薛时平注

（3）素问病机气宜保命集三卷 （金）刘完素撰

亥 12.2/16

0900 刘河间医学六书 1373

又名刘河间伤寒六书

（金）刘完素（守真、河间居士、通玄处士）等撰

清同德堂刻本

亥 12.2/17

0901 丹溪附馀三种 1536

（明）吴中珩（楚白）辑校

清二西堂刻本

子目：

（1）医学发明 （元）李杲等撰

（2）活法机要 （元）朱震亨撰

（3）脉诀指掌（缺） （元）朱震亨撰

亥 12.2/7

0902 丹溪心法附馀六种 1536

又名丹溪心法

（明）吴中珩（楚白）辑校

1. 明刻清印本

2. 清光绪二十五年己亥（1899）丰越徐氏石印本

3. 清大文堂刻本

4. 清尚德堂刻本

5. 清刻本

6. 民国文瑞楼石印本

子目：

（1）医学发明 （元）李杲等撰

（2）脉诀指掌 （元）朱震亨撰

（3）金匮钩玄三卷 （元）朱震亨撰

（4）证治要诀十二卷 （明）戴元礼撰

(5)活法机要 （元）朱震亨撰

(6)证法要诀类方四卷 （明）戴元礼撰

亥 12.2/9

0903 赤水玄珠三十卷 1573

医旨绪余二卷

医案五卷

（明）孙一奎（文垣、东宿、生生子）撰

1. 清光绪十四年至十七年戊子至辛卯（1888—1891）顺德潘氏等刻本

2. 清东佛镇天宝楼刻本（存赤水玄珠二十六卷）

子目：

医案含：

(1)三吴医案二卷

(2)新都医案二卷

(3)宜兴医案

亥 12.2/6

0904 太医院纂集医教立命元龟七卷 1590

（明）朱儒撰

2014 年中医古籍出版社据明万历十八年庚寅（1590）刻本影印本

所属丛书：中医古籍孤本大全

亥 12.2/21

0905 医学经略十卷 1613

（明）赵金（淮献、心山）撰

2011 年中医古籍出版社据明天启三年癸亥（1623）刻本影印本

所属丛书：中医古籍孤本大全

亥 12.2/26

0906 医四书 1620

（明）许兆祯（培元）撰

1980 年上海古籍书店据清顺治十四年丁酉（1657）刻本影印本

子目：

(1)诊翼

(2)药准

(3)方纪

(4)医镜

亥 12.2/25

0907 景岳全书六十四卷 1624

（明）张介宾（景岳、会卿、通一子）撰

1. 清康熙四十九年庚寅（1710）会稽鲁超刻本

2. 清乾隆三十三年戊子（1768）赵郡黎照楼刻本

3. 清光绪十一年乙酉（1885）刻本

4. 清光绪二十年甲午（1894）上海图书集成印书局铅印本

子目：

(1)传忠录三卷

(2)脉神章三卷

(3)伤寒典三卷

(4)杂证谟二十九卷

(5)妇人规二卷

(6)小儿则二卷

(7)痘疹诠四卷

(8)外科钤二卷

(9)本草正二卷

(10)新方八略

(11)新方八阵

(12)古方八阵二卷

(13)妇人规古方一卷

(14)小儿则古方

(15)痘疹诠古方

(16)外科钤古方

亥 12.2/14

0908 脉法的要 1628

汤散征奇

（明）闾丘煜编

2013 年中医古籍出版社据清树德堂抄本影印本

所属丛书：中医古籍孤本大全

亥 12.2/18

0909 医药镜四卷 1641

（明）王肯堂（宇泰、损庵、念西居士）等撰

1987 年甘肃中医学院图书馆复印本

亥 12.2/27

0910 **喻氏医书三种** 1661

又名喻氏遗书三种

（清）喻昌（嘉言、西昌老人）撰

清经纶堂刻本

子目：

（1）医门法律六卷

（2）尚论篇四卷尚论后篇四卷

（3）寓意草

亥 12.2/29

0911 **士材三书** 1667

又名合镌增补士材三书、善成堂增订士

材三书

（明）李中梓（士材、念莪、尽凡居士）著

述 （清）尤乘（生洲、无求子）增辑

1. 清康熙六年丁未（1667）刻本

2. 清三多堂刻本

3. 清刻本（存二卷）

4. 民国十四年（1925）上海锦章书局石

印本

子目：

（1）诊家正眼三卷

（2）本草通玄二卷

（3）病机沙篆二卷附寿世青编二卷 （清）

尤乘编

亥 12.2/19

0912 **本草医方合编** 1694

（清）汪昂（讱庵）撰

1. 清乾隆五年庚申（1740）绣谷胡学峰

重刻经元堂刻本（七卷本）

2. 清乾隆四十九年甲辰（1784）树德堂

刻本（七卷本）

3. 清咸丰五年乙卯（1855）天禄阁刻本

4. 清同治七年戊辰（1868）羊城明经阁

刻本

5. 清光绪九年癸未（1883）长沙遐龄精

舍刻本（十二卷本）

6. 清宣统元年己酉（1909）仁记书局刻

本（十二卷本）

7. 清尚德堂刻本（十二卷本）

8. 清善成堂刻本（五卷本）

9. 清善成堂刻本（十二卷本,存六卷）

10. 民国三年（1914）上海共和书局石印

本（三十一卷本）

11. 民国上海广益书局石印本（附汤头

歌诀）（三十二卷本）

子目：

（1）本草备要四卷

（2）医方集解三卷

亥 12.2/2

0913 **百谷考** ［1709］

（清）郭熙（相甫）撰

清乾隆五十四年己酉（1789）刻本

亥 12.2/1

0914 **（御纂）医宗金鉴九十卷首一卷** 1742

（清）吴谦（六吉）等辑

1. 清乾隆武英殿聚珍本

2. 清光绪十八年壬辰（1892）上海图书

集成印书局铅印本

3. 清光绪蜀都会友堂刻本

4. 清刻本

5. 清刻本（存二卷）

6. 清刻本（存三卷）

7. 清刻本（存十卷）

8. 清刻本（存十三卷）

9. 清刻本（存十六卷）

10. 清刻本（存二十五卷）

11. 清刻本（存四十三卷）

12. 民国上海锦章书局石印本

13 民国石印本（存二十六卷）

子目：

（1）订正伤寒论著十七卷

（2）订正金匮要略注八卷

（3）删补名医方论八卷

（4）四诊心法要诀

（5）运气要诀一卷

（6）伤寒心法要诀

（7）杂病心法要诀五卷

（8）妇科心法要诀六卷

（9）幼科杂病心法要诀六卷

（10）痘疹心法要诀六卷

(11)幼科种痘心法要旨
(12)外科心法要诀十六卷
(13)眼科心法要诀二卷
(14)刺灸心法要诀八卷
(15)正骨心法要旨四卷
亥 12.2/28

0915 医理元枢十二卷附馀一卷 1753
(清)朱音恬(咏清)编
清黎照书屋刻本(书口题三益堂)
子目:
(1)运气要略
(2)脉法心参
(3)医方捷径四卷
(4)伤寒论注四卷
(5)金匮要略二卷
(6)妇科辑要
(7)幼科辑要
亥 12.2/23

0916 昌邑黄先生医书八种 1756
(清)黄元御(坤载、研农、玉楸子)撰
清咸丰十年庚申(1860)刻本
子目:
(1)四圣心源十卷
(2)素灵微蕴四卷
(3)四圣灵枢五卷
(4)伤寒悬解十四卷
(5)伤寒说意十卷
(6)金匮悬解二十二卷
(7)长沙药解四卷
(8)玉楸药解八卷
亥 12.2/3

0917 医林指月十四种(原题十二种) 1769
又名胥山老人王琢崖纂辑医书十二种
(清)王琦(载韩、琢崖、胥山老人)辑
清光绪二十二年丙申(1896)上海图书
集成印书局铅印本
子目:
(1)医学真传 (清)高世栻撰
(2)质疑录 (明)张介宾撰
(3)医家心法 (清)高古峯撰
(4)易氏医按(易氏医案) (明)易大艮录

(5)芷园臆草存案 (明)卢复著
(6)敖氏伤寒金镜录 (元)杜清碧增定
(7)芷园素社痎疟论疏 (清)卢之颐疏
(8)芷园素社痎疟论疏方 (清)卢之颐疏
(9)达生编二卷 (清)亟斋居士撰
(10)扁鹊心书三卷 (战国)扁鹊撰
(11)扁鹊心书神方 (战国)扁鹊撰
(12)本草崇原三卷 (清)张志聪注
(13)侣山堂类辩二卷 (清)张志聪撰
(14)学古诊则四卷 (清)卢之颐辑正
亥 12.2/24

0918 陈修园医书合编 1820
原题(清)陈念祖(修园)撰
清光绪三十一年乙巳(1905)新化三味
书局刻本
子目:
(1)咽喉脉证通论
(2)白喉治法抉微
(3)急救喉疹奇法
(4)霍乱绞肠痧论
(5)修园医案
亥 12.2/5

0919 修园七种合刊 1820
(清)陈念祖(修园)撰
清光绪二十七年辛丑(1901)新化三味
书局刻本
子目:
(1)异痧奇方
(2)时疫证治
(3)霍乱转筋
(4)喉科急证
(5)绞肠痧证
(6)经验良方
(7)吊脚痧证
亥 12.2/22

0920 陈修园先生晚馀三书 [1820]
(清)陈念祖(修园)撰
清咸丰九年己未(1859)宏道堂刻本
子目:
(1)伤寒真方歌括六卷
(2)伤寒医诀串解六卷

（3）十药神书注解

亥 12.2/4

0921　开卷有益　　　　　　　1839

伯良抄

民国抄本

子目：

（1）类证治裁

（2）医宗必读

（3）四大家论

亥 12.2/15

0922　检验合参　　　　　　　1847

（清）郎锦骐（静谷）纂辑　姜荣（爱珊）

重刻

清道光二十七年丁未（1847）还珠山房

刻本

亥 12.2/12

0923　晋唐名医方选十卷　　　　1855

（日）喜多村直宽撰

1992 年中医古籍出版社据日本安政二

年乙卯（1855）活字本影印本

所属丛书：中医古籍孤本大全

亥 12.2/13

0924　当归草堂医学丛书　　　　1878

（清）丁丙（嘉鱼）辑

1. 1982 年江苏广陵古籍刻印社复印本

2. 1983 年杭州古旧书店复印本

3. 1984 年甘肃中医学院图书馆复印本

子目：

（1）颅囟经二卷　（宋）佚名著

（2）传信适用方四卷　（宋）吴彦夔撰

（3）卫济宝书二卷　（宋）东轩居士编

（4）太医局诸科程文九卷　宋太医局编

（5）产育宝庆集方二卷　（宋）李师圣编

（6）产宝诸方　（宋）佚名著

（7）济生方八卷　（宋）严用和撰

（8）急救仙方六卷　（宋）佚名著

（9）瑞竹堂经验方五卷　（元）沙图穆苏

　　主编

（11）疟疾论疏　（明）卢之颐撰

亥 12.2/10

0925　诸子精粹录　　　　　　　1884

赵也桥编订

清光绪十年甲申（1884）抄本

子目：

（1）咽喉脉证通论

（2）白喉治法抉微

（3）急救喉诊要法

（4）霍乱绞肠痧论

（5）修园新案（霍乱转筋）

亥 12.2/32

0926　（新增）脉学本草医方全书十卷首一卷

　　　　　　　　　　　　　1906

清太医院编

清光绪善成堂刻本

子目：

（1）本草备要四卷　（清）汪昂撰

（2）医方全书（医方集解）六卷　（清）汪

　　昂撰

（3）首一卷［奇经八脉考　（明）李时珍撰

　　脉诀考证　（明）李时珍撰　濒湖脉学

　　（明）李时珍撰　四言举要　（宋）崔嘉

　　彦撰］

亥 12.2/11

0927　豫医双璧　　　　　　　　1909

（清）吴重憙（仲怿）编

清宣统元年己酉（1909）海丰吴氏梁园

节署铅印本

子目：

（1）伤寒补亡论二十卷　（宋）郭雍撰

（2）儒门事亲十五卷　（金）张从正撰

亥 12.2/30

0928　手抄医书　　　　　　　［1936］

佚名抄

民国抄本

亥 12.2/20

0929　中西医书八种　　　　　　1987

医学研究社编

1987 年甘肃中医学院图书馆复印本

子目：

（1）脏腑图说症治合璧三卷末一卷（含脏腑

　　图说、脏腑全图、症治要言、症治图说、医

案类录）（清）罗定昌撰　王钊订

（2）脉学辑要三卷　（日）丹波元简著

（3）中西医解二卷　（清）唐宗海著

（4）皮肤新编　（美）嘉约翰口译　（清）林湘东笔述

亥 12.2/31

12.3　中医丛书

0930　**铧园医学六种**　　　　　　　　1348

（清）潘霨（伟如、铧园居士）编

1. 清光绪十年甲申（1884）江西书局刻本

2. 民国上海江东书局石印本

子目：

（1）十药神书附霍乱吐泻方论

（2）女科要略

（3）伤寒论类方四卷

（4）理论外治方要

（5）医学金针八卷

（6）外科证治全生集四卷

亥 12.3/32

0931　**东垣十书**　　　　　　　　　　1529

又名医学十书

（宋）崔嘉彦撰　（元）李杲（明之、东垣老人）批

1. 清光绪七年辛巳（1881）陈璞辑校云林阁刻本

2. 清文奎堂刻本

3. 民国石印本

子目：

（1）脉诀　（宋）崔嘉彦撰

（2）局方发挥　（元）朱震亨撰

（3）脾胃论三卷　（元）李杲撰

（4）格致余论　（元）朱震亨撰

（5）兰室秘藏三卷　（元）李杲撰

（6）内外伤辨惑论三卷　（元）李杲撰

（7）此事难知二卷　（元）王好古撰

（8）汤液本草三卷　（元）王好古撰

（9）医经溯洄集　（元）王履撰

（10）外科精义二卷　（元）齐德之撰

（11）医垒元戎　（元）王好古撰

（12）癍论萃英　（元）王好古撰

亥 12.3/12

0932　**家居医录八种**　　　　　　　　1529

（明）薛己（新甫、立斋）撰

1993 年中医古籍出版社据明嘉靖二十七年戊申（1548）刻本影印本

所属丛书：中医古籍孤本大全

子目：

（1）内科摘要二卷　（明）薛己撰

（2）女科撮要二卷　（明）薛己注

（3）正体类要二卷　（明）薛己撰

（4）疬疡机要三卷　（明）薛己撰

（5）陈氏小儿痘诊方论　（宋）陈文中撰

（6）保婴金镜录　（宋）钱乙撰

（7）口齿类要　（明）薛己撰

（8）保婴粹要　（明）薛己撰

亥 12.3/22

0933　**薛氏医按二十四种**　　　　　　1529

又名薛院判医案二十四种、薛院判医书二十四种、薛立斋医案全集

（明）吴琯辑

1. 明陈长卿刻本

2. 清刻本渔古山房藏板（存七卷）

3. 民国十年（1921）大成书局石印本（存二十种）

子目：

（1）十四经发挥三卷　（元）滑寿撰

（2）难经本义二卷　（元）滑寿撰

（3）本草发挥四卷　（明）徐彦纯编

（4）平治会萃三卷　（元）朱震亨撰

（5）内科摘要二卷　（明）薛己撰

（6）明医杂著六卷　（明）王纶编　薛己注

（7）伤寒钤法　（明）马宗素撰

（8）外科金镜录　（明）薛己订

（9）原机启微二卷附一卷　（元）倪维德撰

（10）保婴撮要二十卷　（明）薛铠编

（11）钱氏小儿药证直诀四卷　（宋）钱乙撰　（明）薛己注

（12）陈氏小儿痘疹方论　（宋）陈文中撰　（明）薛己注

(13)保婴金镜录 （宋）钱乙撰 （明）薛己注

(14)妇人良方二十四卷 （宋）陈自明撰 （明）薛己注

(15)女科撮要二卷 （宋）陈自明撰 （明）薛己注

(16)外科发挥八卷 （宋）陈自明撰 （明）薛己注

(17)外科心法七卷 （宋）陈自明撰 （明）薛己注

(18)外科枢要四卷 （宋）陈自明撰 （明）薛己注

(19)痈疽神秘验方 （明）陶华编

(20)外科经验方 （明）薛己撰

(21)外科精要三卷 （宋）陈自明撰 （明）薛己注

(22)正体类要二卷 （明）薛己撰

(23)口齿类要 （明）薛己撰

(24)疬疡机要三卷 （明）薛己撰

亥 12.3/37

0934 冯氏锦囊秘录八种 1694

（清）冯兆张（楚瞻）撰

1. 清嘉庆十八年癸酉（1813）刻本

2. 清刻本

3. 清刻本（残）

子目：

(1)内经纂要二卷 （清）顾世澄撰

(2)杂症大小合参十四卷首一卷 （清）冯兆张撰

(3)脉诀纂要 （清）冯兆张撰

(4)女科精要三卷 （清）冯兆张撰

(5)外科精要一卷 （清）冯兆张撰

(6)药按 （清）冯兆张撰

(7)痘疹全集十五卷 （清）冯兆张撰

(8)杂症痘疹药性主治合参十二卷首一卷 （清）冯兆张撰

亥 12.3/14

0935 医家秘奥五种 1694

（清）陈嘉璂（树玉、友松）辑

民国二十年（1931）北京翰文斋据明抄本影印本

子目：

(1)周慎斋先生医家秘奥脉法二卷 （清）陈嘉璂注解

(2)周慎斋先生医家秘奥三书三卷 （清）陈嘉璂述

(3)查了吾先生正阳篇选录 （清）陈嘉璂纂集

(4)胡慎柔先生五书要语 （清）陈嘉璂纂集

(5)医家秘奥笔谈 （清）陈嘉璂著

亥 12.3/39

0936 顾氏医镜六种 1722

（清）顾靖远（松园）撰

民国十三年（1924）上海扫叶山房石印本

子目：

(1)素灵摘要二卷

(2)内景图解

(3)脉法删繁

(4)格言汇纂二卷

(5)本草必用二卷

(6)症方发明八卷

亥 12.3/18

0937 徐灵胎十二种全集 ［1764］

（清）徐大椿（灵胎、洄溪老人）撰

清刻本

子目：

(1)难经经释二卷

(2)神农本草经百种录

(3)医贯砭二卷

(4)医学源流论二卷

(5)兰台轨范八卷

(6)慎疾刍言

(8)洄溪医案

(9)内经诠释

(10)脉诀启悟注释

(11)伤寒约编六卷

(12)杂病源

亥 12.3/33

0938 徐灵胎医学全书十六种 ［1764］

又名徐氏医学十六种

（清）徐大椿（灵胎、洄溪老人）撰

清光绪三十三年丁未（1907）上海六艺书局发行

子目：

（1）难经经释二卷

（2）神农本草经百种录

（3）医贯砭二卷

（4）医学源流论二卷

（5）伤寒论类方

（6）兰台轨范八卷

（7）慎疾刍言

（8）洄溪医案

（9）内经全集

（10）脉诀启悟注释

（11）伤寒约编六卷

（12）杂病源

（13）洄溪脉学

（14）六经病解

（15）舌鉴总论

（16）女科医案

亥 12.3/34

0939　徐氏医书八种　　　　[1764]

（清）徐大椿（灵胎、洄溪老人）撰

1. 清光绪十五年己丑（1889）上海江左书林刻印（存素灵微蕴四卷、伤寒悬解十六卷、伤寒说意十卷首一卷）

2. 清光绪十九年癸巳（1893）上海图书集成印书局石印本

3. 民国二年（1913）上海中医图书馆铅印本（附杂著四种、外科正宗）

4. 民国铅印本（存五种，附杂著四种、外科正宗）

子目：

（1）难经经释二卷

（2）神农本草经百种录

（3）医贯砭二卷

（4）医学源流论二卷

（5）伤寒论类方

（6）兰台轨范八卷

（7）慎疾刍言

（8）洄溪医案

亥 12.3/35

0940　徐氏医书六种　　　　[1764]

（清）徐大椿（灵胎、洄溪老人）撰

1. 清乾隆半松斋刻本（存医贯砭上卷、医学源流论下卷）

2. 清同治刻本（缺兰台轨范）

子目：

（1）难经经释二卷

（2）神农本草经百种录

（3）医贯砭二卷

（4）医学源流论二卷

（5）伤寒论类方

（6）兰台轨范八卷

亥 12.3/36

0941　沈氏尊生书五种　　　　1773

（清）沈金鳌（芊绿、汲门、尊生老人）撰

1. 清同治十三年甲戌（1874）湖北崇文书局刻本

2. 清同治十三年甲戌（1874）刻本（存三十二卷）

3. 清宣统元年己酉（1909）石印本

子目：

（1）杂病源流犀烛三十卷首二卷

（2）伤寒论纲目十六卷

（3）幼科释迷六卷

（4）妇科玉尺六卷

（5）要药分剂十卷

亥 12.3/28

0942　六醴斋医书十种　　　　1794

（清）程永培（瘦樵）编

清光绪十七年辛卯（1891）广州藏修堂刻本

子目：

（1）褚氏遗书　（南朝齐）褚澄编

（2）肘后备急方八卷　（晋）葛洪撰

（3）元和纪用经　（唐）王冰撰

（4）苏沈内翰良方十卷　（宋）沈括撰

（5）十药神书　（元）葛可久撰

（6）加减灵秘十八方　（明）胡嗣廉纂

（7）韩氏医通二卷　（明）韩懋撰

（8）痘疹传心录十八卷　（明）朱惠明撰

(9)折肱漫录七卷　（明）黄承昊撰
(10)慎柔五书五卷　（明）胡慎柔述
亥 12.3/23

0943　黄氏医书八种　　　1795
（清）黄元御（坤载、研农、玉楸子）撰
1. 清同治五年丙寅（1866）陈爱竹山房刻本（存素灵微蕴四卷、伤寒悬解十六卷、伤寒说意十卷首一卷）
2. 清宣统元年己酉（1909）益元书局刻本
3. 清宣统元年己酉（1909）上海江左书林石印本
4. 清刻本
5. 2006 年中医古籍出版社据清咸丰十年庚申（1860）刻本影印本（所属丛书：中医古籍孤本大全）
子目：
(1)素灵微蕴四卷
(2)伤寒悬解十六卷
(3)伤寒说意十卷首一卷
(4)四圣心源十卷
(5)金匮悬解二十二卷首一卷末一卷
(6)四圣悬枢五卷
(7)长沙药解八卷
(8)玉楸药解八卷
亥 12.3/20

0944　公余医录六种　　　1803
又名陈修园医书六种
（清）陈念祖（修园）撰
清宣统元年己酉（1909）宝庆经元书局刻本（存神农本草经读四卷）
子目：
(1)医学三字经四卷
(2)神农本草经读四卷
(3)时方妙用四卷
(4)时方歌括二卷
(5)女科要旨四卷
(6)景岳新方砭四卷
亥 12.3/16

0945　陈修园医书　　　1820
原题（清）陈念祖（修园）撰
1. 清光绪三十一年乙巳（1905）新化三昧书局刻本（存六种）
2. 清光绪三十二年丙午（1906）上海文新书局石印本（存三种，新方八阵砭、时方妙用、时方歌括）
3. 清刻本（存四种，养生镜、救迷良方、太乙神针、喉痧正的）
亥 12.3/1

0946　陈修园医书十六种　　　1820
原题（清）陈念祖（修园）撰
清同治五年丙寅（1866）维经堂刻本（存女科要旨二卷）
子目：
(1)医学三字经四卷
(2)神农本草经读四卷
(3)时方妙用四卷
(4)时方歌括二卷
(5)景岳新方砭
(6)女科要旨四卷
(7)医学实在易八卷
(8)医学从众录八卷
(9)金匮要略浅注十卷
(10)金匮方歌括六卷
(11)伤寒论浅注六卷
(12)长沙方歌括六卷
(13)灵素节要浅注十二卷
(14)伤寒医诀串解六卷
(15)十药神书注解
(16)伤寒真方歌括六卷（缺）
亥 12.3/8

0947　陈修园医书二十一种　　　1820
（清）陈念祖（修园）撰
清刻本
子目：
(1)医学三字经四卷
(2)神农本草经读四卷
(3)时方妙用四卷
(4)时方歌括二卷
(5)景岳新方砭

（6）女科要旨四卷

（7）医学实在易八卷

（8）医学从众录八卷

（9）金匮要略浅注十卷

（10）金匮方歌括六卷

（11）伤寒论浅注六卷

（12）长沙方歌括六卷

（13）灵素节要浅注十二卷

（14）伤寒医诀串解六卷

（15）伤寒真方歌括六卷

（16）十药神书注解　（清）陈念祖评

（17）急救异痧奇方　（清）陈念祖评

（18）经验百病内外方　佚名著

（19）霍乱论二卷　（清）王士雄撰

（20）绞肠痧证　（清）王士雄撰

（21）吊脚痧症　（清）王士雄撰

亥 12.3/3

0948　陈修园医书二十三种　　　　1820

原题（清）陈念祖（修园）撰

清光绪二十七年辛丑（1901）新化三味书局刻本（存七种）

子目：

（1）神农本草经读四卷

（2）时方歌括二卷

（3）长沙方歌括六卷

（4）金匮方歌括六卷

（5）伤寒真方歌括六卷

（6）景岳新方砭四卷

（7）金匮要略浅注十卷

亥 12.3/2

0949　陈修园医书三十二种　　　　1820

原题（清）陈念祖（修园）撰

1. 清光绪三十三年丁未（1907）巴蜀善成堂刻本宣统元年己酉（1909）印本

2. 清同心公记刻本（存四种）

子目：

（1）医学三字经四卷　（清）陈念祖撰

（2）神农本草经读四卷　（清）陈念祖撰

（3）时方妙用四卷　（清）陈念祖撰

（4）景岳新方砭　（清）陈念祖集注

（5）女科要旨四卷　（清）陈念祖撰

（6）医学实在易八卷　（清）陈念祖撰

（7）医学从众录八卷　（清）陈念祖撰

（8）金匮要略浅注十卷　（清）陈念祖撰

（9）金匮方歌括六卷　（清）陈念祖撰

（10）伤寒论浅注六卷　（清）陈念祖撰

（11）长沙方歌括六卷　（清）陈念祖撰

（12）灵素节要浅注十二卷　（清）陈念祖集注

（13）伤寒医诀串解六卷　（清）陈念祖撰

（14）十药神书注解　（清）陈念祖注

（15）霍乱论二卷　（清）王士雄撰

（16）急救喉疹要法　佚名著

（17）疟疾论三卷　（清）韩善征撰

（18）太乙神针方　（清）范培兰传

（19）时方歌括四卷　（清）陈念祖撰

（20）伤寒真方歌括六卷　（清）陈念祖撰

（21）急救异痧奇方　（清）陈念祖撰

（22）白喉治法忌表抉微　（清）耐修子录

（23）痢症三字诀　（清）唐宗海撰

（24）喉痧正的　（清）曹心怡撰

（25）春温三字诀　（清）张子培撰

（26）福幼编　（清）庄一夔撰

（27）救迷良方　（清）何其伟撰

（28）养生镜

（29）经验百病内外方　佚名著

（30）咽喉脉症通论　佚名著

（31）经验百病良方　佚名著

亥 12.3/6

0950　陈修园医书三十六种　　　　1820

原题（清）陈念祖（修园）撰

清光绪三十三年丁未（1907）上海经香阁书庄石印本

子目：

（1）医学三字经四卷　（清）陈念祖撰

（2）神农本草经读四卷　（清）陈念祖撰

（3）时方妙用四卷　（清）陈念祖撰

（4）景岳新方砭　（清）陈念祖集注

（5）时方歌括四卷　（清）陈念祖撰

（6）医学实在易八卷　（清）陈念祖撰

（7）医学从众录八卷　（清）陈念祖撰

（8）金匮要略浅注六卷　（清）陈念祖注

（9）金匮方歌括六卷　（清）陈念祖撰

（10）伤寒论浅注六卷 （清）陈念祖撰

（11）长沙方歌括六卷 （清）陈念祖撰

（12）灵素节要浅注十二卷 （清）陈念祖集注

（13）伤寒医诀串解六卷 （清）陈念祖撰

（14）十药神书注解六卷 （清）陈念祖注

（15）霍乱论二卷 （清）王士雄撰

（16）急救喉疹要法 佚名著

（17）疟疾论 （清）韩善征撰

（18）太乙神针方 （清）范培兰传

（19）伤寒真方歌括六卷 （清）陈念祖撰

（20）急救异痧奇方 （清）陈念祖撰

（21）白喉治法忌表抉微 （清）耐修子录

（22）痢症三字诀 （清）唐宗海撰

（23）喉痧正的 （清）曹心怡撰

（24）春温三字诀 （清）张子培撰

（25）救迷良方 （清）何其伟撰

（26）养生镜 （清）陆乐山撰

（27）福幼编 （清）庄一夔撰

（28）咽喉脉症通论

（29）经验百病内外方

（30）伤寒舌鉴 （清）张登撰

（31）大生要旨 （清）唐千顷撰

（32）保婴要旨 （清）毓兰居士撰

（33）外科证治全生集 （清）王惟德编

亥 12.3/7

0951 陈修园医书四十八种 1820

原题（清）陈念祖（修园）撰

1. 清光绪三十二年丙午（1906）吴闽医学书会石印本（存九种）

2. 民国成都龙万育燮堂石印本（存一种）

3. 民国石印本（存七种）

4. 民国石印本（存十种）

子目：

（1）医学三字经四卷（缺） （清）陈念祖撰

（2）神农本草经读四卷（缺） （清）陈念祖撰

（3）时方妙用四卷（缺） （清）陈念祖撰

（4）景岳新方砭（缺） （清）陈念祖撰

（5）女科要旨四卷（缺） （清）陈念祖撰

（6）医学实在易八卷（缺） 〔清〕陈念祖撰

（7）医学从众录八卷 （清）陈念祖撰

（8）金匮要略浅注十卷 （清）陈念祖集注

（9）金匮方歌括六卷（缺） （清）陈念祖撰

（10）伤寒论浅注六卷（缺） （清）陈念祖注

（11）长沙方歌括六卷（缺） （清）陈念祖撰

（12）灵素节要浅注十二卷 （清）陈念祖集注

（13）伤寒医诀串解六卷 （清）陈念祖撰

（14）十药神书注解（缺） （清）陈念祖注

（15）霍乱论二卷 （清）王士雄撰

（16）急救喉疹要法（缺） 佚名著

（17）疟疾论三卷（缺） （清）韩善征撰

（18）医垒元戎（缺） （元）王好古撰

（19）增补食物秘书（缺） 佚名著

（20）太乙神针方（缺） （清）范培兰传

（21）达生编（缺） （清）亟斋居士撰

（22）时方歌括二卷（缺）

（23）伤寒真方歌括六卷

（24）急救异痧奇方

（25）伤寒舌诊（缺） （元）杜本增订

（26）眼科捷径（缺）

（27）白喉治法忌表抉微（缺） （清）耐修子录

（28）痢症三字诀（缺） （清）唐宗海撰

（29）喉痧正的（缺） （清）曹心怡撰

（30）春温三字诀（缺） （清）张子培撰

（31）湿热条辨（缺） （清）薛雪撰

（32）温热赘言（缺） （清）寄瓢子撰

（33）引痘略（缺） （清）邱熺撰

（34）妇科杂症（缺） （清）文晟编

（35）福幼编（缺） （清）庄一夔撰

（36）救迷良方（缺） （清）何其伟撰

（37）平辨脉法歌诀（缺） （清）黄钰撰

（38）局方发挥（缺） （元）朱震亨撰

（39）本经便读（缺） （清）黄钰撰

（40）名医别录（缺） （清）黄钰辑

（41）古今医论（缺）

（42）刺疗捷法（缺） （清）张镜撰

（43）医法心传（缺） （清）程芝田撰

（44）吊脚痧症（缺） （清）王士雄撰

（45）经验百病内外方（缺）

（46）绞肠痧症（缺）（清）王士雄撰

（47）咽喉脉症通论（缺）佚名著

（48）本草经百种录注解（缺）（清）徐大椿撰

亥 12.3/9

0952 陈修园医书五十种　　　　　1820

原题（清）陈念祖（修园）撰

清光绪三十一年乙巳（1905）上海商务印书馆石印本

子目：

（1）医学三字经四卷（清）陈念祖撰

（2）神农本草经读四卷（清）陈念祖集注

（3）时方妙用四卷（清）陈念祖撰

（4）景岳新方砭（清）陈念祖撰

（5）女科要旨四卷（清）陈念祖撰

（6）医学实在易八卷

（7）医学从众录八卷

（8）金匮要略浅注十卷

（9）金匮方歌括六卷

（10）伤寒论浅注六卷

（11）长沙方歌括六卷

（12）灵素节要浅注十二卷

（13）伤寒医诀串解六卷

（14）十药神书注解

（15）霍乱论二卷（清）王士雄撰

（16）急救喉疹要法

（17）疟疾论（清）韩善征撰

（18）医垒元戎（元）王好古撰

（19）增补食物秘书

（20）太乙神针方

（21）达生编（清）亟斋居士撰

（22）时方歌括二卷

（23）伤寒真方歌括六卷

（24）烂喉疳痧辑要（清）金德鉴撰

（25）急救异痧奇方

（26）伤寒舌诊（元）杜本增订

（27）眼科捷径

（28）白喉治法忌表抉微（清）耐修子录

（29）痢症三字诀（清）唐宗海撰

（30）喉痧正的（清）曹心怡撰

（31）春温三字诀（清）张子培撰

（32）湿热条辨（清）薛雪撰

（33）温热赘言（清）寄瓢子撰

（34）引痘略（清）邱熺撰

（35）妇科杂症（清）文晟编

（36）福幼编（清）庄一夔撰

（37）救迷良方（清）何其伟撰

（38）平辨脉法歌诀（清）黄钰撰

（39）神农本草经百种录（清）徐大椿撰

（40）局方发挥（元）朱震亨撰

（41）本经便读（清）黄钰撰

（42）名医别录（清）黄钰辑

（43）古今医论

（44）刺疔捷法（清）张镜撰

（45）医法心传（清）程芝田撰

（46）养生镜（清）陆乐山撰

（47）吊脚痧症（清）王士雄撰

（48）经验百病内外方　佚名著

（49）绞肠痧症（清）王士雄撰

（50）咽喉脉症通论　佚名著

亥 12.3/10

0953 陈修园医书七十种　　　　　1820

原题（清）陈念祖（修园）撰

民国上海鸿文书局石印本

子目：

（1）医学三字经四卷（清）陈念祖撰

（2）神农本草经读四卷（清）陈念祖撰

（3）时方妙用四卷（清）陈念祖撰

（4）景岳新方砭（清）陈念祖撰

（5）女科要旨四卷（清）陈念祖撰

（6）医学实在易八卷（清）陈念祖撰

（7）医学从众录八卷（清）陈念祖撰

（8）金匮要略浅注十卷（清）陈念祖集注

（9）金匮方歌括六卷（清）陈念祖撰

（10）伤寒论浅注六卷（清）陈念祖注

（11）长沙方歌括六卷（清）陈念祖撰

（12）灵素节要浅注十二卷（清）陈念祖集注

（13）伤寒医诀串解六卷（清）陈念祖撰

（14）十药神书注解（清）陈念祖集注

（15）霍乱论二卷（清）王士雄撰

（16）急救喉疹要法　佚名著

（17）疟疾论（清）韩善征撰

（18）医垒元戎（元）王好古撰

(19)增补食物秘书　佚名著

(20)太乙神针方　(清)范培兰传

(21)达生编　(清)亟斋居士

(22)时方歌括二卷

(23)伤寒真方歌括六卷　(清)陈念祖撰

(24)颅囟经二卷　佚名著

(25)急救奇痧方　(清)陈念祖撰

(26)伤寒舌诊　(元)杜本增订

(27)眼科捷径　佚名著

(28)白喉治法忌表抉微　(清)耐修子录

(29)痢症三字诀　(清)唐宗海撰

(30)喉痧正的　(清)曹心怡撰

(31)春温三字诀　(清)张子培撰

(32)湿热条辨　(清)薛雪撰

(33)温热赘言　(清)寄瓢子撰

(34)引痘略　(清)邱熺撰

(35)妇科杂症　(清)文晟编

(36)福幼编　(清)庄一夔撰

(37)救迷良方　(清)何其伟撰

(38)平辨脉法歌诀　(清)黄钰撰

(39)神农本草经百种录　(清)徐大椿撰

(40)局方发挥　(元)朱震亨撰

(41)本经便读　(清)黄钰撰

(42)名医别录　(清)黄钰辑

(43)古今医论　佚名著

(44)刺疗捷法　(清)张镜撰

(45)医法心传　(清)程芝田

(46)养生镜　(清)陆乐山撰

(47)吊脚痧症　(清)王士雄撰

(48)经验百病内外方

(49)绞肠痧症　(清)王士雄撰

(50)咽喉脉症通论　佚名著

(51)－(70)附医学论二十种

亥 12.3/4

0954 **陈修园医书全集四十八种**　　1820

(清)陈念祖(修园)撰

上海静斋书局石印本

子目：

(1)医学三字经四卷

(2)神农本草经读四卷

(3)时方妙用四卷

(4)景岳新方砭

(5)女科要旨四卷

(6)医学实在易八卷

(7)医学从众录八卷

(8)金匮要略浅注十卷

(9)金匮方歌括六卷

(10)伤寒论浅注六卷

(11)长沙方歌括六卷

(12)灵素节要浅注十二卷

(13)伤寒医诀串解六卷

(14)十药神书注解

(15)霍乱论二卷　(清)王士雄撰

(16)急救喉疹要法

(17)疟疾论　(清)韩善征撰

(18)医垒元戎　(元)王好古撰

(19)增补食物秘书

(20)太乙神针方

(21)达生编　(清)亟斋居士撰

(22)时方歌括二卷

(23)伤寒真方歌括六卷

(24)烂喉痧痧辑要　(清)金德鉴撰

(25)急救异痧奇方

(26)伤寒舌诊　(元)杜本增订

(27)眼科捷径

(28)白喉治法忌表抉微　(清)耐修子录

(29)痢症三字诀　(清)唐宗海撰

(30)喉痧正的　(清)曹心怡撰

(31)春温三字诀　(清)张子培撰

(32)湿热条辨　(清)薛雪撰

(33)温热赘言　(清)寄瓢子撰

(34)引痘略　(清)邱熺撰

(35)妇科杂症　(清)文晟编

(36)福幼编　(清)庄一夔撰

(37)救迷良方　(清)何其伟撰

(38)平辨脉法歌诀　(清)黄钰撰

(39)神农本草经百种录　(清)徐大椿撰

(40)局方发挥　(元)朱震亨撰

(41)本经便读　(清)黄钰撰

(42)名医别录　(清)黄钰辑

(43)古今医论

(44)刺疗捷法　(清)张镜撰

(45)医法心传　(清)程芝田

(46)养生镜　(清)陆乐山撰

(47)吊脚痧症 （清）王士雄撰

(48)经验百病内外方

亥 12.3/5

0955 南雅堂医书全集十六种 1820

又名公馀十六种

（清）陈念祖（修园）撰

1. 清光绪六年庚辰（1880）经国堂刻本

2. 清光绪二十一年乙未（1895）福建长乐书局刻本

3. 清光绪二十七年辛丑（1901）新化三味书局刻本（存十一种）

4. 清光绪三十三年丁未（1907）巴蜀善成堂刻本

5. 清光绪文奎堂刻本（存十五种）

6. 清敦厚堂刻本

子目：

(1)金匮要略浅注十卷

(2)金匮方歌括六卷

(3)伤寒论浅注六卷

(4)长沙方歌括六卷

(5)灵素节要浅注十二卷

(6)伤寒医诀串解六卷

(7)医学从众录八卷

(8)医学实在易八卷

(9)女科要旨四卷

(10)医学三字经四卷

(11)时方妙用四卷

(12)时方歌括二卷

(13)景岳新方砭四卷

(14)伤寒真方歌括六卷

(15)伤寒医诀串解六卷

(16)十药神方注解一卷

亥 12.3/24

0956 南雅堂医书外集二十七种 1820

佚名著

清石印本（存十三种）

子目：

(1)眼科捷径

(2)伤寒舌诊

(3)咽喉脉证通论

(4)白喉治法抉微

(5)急救喉证要法

(6)喉痧正的

(7)春温三字诀

(8)痢症三字诀（缺）

(9)温热条辨

(10)温热赘言

(11)疟疾论

(12)达生篇

(13)太乙神针（缺）

(14)福幼编（缺）

(15)本草经百种录注解（缺）

(16)增补食物秘书（缺）

(17)平辨脉法歌诀（缺）

(18)本经便读（缺）

(19)名医别录（缺）

(20)局方发挥（缺）

(21)医垒元戎（缺）

(22)医法心传（缺）

(23)古今医论（缺）

(24)刺疗捷法（缺）

(25)妇科杂症

(26)引痘略（缺）

(27)救迷良方（缺）

亥 12.3/25

0957 费氏全集四种 1863

（清）费伯雄（晋卿、砚云子）撰

清光绪铅印本

子目：

(1)医醇賸义四卷

(2)医方论四卷

(3)留云山馆文抄

(4)留云山馆诗抄二卷

亥 12.3/13

0958 世补斋医书前集六种三十三卷 1866

（清）陆懋修（九芝、林屋山人）著 沈彦模（子范）校

1. 清光绪十年甲申（1884）刻本（缺世补斋不谢方）

2. 清光绪十年甲申（1884）刻本光绪十二年丙戌（1886）山左书局重印本（增内经遗篇病释）

— 91 —

子目：

（1）文集十六卷

（2）世补斋不谢方

（3）伤寒论阳明病释四卷

（4）内经运气病释九卷

（5）内经运气表

（6）内经难子音义

亥 12.3/29

0959　寿世汇编五种　　　　1867

又名增辑普济应验良方

（清）祝韵梅（连理薇馆主人）编

附瘟疫三方

（清）李芝严撰　张九苍增补

清光绪十九年癸巳（1893）金陵杨氏刻本

子目：

（1）普济应验方八卷　（清）德轩氏编

（2）达生编　（清）亟斋居士撰

（3）福幼编　（清）庄一夔撰

（4）遂生编　（清）庄一夔撰

（5）时疫白喉捷要　（清）张绍修撰

亥 12.3/30

0960　聿修堂医学丛书十三种　　1884

又名聿修堂丛书

（日）丹波元简（廉夫）等辑注　杨守敬辑

1. 民国二十四年（1935）上海中医书局铅印本

2. 民国铅印本

子目：

（1）素问识八卷　（日）丹波元简撰

（2）难经疏证二卷　（日）丹波元简撰

（3）伤寒论辑义七卷　（日）丹波元简撰

（4）伤寒论述义五卷　（日）丹波元简撰

（5）伤寒广要十二卷　（日）丹波元简撰

（6）金匮要略辑义六卷　（日）丹波元简撰

（7）金匮述义三卷　（日）丹波元简撰

（8）药治通义十二卷　（日）丹波元简撰

（9）脉学辑要三卷　（日）丹波元简撰

（10）救急选方二卷　（日）丹波元简撰

（11）医賸三卷　（日）丹波元简撰

（12）医略抄　（日）丹波元简撰

（13）经穴纂要五卷　（日）丹波元简撰

亥 12.3/40

0961　中西汇通医书五种　　　1884

（清）唐宗海（容川）撰

1. 清光绪三十四年戊申（1908）千顷堂书局石印本

2. 1987 年甘肃中医学院图书馆复印本

子目：

（1）中西汇通医经精义二卷

（2）金匮要略浅注补正九卷

（3）伤寒论浅注补正七卷

（4）血证论八卷

（5）本草问答二卷

亥 12.3/43

0962　周氏医学丛书三集三十二种　1891

（清）周学海（澂之）撰辑

1. 清光绪十七年辛卯（1891）至宣统三年辛亥（1911）周氏福慧双修馆刻本

2. 1984 年江苏广陵古籍刻印社据清宣统三年辛亥（1911）福慧双修馆刻本重印本

子目：

（1）本草经三卷　（三国魏）吴普撰

（2）本草经疏三十卷　（明）缪希雍撰

（3）王叔和脉经十卷　（晋）王熙撰

（4）脉诀刊误二卷　（元）戴起宗撰

（5）难经本义二卷　（元）滑寿撰

（6）中藏经三卷附方　（汉）华佗撰

（7）内照法　（汉）华佗撰

（8）诸病源候论五十卷　（隋）巢元方撰

（9）脉因证治四卷　（元）朱震亨撰

（10）钱氏小儿药证直诀三卷　（宋）钱乙撰

（11）阎氏小儿方论　（宋）阎孝忠撰

（12）董氏小儿诊备急方论　（宋）董汲撰

（13）脉义简摩八卷　（清）周学海撰

（14）脉简补义二卷　（清）　周学海撰

（15）诊家直诀二卷　（清）周学海撰

（16）辨脉平脉章句二卷　（汉）张机撰

（17）内经评文三十六卷　（清）周学海撰

（18）读医随笔六卷　（清）周学海撰

（19）诊家枢要附附录　（元）滑寿撰

（20）脏腑标本药氏　（金）张元素撰

（21）金匮钩玄三卷　（元）朱震亨撰

（22）三消论　（金）刘完素撰

（23）温热论　（清）叶桂撰

（24）幼科要略二卷　（清）叶桂撰

（25）叶案存真类编二卷　（清）叶桂撰

（26）印机草　（清）马元仪撰

（27）评注史载之方二卷　（清）周学海撰

（28）慎柔五书五卷　（清）胡慎柔撰

（29）韩氏医通二卷　（明）韩懋撰

（30）伤寒补例二卷　（清）周学海撰

（31）形色外诊二卷　（清）周学海撰

（32）诊家直诀二卷　（清）周学海撰

亥 12.3/44

0963 **潜斋医书五种**　　　　　　1892

又名潜斋遗书五种

（清）王士雄（孟英、潜斋、随息居士）编

民国千顷堂书局石印本

子目：

（1）王氏医案二卷　（清）周荣编

（2）王氏医案续编八卷　（清）张鸿编

（3）随息居重订霍乱论四卷　（清）王士
　　雄撰

（4）温热经纬五卷　（清）王士雄著

（5）随息居饮食谱八卷　（清）王士雄撰

亥 12.3/26

0964 **潜斋医学丛书十四种**　　　［1892］

佚名辑

民国十七年（1928）汲古阁石印本

子目：

（1）重庆堂随笔二卷　（清）王学权撰

（2）慎疾刍言　（清）徐大椿撰

（3）言医　（清）裴一中撰

（4）愿体医话良方　（清）史典撰

（5）柳洲医话良方　（清）魏之绣撰

（6）潜斋简效方四卷　（清）王士雄撰

（7）四科简效方四卷　（清）王士雄撰

（8）霍乱论二卷　（清）王士雄撰

（9）女科辑要二卷　（清）沈尧封撰

（10）古今医案续编四卷　（清）俞震撰

（11）王氏医案二卷　（清）周荣编

（12）王氏医案续编八卷　（清）张鸿编

（13）王氏医案三编三卷　（清）徐然石编

（14）归砚录四卷　（清）王士雄撰

亥 12.3/27

0965 **鲆溪医述十五种**　　　　　　1920

又名鲆溪陆氏医述

陆锦燧（晋笙）辑

民国九年至十年（1920—1921）绍兴医药
学报社铅印本（存外候答问十二卷、病症
辨异四卷）

子目：

（1）外候答问十二卷　陆锦燧辑

（2）病症辨异四卷　陆成一辑

（3）据证分经

（4）据证定名

（5）治法述

（6）用药禁忌书二卷　陆循一辑

（7）百能力类述

（8）要药选　陆咏媞辑

（9）医方选

（10）医案选

（11）医论选

（12）鲆溪内服单方选二卷　陆锦燧辑

（13）鲆溪外治单方选二卷　陆锦燧辑

（14）诸家得失论

（15）景景医话附医谈录旧　陆锦燧辑

亥 12.3/15

0966 **退思庐医书四种**　　　　　　1921

严鸿志（痴孙）编

民国十年（1921）宁波汲绠书庄石印本

子目：

（1）感症辑要四卷

（2）女科证治约旨四卷

（3）女科精华三卷

（4）女科医案选粹四卷

亥 12.3/31

0967 **药盦医学丛书二十五种**　　　1928

恽铁樵（树钰）撰

民国三十年至三十七年（1941—1948）
江阴章巨膺铅印本（存六种）

子目：

（1）群经见智录三卷

（2）十二经穴病候撮要

（3）风劳鼓病论三卷

（4）妇科大略

（5）临证演讲录

（6）铁樵杂著

亥 12.3/38

0968 恽铁樵医书四种　　　　1928

恽铁樵（树钰）撰

民国十七年（1928）上海华丰印刷铸字所铅印本

子目：

（1）温病明理四卷

（2）生理新语四卷

（3）保赤新书八卷

（4）脉学发微四卷

亥 12.3/41

0969 回澜社影印医书四种　　1929

汪绍达辑

1. 清道光十八年戊戌（1838）刻本蔡氏涵虚阁藏板（附慎疾刍言）

2. 民国十八年（1929）上海回澜社影印本

子目：

（1）叶天士家传秘诀　（清）叶桂撰

（2）慎疾刍言　（清）徐大椿撰

（3）李翁医记二卷　（清）焦循撰

（4）医事启源　（日）今邨亮撰

亥 12.3/21

0970 古本医学丛书二集　　　1930

钱季寅辑

民国十九年至二十年（1930—1931）上海中医书局影印本

子目：

第一集：

（1）古本难经阐注二卷　（清）丁锦注

（2）伤寒撮要四卷　（清）王梦祖撰

（3）辨脉平脉章句二卷　（清）周学海撰

（4）本草衍义二十卷　（宋）寇宗奭撰

（5）女科秘旨八卷　（清释）轮应撰

第二集：

（6）难经悬解二卷　（清）黄元御撰

（7）伤寒寻源三卷　（清）吕震名撰

（8）金匮钩玄三卷　（元）朱震亨撰

（9）医门补要三卷　（清）赵濂撰

（10）针灸要旨　（明）高午撰

亥 12.3/17

0971 广陵医籍丛刊八种　　　1984

耿鉴庭主编

1984 年江苏广陵古籍刻印社影印本

所属丛书：广陵医籍丛刊第二辑

子目：

（1）难经经释二卷　（战国）秦越人著（清）徐大椿释

（2）本草诗笺十卷　（清）朱钥撰

（3）医学一贯

（4）医学指规二卷　（清）赵术堂

（5）慈航集四卷　（清）王勋撰

（6）脉理会参二卷　（清）余之儁撰

（7）喉科杓指四卷　（清）包永泰撰

（8）医经小学六卷　（明）刘纯撰

亥 12.3/19

0972 春湖医珍八种　　　　　1987

王者悦主编

1987 年长春市春湖复印社复印本

子目：

（1）集验良方　（清）良文科辑

（2）医林一致脉诀五卷　（清）骆登高辑

（3）金匮要略广注三卷　（清）李彣著

（4）医易经传会通　（清）葛自申纂

（5）古今医学捷要六书六卷　（明）徐春甫著

（6）妇科冰鉴八卷　（清）柴得华撰

（7）马氏庭训六卷　（清）马怀远撰

（8）养生类要二卷　（明）吴正伦撰

亥 12.3/11

0973 中华中医昆仑十五集　　2011

张镜源主编

2011 年中国中医药出版社排印本

亥 12.3/42

12.5　教材

0974　**国医讲义六种**　　　　　1936
又名秦伯未著述
秦伯未著述
民国排印本（缺药物学讲义）
子目：
（1）生理学讲义
（2）诊断学讲义
（3）内科学讲义
（4）妇科学讲义
（5）幼科学讲义
（6）药物学讲义
亥 12.5/2

0975　**医学讲义**　　　　　　　1936
陆湘生撰述
民国排印本
亥 12.5/3

0976　**处方学讲义**　　　　　　1941
施今墨编
1941 年光华国医学社铅印本
亥 12.5/1

0977　**新国医讲义教材**　　　［1945］
天津国医函授学院编
民国天津国医函授学院铅印本
亥 12.5/4

12.6　中医与其他（法医、兽医）

0978　**律令馆校正洗冤录四卷**　　1694
（宋）宋慈（惠父）撰　（清）刑部律令
馆校辑
清康熙刻本（存一卷）

亥 12.6/1

0979　**补注洗冤录集证六卷**　　　1833
（宋）宋慈（惠父）撰　（清）王又槐增辑
阮其新补注
1.清道光二十四年甲辰（1844）广州登
云阁刻本
2.清光绪三年丁丑（1877）浙江书局
刻本
3.清双色套印本
亥 12.6/2

0980　**洗冤录详义四卷**　　　　　1856
附洗冤录拾遗二卷
（清）许槤（珊林）撰
清光绪二年丙子（1876）刻本
亥 12.6/3

0981　**元亨疗马集六卷**　　　　　1608
又名元亨牛马经、牛马经
（明）喻仁（本元）、喻杰（本亨）撰
1.清道光宏道堂刻本
2.清光绪十八年壬辰（1892）文成堂
刻本
3.清扫叶山房石印本
亥 12.6/6

0982　**元亨牛经大全二卷**　　　　1820
又名图像牛经大全
（清）喻仁（本元）著
清宏道堂刻本
亥 12.6/5

0983　**牛马经验良方**　　　　　［1949］
佚名著
新抄本
亥 12.6/4

书名笔画索引

一画

一草亭目科全集 …………………… 0706
一草亭眼科全书四卷 ……………… 0706
一壶天三卷 ………………………… 0586

二画

二如亭群芳谱二十八卷首一卷 ……… 0271
十二经穴病候撮要 ………………… 0967
十三科选注 ………………………… 0324
十四经发挥三卷 …………………… 0933
十药神方注解一卷 ………………… 0955
十药神书 …………………………… 0942
十药神书附霍乱吐泻方论 ………… 0930
十药神书注解 ………… 0552 0920 0946
　　　0947 0952 0954
七大健康法三卷 …………………… 0744
人迎辨 ……………………………… 0553
人镜经附录全书 …………………… 0056
儿科诊断学 ………………………… 0665
儿科辑要四卷 ……………………… 0662
儿科醒十二卷 ……………………… 0647
几希录一卷附方一卷 ……………… 0343

三画

（新刊）三丰张真人神速万应方四卷 …… 0298
三因方 ……………………………… 0287
三因极一病证方论十八卷 ………… 0287
三因极一病源论粹 ………………… 0287
三吴医案二卷 ……………………… 0903
三指禅三卷 ………………………… 0172
三品逸文考异 ……………………… 0219
三家医案三卷 ……………………… 0761
三家医案合刻 ……………………… 0780

士材三书 …………………………… 0911
士林余业医学全书六卷 …………… 0434
大生要旨五卷 ……………………… 0587
大观本草札记二卷 ………………… 0495
大河外科二卷 ……………………… 0670
大德重校圣济总录 ………………… 0281
万氏妇人科 ………………………… 0568
万氏妇科三卷 ……………………… 0570
万氏医贯三卷 ……………………… 0428
万氏秘传幼科片玉二卷 …………… 0493
万氏家传妇人秘科 ………………… 0568
万方针线 …………………………… 0222
万国药方八卷 ……………………… 0411
万承志堂丸散膏丹全集 …………… 0382
万病回春八卷 ……………………… 0430
口齿类要 …………………………… 0932
山居济世方二卷 …………………… 0350
千金方 ……………………………… 0273
千金方衍义三十卷 ………………… 0317
千金至宝 …………………………… 0643
千金宝要六卷 ……………………… 0282
千金翼方三十卷 …………………… 0274
丸散膏丹自制法 …………………… 0269
广陵医案 …………………………… 0794
广陵医籍丛刊八种 ………………… 0971
卫生针灸玄机秘要 ………………… 0187
卫生学问答二卷 …………………… 0740
卫生宝鉴二十四卷附补遗一卷 ……… 0419
卫生要术 …………………………… 0749
卫生便览 …………………………… 0479
卫生编三卷 ………………… 0326 0327
卫济宝书二卷 ……………… 0667 0924
女医杂言 …………………………… 0566
女科切要 …………………………… 0582

女科切要八卷 ·················· 0591
女科心法 ····················· 0579
女科百问二卷 ·················· 0563
女科医案 ····················· 0938
女科医案选粹四卷 ········· 0606 0966
女科证治约旨四卷 ·············· 0966
女科纲目二卷 ·················· 0487
女科要旨四卷 ······ 0598 0944 0946 0947
    0949 0952 0953 0954 0955
女科要略 ····················· 0930
女科指南 ····················· 0607
女科济阴要语万全方二卷 ········· 0562
女科秘旨八卷 ·················· 0970
女科准绳五卷 ·················· 0436
女科辑要 ····················· 0589
女科辑要二卷 ············· 0588 0964
女科精华三卷 ·················· 0966
女科精要三卷 ·················· 0934
女科撮要二卷 ············· 0567 0932
小儿则二卷 ···················· 0907
小儿则古方 ···················· 0907
小儿药证直诀 ·················· 0608
小儿科 ······················· 0400
小儿推拿广意三卷 ········· 0630 0657
习医随录 ····················· 0851
马氏庭训六卷 ·················· 0972
马案 ························· 0769

四画

王氏医宗家学渊源 ·············· 0887
王氏医案二卷 ·················· 0963
王氏医案续编八卷 ·············· 0963
王氏脉诊十卷 ·················· 0161
王叔和图注难经脉诀四卷 ········· 0162
王叔和脉经十卷 ················ 0962
王肯堂公笔尘医说 ·············· 0838
王翰林集注黄帝八十一难经 ········ 0037
开卷有益 ····················· 0921
天花精言六卷 ·················· 0641

元亨牛马经 ···················· 0981
元亨牛经大全二卷 ·············· 0982
元亨疗马集六卷 ················ 0981
元和纪用经 ···················· 0942
云岐子保命集论类要二卷 ········· 0071
（新镌）云林神彀四卷 ··········· 0431
云林神彀四卷 ·················· 0432
五运六气 ····················· 0650
五种经验方 ···················· 0369
支氏女科枢要三卷 ·············· 0571
太乙仙制本草药性大全八卷 ········ 0229
太乙针方 ····················· 0195
太乙神针 ················· 0195 0794
太乙神针方 ···················· 0195
太乙神针古方 ·················· 0195
太乙神针集解 ·················· 0197
太乙离火感应神针 ·············· 0196
太平惠民合剂局方十卷 ··········· 0286
太医局诸科程文九卷 ············· 0924
太医院经验奇效良方大全 ········· 0293
太医院纂集医教立命元龟七卷 ······ 0904
太素脉要 ····················· 0167
（重订）中风斠诠 ·············· 0561
中西汇通医书五种 ·············· 0961
中西汇通医经精义二卷 ··········· 0961
中西医书八种 ·················· 0929
中西医解二卷 ·················· 0929
中西医粹三卷 ·················· 0059
中西痘科合璧十二卷 ············· 0663
中华中医昆仑十五集 ············· 0973
中医病理学会宗 ················ 0060
中国名医验方集成 ·············· 0366
中国医学史 ···················· 0857
中国医学初桄 ·················· 0503
中藏经三卷附方 ················ 0962
内功图说 ····················· 0748
内功图编 ····················· 0748
内外伤辨惑论三卷 ·············· 0931
内经全集 ····················· 0938

内经运气表 ······················· 0958
内经运气病释九卷 ················· 0958
内经评文十二卷 ··················· 0021
内经评文灵枢十二卷 ··············· 0021
内经评文素问二十四卷 ············· 0021
内经灵枢素问九卷 ················· 0014
内经知要二卷 ····················· 0010
内经诠释 ························· 0937
内经难子音义 ····················· 0958
内经集注 ························· 0008
内经精要六卷 ····················· 0020
内经纂要 ························· 0686
内经纂要二卷 ····················· 0934
内科杂症 ························· 0557
(薛立斋先生)内科医案摘要 ········· 0540
内科学讲义 ······················· 0974
内科新论 ························· 0412
内科新说二卷 ····················· 0554
内科新说三卷 ····················· 0555
内科摘要二卷 ········· 0541 0932 0933
内症通用方外症通用方 ············· 0399
内景图解 ························· 0936
内照法 ··························· 0962
内翰良方 ························· 0279
内翰良方十卷 ····················· 0278
牛马经 ··························· 0981
牛马经验良方 ····················· 0983
手抄医书 ························· 0928
长沙方歌括六卷 ········· 0118 0946 0947
        0948 0952 0954 0955
长沙药解八卷 ····················· 0943
长沙药解四卷 ············· 0239 0916
长沙集六卷 ······················· 0255
仁文书院集验方七卷 ··············· 0305
仁端录摘要 ······················· 0649
公余医录六种 ····················· 0944
公选良方三卷 ····················· 0337
公馀十六种 ······················· 0955
勿药玄诠 ························· 0737

勿药单方四卷 ····················· 0397
风劳鼓病论三卷 ··················· 0967
丹炉 ····························· 0743
丹桂良方二卷附手抄方一卷 ········· 0377
丹溪心法 ························· 0902
丹溪心法附馀二十四卷首一卷 ······· 0426
丹溪心法附馀六种 ················· 0902
丹溪先生医著四种九卷 ············· 0898
丹溪附馀三种 ····················· 0901
丹溪秘藏幼科捷径全书 ············· 0609
丹溪摘玄二十卷 ··················· 0544
六经病解 ························· 0938
六科证治准绳 ····················· 0436
六淫疠气证治异同辨二卷 ··········· 0531
六醴斋医书十种 ··················· 0942
方以类聚五十卷 ··················· 0312
方纪 ····························· 0906
方脉权衡 ························· 0477
方脉举要三卷 ····················· 0418
方症会要四卷 ····················· 0463
方案 ····························· 0823
订正伤寒论著十七卷 ··············· 0914
订正金匮要略注八卷 ··············· 0914
心印绀珠经二卷 ··················· 0871

五画

玉历金丹经验百方 ················· 0400
玉机辨证二集 ····················· 0447
玉笥龙瑞方 ······················· 0304
玉楸药解八卷 ············· 0916 0943
正体类要二卷 ····················· 0932
正骨心法要旨四卷 ················· 0914
世补斋不谢方 ····················· 0958
世补斋医书前集六种三十三卷 ······· 0958
世济堂医案 ······················· 0777
古今名医万方类编 ················· 0344
古今名医汇粹八卷 ················· 0882
古今医学捷要六书六卷 ············· 0972
古今医统大全一百卷 ··············· 0873

古今医案按十卷 …………………… 0772
古今医案按选四卷 ………………… 0789
古今图书集成医部全录 …………… 0886
古今录验养生必用方三卷 ………… 0730
古方八阵二卷 ……………………… 0907
古方选注四卷 ……………………… 0324
(增注)古方新解八卷 ……………… 0335
古本医学丛书二集 ………………… 0970
古本难经阐注二卷 ………… 0044 0970
古医经论 …………………………… 0022
本事方续集十卷 …………………… 0285
本事方释义十卷 …………………… 0290
本经序疏要八卷 …………………… 0214
本经便读四卷 ……………………… 0217
本经逢原四卷 ……………………… 0208
本经续疏六卷 ……………………… 0214
本经疏证十二卷 …………… 0213 0214
本草三家合注六卷 ………………… 0216
本草万方针线 ……………………… 0221
本草万方针线八卷 ………………… 0310
本草从新十八卷 …………………… 0241
本草从新六卷 ……………………… 0240
本草正二卷 ………………………… 0907
本草汇纂三卷 ……………………… 0247
本草必用二卷 ……………………… 0936
本草发挥四卷 ……………………… 0933
本草问答二卷 ……………………… 0961
本草医方合编 ……………………… 0912
本草求真九卷 ……………………… 0243
本草纲目万方类编三十二卷 ……… 0344
(增补)本草纲目五十二卷 ………… 0246
本草纲目五十二卷首一卷图二卷 ……… 0220
0221　0222
本草纲目拾遗 ……………………… 0221
本草纲目拾遗十卷首一卷 ………… 0242
(增订)本草附方二卷 ……………… 0339
本草述三十二卷首一卷 …………… 0233
本草述钩元三十二卷 ……………… 0245
本草图谱 …………………………… 0272

(增补)本草备要八卷 ……………… 0234
本草备要不分卷 …………………… 0249
(增订)本草备要四卷 ……… 0235 0236
本草备要四卷 ……………… 0912 0926
本草诗笺十卷 ……………………… 0971
本草经三卷 ………………………… 0962
本草经疏三十卷 …………… 0206 0962
本草经疏辑要八卷 ………………… 0212
本草经解四卷附馀一卷 …………… 0209
本草经解要 ………………………… 0209
本草品汇精要四十二卷续集十卷 … 0237
本草品汇精要校勘记 ……………… 0237
本草钞 ……………………………… 0075
本草衍义二十卷 …………… 0495 0970
本草类要 …………………………… 0893
本草原始十二卷 …………………… 0230
本草原始合雷公炮制 ……………… 0230
本草通元 …………………………… 0231
本草通玄二卷 ……………………… 0911
本草通玄四卷 ……………………… 0231
本草崇原三卷 ……………………… 0207
本草蒙筌十二卷总论一卷 ………… 0228
本说 ………………………………… 0219
石山医案三卷附录一卷 …………… 0752
石室秘录六卷 ……………………… 0451
平治会萃 …………………………… 0420
平治会萃三卷 ……………………… 0933
东医宝鉴二十三卷目录二卷 ……… 0878
东垣十书 …………………………… 0931
东皋草堂医案 ……………………… 0763
北京图书馆藏中国医药书目 ……… 0859
叶天士女科医案 …………………… 0813
叶天士先生辨舌广验 ……………… 0177
(增补)叶天士医案四卷 …………… 0810
(增补重编)叶天士医案四卷 ……… 0811
叶天士家传秘诀 …………………… 0969
叶氏女科证治四卷 ………………… 0584
叶氏医效秘传三卷 ………………… 0764
叶氏医案 …………………… 0768 0780

叶氏医案存真三卷 …………………… 0769
叶氏增批温病条辨六卷 ……………… 0518
叶选医衡二卷 ………………………… 0841
四大家论 ……………………………… 0921
四圣心源十卷 ………… 0051　0916　0943
四圣灵枢五卷 ………………………… 0916
四圣悬枢五卷 ………………… 0462　0943
四时诊规 ……………………………… 0160
四时病机十四卷 ……………………… 0521
四言药性 ……………………………… 0258
四诊心法要诀 ………………………… 0914
四诊抉微八卷 ………………………… 0155
四诊要诀 ……………………………… 0893
四诊脉诀 ……………………………… 0487
四科简效方四卷 ……………………… 0964
四部总录医药编 ……………………… 0858
生生子医案三卷 ……………………… 0754
生理学讲义 …………………………… 0974
生理新语四卷 ………………………… 0968
仙传白喉秘方 ………………………… 0725
仙传痘疹奇书三卷 …………………… 0620
仙拈集 ………………………………… 0331
白驹谷罗贞喉科 ……………………… 0721
白喉万应良方 ………………………… 0720
白喉全生集 …………………………… 0718
白喉忌表抉微 ………………………… 0724
白喉治法抉微 ………… 0918　0925　0956
白喉治法忌表抉微 …………………… 0400
白喉治法忌表述要 …………………… 0724
白喉瘟神方 …………………………… 0724
仝氏家藏幼科指南四卷 ……………… 0642
用药指迷 ……………………………… 0258
用药禁忌书二卷 ……………………… 0965
乐余老人医案 ………………………… 0863
处方学讲义 …………………………… 0976
外台秘要四十卷 ……………………… 0276
外因贯串二卷 ………………………… 0487
外证医案汇编四卷 …………………… 0786
外科大成四卷 ………………………… 0681

外科心法要诀 ………………………… 0685
外科心法要诀十六卷 ………………… 0914
（重订）外科正宗十二卷 …………… 0678
（徐评）外科正宗十二卷 …………… 0677
外科正宗十二卷附录一卷 …………… 0675
外科正宗四卷 ………………………… 0676
外科医案汇编 ………………………… 0786
外科医案汇编四卷 …………………… 0690
外科证治方药备要 …………………… 0691
外科证治全书五卷末一卷 …………… 0687
外科证治全生集 ……………… 0400　0683
外科证治全生集四卷 ………… 0684　0930
外科证治准绳 ………………………… 0674
外科奇方 ……………………………… 0694
外科图说四卷 ………………………… 0688
外科金镜录 …………………………… 0933
外科备要 ……………………………… 0691
外科经效秘方 ………………………… 0692
外科经验精要方 ……………………… 0673
外科要诀二卷 ………………………… 0487
外科临证指南医案 …………… 0690　0786
外科铃二卷 …………………………… 0907
外科统治秘方 ………………………… 0391
外科准绳六卷 ………………… 0436　0674
外科集验方二卷 ……………………… 0669
外科微义 ……………………………… 0676
外科精义二卷 ………………………… 0668
外科精要一卷 ………………………… 0934
外候答问十二卷 ……………… 0896　0965
包氏医案 ……………………………… 0820
尔雅翼三十卷 ………………………… 0224
玄机活法 ……………………………… 0336
兰台轨范八卷 ………… 0467　0937　0938
　　　　　　　　　0939　0940
兰室秘藏三卷 ………………… 0417　0931
汇刊经验方 …………………………… 0343
汇生集要三十四卷 …………………… 0355
汇刻经验良方 ………………………… 0343
宁坤秘笈三卷 ………………………… 0593

冯氏锦囊秘传痘疹全集二卷 ·············· 0633
冯氏锦囊秘录八种 ····················· 0934
永类钤方二十二卷首一卷 ··············· 0289
加减灵秘十八方 ······················ 0942
皮肤新编 ···························· 0929
圣余医案诠解四卷 ···················· 0803
圣济总录二百卷 ······················ 0281
圣散子方 ···························· 0280
幼儿杂症说要 ························· 0645
幼儿痘疹玉髓金镜录四卷首一卷 ·········· 0657
幼幼集成六卷 ························· 0639
幼科三种十卷 ························· 0657
幼科发挥二卷 ························· 0618
幼科杂病心法要诀六卷 ················· 0914
幼科医学指南四卷 ···················· 0628
幼科学讲义 ·························· 0974
幼科审治二卷 ························· 0487
幼科要则 ···························· 0636
幼科种痘心法要旨 ···················· 0914
幼科铁镜二卷 ························· 0657
幼科铁镜六卷 ························· 0634
幼科秘书六卷 ························· 0632
幼科准绳九卷 ························· 0436
幼科推拿广意 ························· 0630
幼科释迷六卷 ··············· 0941 0590
幼科痘疹金镜录四卷首一卷 ·············· 0617
幼科辑要 ···························· 0915
幼科摘要 ···························· 0585
幼婴疢疢秘书二卷 ···················· 0664

六画

考证注解伤寒论十卷 ··················· 0074
再重订伤寒集注十五卷 ················· 0106
西医五种 ···························· 0412
西医内科全书六卷 ···················· 0409
西医略论 ···························· 0412
西医略论三卷 ························· 0408
西药略释四卷 ························· 0864
百谷考 ····························· 0913

百毒解 ····························· 0354
百效内科全书八卷 ···················· 0545
百病问答辨疑五卷 ···················· 0543
百能力类述 ·························· 0965
存存斋医话稿二卷 ···················· 0835
存真环中图 ·························· 0054
夺锦琐言 ···························· 0863
达生编 ····························· 0959
达生编二卷 ··············· 0580 0585 0917
达生编四卷 ·························· 0597
达生篇 ····························· 0956
达病刍言 ···························· 0868
成方切用十二卷首一卷末一卷 ············ 0333
成方集验四卷 ························· 0378
至宝良方 ···························· 0355
此事难知二卷 ························· 0931
当归草堂医学丛书 ···················· 0924
同仁堂药目 ·························· 0319
同寿录四卷尾一卷 ···················· 0334
吊脚痧证 ···························· 0919
因是子静坐法 ························· 0750
因是子静坐法续编 ···················· 0751
回生集二卷 ·························· 0341
回回药方三十六卷 ···················· 0291
回春丹 ····························· 0602
回澜社影印医书四种 ··················· 0969
舌色变 ····························· 0480
舌图辨证 ···························· 0179
舌象图 ····························· 0181
舌鉴十三方 ·························· 0178
舌鉴总论 ···························· 0938
舌鉴辨正二卷 ························· 0180
舌谱 ······························ 0182
竹林女科五卷 ························· 0595
竹林寺女科 ·························· 0593
竹林寺女科秘方 ······················ 0596
竹林寺妇科秘方 ······················ 0594
竹林妇科秘传 ························· 0594
传忠录三卷 ·························· 0907

传信尤易方八卷 ················· 0299
传信适用方四卷 ················· 0924
传悟灵济录二卷 ················· 0198
传家至宝 ······················· 0643
延生宝鉴 ······················· 0742
延寿神方 ······················· 0731
仲景大全书 ····················· 0063
仲景全书二十卷 ················· 0061
伤科补要四卷 ··················· 0696
伤寒一提金 ····················· 0073
伤寒十六证类方二卷 ············· 0893
伤寒三字经 ····················· 0131
伤寒大白四卷总论一卷 ··········· 0097
伤寒大成五种 ··················· 0083
伤寒广要十二卷 ················· 0960
伤寒六书六卷 ··················· 0073
伤寒六经新解 ··················· 0136
伤寒方轨纲领 ··················· 0130
伤寒方解二卷 ··················· 0120
伤寒心法要诀 ··················· 0914
伤寒正医录十卷 ················· 0101
伤寒正宗八卷 ··················· 0091
伤寒古方通六卷 ················· 0099
伤寒百证歌五卷 ················· 0069
伤寒舌诊 ······················· 0956
伤寒舌鉴 ······················· 0083
伤寒杀车槌法 ··················· 0073
伤寒杂症抄本 ··················· 0062
伤寒论十卷 ····················· 0065
伤寒论三注十六卷 ··············· 0090
伤寒论今释八卷 ················· 0135
伤寒论四卷 ····················· 0495
伤寒论后条辨 ··················· 0086
伤寒论阳明病释四卷 ············· 0958
伤寒论条辨八卷 ················· 0075
伤寒论识六卷 ··················· 0128
伤寒论纲目十六卷 ··············· 0941
伤寒论纲目九卷 ················· 0087
伤寒论直解六卷 ················· 0096

伤寒论述义五卷 ················· 0960
伤寒论尚论篇辨似 ··············· 0122
伤寒论浅注六卷 ········· 0114 0946 0947
　　0952　0954　0955
伤寒论浅注补正七卷 ······· 0126 0961
伤寒论注四卷 ············· 0094 0915
伤寒论注来苏集 ················· 0094
伤寒论参注 ····················· 0108
伤寒论研究四卷 ················· 0132
伤寒论类方 ········· 0104 0938 0939 0940
伤寒论类方四卷 ················· 0930
伤寒论章句四卷 ················· 0120
伤寒论集注六卷 ················· 0092
伤寒论辑义七卷 ··········· 0116 0960
伤寒论辑义按六卷 ··············· 0134
伤寒论辑义按四卷 ··············· 0133
伤寒论翼二卷 ············· 0089 0094
伤寒寻源三卷 ············· 0119 0970
伤寒约编六卷 ············· 0937 0938
伤寒纪元 ······················· 0072
伤寒纪玄妙用集十卷 ············· 0072
伤寒医诀串解六卷 ······· 0129 0920 0946
　　0947　0952　0954　0955　0955
伤寒来苏集八卷 ················· 0094
伤寒证脉药截江网 ··············· 0073
伤寒证辨 ······················· 0893
伤寒补亡论二十卷 ······· 0495 0927
伤寒补天石二卷 ················· 0078
伤寒附翼二卷 ··········· 0088 0094
伤寒述微三卷 ··················· 0079
伤寒明理续论 ··················· 0073
伤寒易简三卷 ··················· 0107
伤寒典三卷 ····················· 0907
伤寒审症表 ····················· 0121
伤寒贯珠集八卷 ················· 0098
伤寒指掌 ······················· 0112
伤寒指掌四卷 ··················· 0113
伤寒钤法 ······················· 0933
伤寒类证活人书 ················· 0067

伤寒类证活人书二十二卷 …………… 0068
伤寒类证解惑四卷 …………………… 0102
伤寒总病论六卷 ……………………… 0066
伤寒神秘精粹录 ……………………… 0123
伤寒说意十卷 ………………………… 0916
伤寒说意十卷首一卷 ………………… 0943
伤寒真方歌括六卷 …… 0117　0920　0947
　　　　0948　0955
伤寒病总论六卷 ……………………… 0495
伤寒兼症析义 ………………… 0083　0084
伤寒准绳八卷 ………………… 0076　0436
伤寒家秘的本 ………………………… 0073
伤寒琐言 ……………………………… 0073
伤寒悬解十六卷 ……………………… 0943
伤寒悬解十四卷 ……………………… 0916
伤寒悬解十四卷首一卷末一卷 ……… 0103
伤寒第一书四卷附馀二卷 …………… 0109
伤寒绪论二卷 ………………………… 0083
伤寒绪论三卷 ………………………… 0085
伤寒集注 ……………………………… 0095
伤寒集注大成十卷 …………………… 0105
伤寒集验六卷 ………………………… 0077
伤寒痘疹辩证 ………………………… 0629
伤寒痘疹辨证合编四卷 ……………… 0629
伤寒锦囊二卷 ………………………… 0125
伤寒源流全集六卷 …………………… 0093
伤寒歌括六卷 ………………………… 0254
伤寒瘟疫条辨六卷 …………………… 0110
伤寒谱八卷 …………………………… 0111
伤寒撮要四卷 ………………… 0115　0970
伤寒辨证录 …………………………… 0448
伤寒辨类二卷 ………………………… 0124
伤寒缵论二卷 ………………… 0082　0083
自在壶天五卷 ………………………… 0321
伊尹汤液经六卷首一卷末一卷附录一卷
　　　　…………………………………… 0064
血证论八卷 …………………………… 0961
全生指迷方四卷 ……………………… 0283
全体通考十八卷 ……………………… 0410

全体阐微三卷 ………………………… 0413
全体新论 …………………… 0407　0412
全国名医验案类编十四卷 …………… 0817
合镌增补士材三书 …………………… 0911
众妙仙方四卷 ………………………… 0301
杂证谟二十九卷 ……………………… 0907
杂症大小合参十四卷首一卷 ………… 0934
杂症要法三卷 ………………………… 0893
杂症选方 ……………………………… 0396
杂症总诀二卷 ………………………… 0476
杂症集腋四卷 ………………………… 0487
杂症痘疹药性主治合参十二卷首一卷 … 0934
杂病心法要诀五卷 …………………… 0914
杂病证治类方 ………………………… 0302
杂病治例 ……………………………… 0539
杂病秘方 ……………………………… 0400
杂病源 ……………………… 0937　0938
杂病源流犀烛三十卷首二卷 ………… 0941
名方类证 ……………………………… 0292
(新编)名方类证医书大全二十四卷 …… 0292
名医别论(残本) ……………………… 0217
名医类案十二卷 ……………………… 0771
刘河间伤寒三书二十卷 ……………… 0899
刘河间伤寒六书 ……………………… 0900
刘河间医学六书 ……………………… 0900
齐氏医案六卷 ………………………… 0778
齐氏医案崇正辨讹 …………………… 0778
产后全集 ……………………………… 0577
产后编二卷 ………………… 0549　0577
产育宝庆集方二卷 …………………… 0924
产宝百问五卷总论一卷 ……………… 0573
产宝诸方 ……………………………… 0924
产科心法二集 ………………………… 0592
产鉴三卷 ……………………………… 0575
问斋医案五卷 ………………………… 0787
关格考 ………………………………… 0553
汤头歌诀 …………………… 0315　0400
汤头歌括 ……………………………… 0236
汤液本草三卷 ……………… 0227　0931

汤散征奇 …………………………… 0908
冰蟿老人医案 ……………………… 0757
祁氏家传外科大罗二卷 …………… 0460
聿修堂丛书 ………………………… 0960
聿修堂医学丛书十三种 …………… 0960
异痧奇方 …………………………… 0919
导引图 ……………………………… 0747
妇人大全良方 ……………………… 0564
妇人良方二十四卷 ………………… 0564
妇人规二卷 ………………………… 0907
妇人规古方一卷 …………………… 0907
妇科大略 …………………………… 0967
妇科万方汇集 ……………………… 0400
妇科心法要诀六卷 ………………… 0914
妇科玉尺六卷 …………… 0590 0941
妇科正宗 …………………………… 0600
妇科杂症 …………………………… 0956
妇科冰鉴八卷 ……………………… 0972
妇科约囊万金方二卷 ……………… 0569
妇科学讲义 ………………………… 0974
妇科宗主四卷 ……………………… 0600
妇科辑要 …………………………… 0915
妇科精蕴五卷 ……………………… 0604
妇婴三书 …………………………… 0590
妇婴至宝五种八卷 ………………… 0597
妇婴新说 …………………………… 0601
妇婴新编 …………………………… 0412
观泉医案 …………………………… 0846
纪氏望闻问切秘诀 ………………… 0157
孙真人备急千金要方 ……………… 0275

七画

寿世内镜图说八卷 ………………… 0057
寿世内镜图说附录二卷 …………… 0057
寿世内镜图说续录二卷 …………… 0057
寿世汇编五种 ……………………… 0959
寿世良方八卷 ……………………… 0318
寿世保元十卷 ……………………… 0437
寿世秘典十八卷 …………………… 0736

寿世编二卷 ………………………… 0469
弄丸心法全集八卷 ………………… 0465
运气要诀一卷 ……………………… 0914
运气要略 …………………………… 0915
运气商 ……………………………… 0049
赤水玄珠三十卷 …………………… 0903
赤崖医案 …………………………… 0773
芷园素社痎疟论疏 ………………… 0917
芷园素社痎疟论疏方 ……………… 0917
芷园臆草存案 ……………………… 0917
花柳下疳方 ………………………… 0400
苍生司命八卷首一卷药性一卷 …… 0424
苏沈内翰良方 ……………………… 0279
苏沈内翰良方十卷 ………………… 0942
苏沈良方八卷 ……………………… 0279
杏轩医案 …………………………… 0846
杏林余兴 …………………………… 0019
杏苑生春八卷 …………… 0876 0877
李氏医案 …………………………… 0785
李翁医记二卷 ……………………… 0969
两都医案二卷 ……………………… 0758
医门补要三卷 …………… 0488 0970
医门法律六卷 …………… 0444 0910
医方一盘珠全集十卷 ……………… 0461
医方小品 …………………………… 0311
医方考绳愆六卷 …………………… 0309
医方全书(医方集解)六卷 ……… 0926
医方汤头歌诀 ……………………… 0884
医方论四卷 ………………………… 0957
医方择要二卷 ……………………… 0353
医方易简新编六卷 ………………… 0372
医方诗要四卷 ……………………… 0386
医方选 ……………………………… 0965
医方选要十卷 ……………………… 0295
医方捷径二卷 ……………………… 0443
医方捷径四卷 ……………………… 0915
医方捷径指南全书四卷 …………… 0435
医方集宜十卷 ……………………… 0427
医方集解三卷 …………… 0313 0912

医方辨难大成三集二百六卷首一卷 …… 0481
医书大全 …………………………… 0292
医四书 ……………………………… 0906
医圣阶梯十卷 ……………………… 0429
医旨绪余二卷 ……………………… 0903
医灯集焰二卷 ……………………… 0483
医论 ………………………………… 0837
医论选 ……………………………… 0965
医林一致脉诀五卷 ………………… 0972
医林口谱六治秘书 ………………… 0456
医林正印十卷 ……………………… 0879
医林正宗八卷 ……………………… 0425
医林杂咏 …………………………… 0019
医林改错二卷 ……………………… 0058
医林指月十四种(原题十二种) …… 0917
医林纂要探源十卷 ………………… 0464
医事启源 …………………………… 0969
医事蒙求 …………………………… 0501
医易经传会通 ……………………… 0972
医学一贯 …………………………… 0971
医学十书 …………………………… 0931
医学入门 …………………………… 0895
医学入门七卷首一卷 ……………… 0874
医学三字经四卷 … 0472 0944 0946 0947
　　　　0949 0950 0952 0953 0954 0955
医学门径语 ………………………… 0499
医学见能四卷 ……………………… 0498
医学从众录八卷 … 0475 0946 0947 0949
　　　　0950 0951 0952 0953 0954 0955
医学心传·历年医案 ……………… 0486
医学心悟五卷 ……………………… 0458
医学引彀 …………………………… 0421
医学汇参六卷 ……………………… 0484
医学发明 ………………… 0901 0902
医学考辨十二卷 …………………… 0861
医学考辨摘要 ……………………… 0862
医学传珍 …………………………… 0889
医学讲义 ………………… 0854 0975
医学求是二卷 ……………………… 0792

医学金针八卷 ……………………… 0485 0930
医学实在易八卷 … 0473 0946 0947 0949
　　　　0950 0952 0953 0954 0955
医学经略十卷 ……………………… 0905
医学南针 …………………………… 0497
医学指规二卷 ……………………… 0971
医学指南 …………………………… 0892
医学脉诀真传 ……………………… 0466
医学津梁六卷 ……………………… 0457
医学真传 …………………………… 0917
医学秘奥 …………………………… 0441
医学通灵四卷 ……………………… 0500
医学答问四卷 ……………………… 0840
医学集成四卷 ……………………… 0892
医学集要 …………………………… 0446
医学源流论二卷 … 0937 0938 0939 0940
医学摘萃五种 ……………………… 0893
医学辨害十二卷 …………………… 0883
医学纂要六卷 ……………………… 0459
医法心传 …………………………… 0836
医法圆通四卷 ……………………… 0834
医宗必读 …………………………… 0921
医宗必读十卷 ……………………… 0880
医宗必读五卷首一卷 ……………… 0881
(御纂)医宗金鉴九十卷首一卷 …… 0914
医宗金鉴外科十六卷 ……………… 0685
医宗备要三卷 ……………………… 0474
医宗宝镜五卷 ……………………… 0471
医宗说约六卷 ……………………… 0445
医经小学六卷 ……………………… 0971
医经余论 …………………………… 0019
医经原旨六卷 ……………………… 0017
医经溯洄集 ………………… 0826 0931
医贯六卷 …………………………… 0828
医贯砭二卷 ……………… 0831 0937 0938
　　　　0939 0940
医药镜四卷 ………………………… 0909
医便五卷 …………………………… 0297
医原三卷 …………………………… 0052

医效秘传三卷 …………………… 0100
医家心法 …………………………… 0917
医家四要四卷 …………………… 0489
医家赤帜益辨全书十二卷 ……… 0433
医家非说目录 …………………… 0883
医家秘奥五种 …………………… 0935
医家秘奥笔谈 …………………… 0935
医案 ………………………………… 0797
医案五卷 ………………………… 0903
医案选 …………………………… 0965
医案稿本 ………………………… 0799
医理元枢十二卷附馀一卷 ……… 0915
医理略述二卷 …………………… 0839
医略十三卷 ……………………… 0553
医略十三篇 ……………………… 0553
医略正误概论二卷 ……………… 0542
医略论列方 ……………………… 0553
医醇賸义四卷 ………… 0556 0957
医镜 ……………………………… 0906
医镜删补 ………………………… 0457
医衡四卷 ………………………… 0830
医衡病论 ………………………… 0830
扶寿精方三卷 …………………… 0732
折肱漫录七卷 …………………… 0942
护病要术 ………………………… 0741
吴门治验录四卷 ………………… 0779
吴氏医方类编 …………………… 0328
吴氏家抄济世良方 ……………… 0875
吴医汇讲十一卷 ………………… 0844
吴鞠通医案四卷 ………………… 0781
时方妙用四卷 …… 0347 0944 0946 0947
　　0949 0950 0952 0953 0954 0955
时方歌括二卷 …… 0345 0944 0946 0947
　　0948 0955
时方歌括四卷 …………………… 0950
时疫白喉捷要 …………………… 0959
时疫白喉痧疹验方 ……………… 0728
时疫证治 ………………………… 0919
时病论八卷 ……………………… 0525

串雅内编四卷 …………………… 0332
针灸大成十卷 …………………… 0187
针灸大全 ………………………… 0186
针灸大全 ………………………… 0187
针灸甲乙经 ……………………… 0184
针灸传真 ………………………… 0200
针灸择日编集 …………………… 0185
针灸易学二卷 …………………… 0188
针灸经验要辑 …………………… 0199
针灸集成四卷 …………………… 0189
何元长先生医案 ………………… 0777
何氏八百年医学 ………………… 0870
何氏心传 ………………………… 0550
何氏虚劳心传 …………………… 0550
何鸿舫先生手书方笺 …………… 0793
彻剩八编内镜二卷 ……………… 0050
余氏医述六卷 …………………… 0843
余氏医案存录 …………………… 0788
余注伤寒论翼四卷 ……………… 0127
希韶阁验方候鲭 ………………… 0400
肘后备急方八卷 ………………… 0942
删补名医方论八卷 ……………… 0914
删注脉诀规正二卷 ……………… 0169
言医 ……………………………… 0964
疗疮秘诀 ………………………… 0400
应用本草分类辑要 ……………… 0211
沙胀全书 ………………………… 0860
沈氏女科辑要 …………………… 0588
沈氏女科辑要笺证二卷 ………… 0589
沈氏尊生书五种 ………………… 0941
沈君医案 ………………………… 0790
沈菊人方案目录 ………………… 0790
沈菊人医案 ……………………… 0790
沈虚明先生痘疹全集三卷 ……… 0656
宋本伤寒论 ……………………… 0065
良方拣要 ………………………… 0343
良方集腋二卷附方一卷 ………… 0357
良朋汇集经验神方五卷 ………… 0320
良朋集腋合璧 …………………… 0358

证法要诀类方四卷 ·············· 0902
证治汇补八卷 ················· 0452
证治权衡二卷 ················· 0559
证治要诀十二卷 ··········· 0422 0902
证治准绳四卷 ················· 0436
证治晰疑录四卷 ··············· 0438
补图本草备要 ················· 0234
补注洗冤录集证六卷 ············ 0979
补注瘟疫论四卷 ··············· 0508
补增万氏女科三卷 ············· 0568
诊余日记 ···················· 0852
诊宗三昧 ···················· 0083
诊家正眼二卷 ················· 0154
诊家正眼三卷 ················· 0911
诊家枢要 ···················· 0695
诊断学汇编二卷 ··············· 0156
诊断学讲义 ············· 0158 0974
诊断治疗二卷 ················· 0159
诊翼 ······················· 0906
灵兰社稿八卷 ················· 0849
灵寿丹方 ···················· 0300
灵枢注证发微九卷附补遗 ········· 0011
灵枢经九卷 ··················· 0035
灵枢素问节要浅注十二卷 ········· 0018
灵枢悬解九卷 ················· 0036
灵素节要浅注十二卷 ······ 0946 0947 0952
　　　　0954　0955
局方发挥 ··············· 0898 0931
改正内景五脏六腑经络图说 ········ 0884
改良外科图说 ················· 0688
改良达生编 ············· 0580 0581
改良经验良方二卷 ············· 0395
改良眼科百问 ················· 0707
张氏医通十六卷 ··············· 0455
张仲景药性论治 ··············· 0072
张卿子经验方 ················· 0343
陈氏小儿痘诊方论 ············· 0932
陈氏医案二卷 ················· 0796
陈学三医案 ·················· 0798

陈修园长沙方歌括 ············· 0255
陈修园先生晚馀三书 ············ 0920
陈修园医书 ·················· 0945
陈修园医书二十一种 ············ 0947
陈修园医书二十三种 ············ 0948
陈修园医书十六种 ············· 0946
陈修园医书七十种 ············· 0953
陈修园医书三十二种 ············ 0949
陈修园医书三十六种 ············ 0950
陈修园医书五十种 ············· 0952
陈修园医书六种 ··············· 0944
陈修园医书四十八种 ············ 0951
陈修园医书全集四十八种 ········· 0954
陈修园医书合编 ··············· 0918
附用良方 ···················· 0394
鸡峰普济方三十卷 ············· 0284

八画

环溪草堂医案三卷 ············· 0801
武林陈氏家传仙方佛法灵寿丹 ······ 0300
武昌医馆丛书 ················· 0495
(太医院增补)青囊药性赋直解三卷 ···· 0253
青囊秘录四卷 ················· 0745
青囊琐探二卷 ················· 0845
青囊集解六卷 ················· 0356
范氏锦囊秘录痘疹全集 ··········· 0666
林氏活人录汇编十四卷 ··········· 0551
林氏家藏幼婴疥疮秘书 ··········· 0664
林屋山人证治全生集 ············ 0684
林屋山人证治全生集四卷 ········· 0683
松峰说疫六卷 ················· 0516
松崖眼科 ···················· 0700
述古斋幼科新书六卷 ············ 0653
枕藏外科要方 ················· 0393
或问 ······················· 0075
刺灸心法要诀八卷 ············· 0914
奇经八脉 ···················· 0222
奇经八脉考 ·················· 0221
奇效医述二卷 ················· 0755

奇效良方六十九卷 ⋯⋯⋯⋯⋯⋯ 0293
（集选）奇效简便良方四卷 ⋯⋯⋯ 0381
尚友堂医案二卷 ⋯⋯⋯⋯⋯⋯ 0784
尚氏伤寒纪选 ⋯⋯⋯⋯⋯⋯⋯ 0072
尚论后篇四卷 ⋯⋯⋯⋯⋯⋯⋯ 0081
尚论张仲景伤寒论重编三百九十七法 ⋯⋯ 0080
　　　0081
尚论张仲景春三月温症 ⋯⋯⋯⋯ 0505
尚论篇四卷尚论后篇四卷 ⋯⋯⋯ 0910
尚论篇四卷首一卷 ⋯⋯⋯⋯⋯ 0080
国医讲义六种 ⋯⋯⋯⋯⋯⋯⋯ 0974
（校正）国药丸散膏丹古方汇编四卷 ⋯ 0402
昌邑黄先生医书八种 ⋯⋯⋯⋯⋯ 0916
明目神验方 ⋯⋯⋯⋯⋯⋯⋯⋯ 0701
明医杂著六卷 ⋯⋯⋯⋯ 0423　0933
明医要诀 ⋯⋯⋯⋯⋯⋯⋯⋯⋯ 0478
（订补）明医指掌十卷 ⋯⋯⋯⋯⋯ 0695
明医诸风疬疡全书指掌 ⋯⋯⋯⋯ 0682
易氏医按（易氏医案） ⋯⋯⋯⋯⋯ 0917
易筋经八段锦合刻 ⋯⋯⋯⋯⋯⋯ 0749
易简方 ⋯⋯⋯⋯⋯⋯⋯⋯⋯⋯ 0288
易简新编 ⋯⋯⋯⋯⋯⋯⋯⋯⋯ 0372
图书集成医部全录 ⋯⋯⋯⋯⋯⋯ 0886
图注八十一难经四卷 ⋯⋯⋯⋯⋯ 0040
图注八十一难经辨真四卷 ⋯⋯⋯ 0039
图注王叔和脉诀 ⋯⋯⋯⋯⋯⋯⋯ 0041
图注王叔和脉诀琼瑛 ⋯⋯⋯⋯⋯ 0041
图注脉诀辨真四卷附方一卷 ⋯⋯ 0041
图像牛经大全 ⋯⋯⋯⋯⋯⋯⋯⋯ 0982
知医捷径 ⋯⋯⋯⋯⋯⋯⋯⋯⋯ 0494
质疑录 ⋯⋯⋯⋯⋯⋯⋯⋯⋯⋯ 0917
征君男女科全集 ⋯⋯⋯⋯⋯⋯⋯ 0549
金疮铁扇方 ⋯⋯⋯⋯⋯⋯⋯⋯ 0683
金疮铁扇散方 ⋯⋯⋯⋯⋯⋯⋯ 0794
金匮方歌括六卷 ⋯ 0145　0946　0947　0948
　　　0949　0950　0952　0953　0954　0955
金匮心典三卷 ⋯⋯⋯⋯⋯⋯⋯⋯ 0142
金匮玉函经二注二十二卷 ⋯⋯⋯ 0140
金匮玉函要略方论 ⋯⋯⋯⋯⋯⋯ 0137

金匮玉函要略论注 ⋯⋯⋯⋯⋯⋯ 0141
金匮讲义二卷 ⋯⋯⋯⋯⋯⋯⋯⋯ 0151
金匮述义三卷 ⋯⋯⋯⋯⋯⋯⋯⋯ 0960
金匮要略二十四卷 ⋯⋯⋯⋯⋯⋯ 0138
金匮要略二卷 ⋯⋯⋯⋯⋯⋯⋯⋯ 0915
（高注）金匮要略八卷 ⋯⋯⋯⋯⋯ 0146
金匮要略广注三卷 ⋯⋯⋯⋯⋯⋯ 0972
金匮要略五十家注二十四卷首一卷末一卷
　　　⋯⋯⋯⋯⋯⋯⋯⋯⋯⋯⋯ 0152
金匮要略方论三卷 ⋯⋯⋯⋯⋯⋯ 0137
金匮要略方论本义二十二卷 ⋯⋯ 0141
金匮要略讲义 ⋯⋯⋯⋯⋯⋯⋯⋯ 0150
金匮要略论注二十四卷 ⋯⋯⋯⋯ 0139
金匮要略浅注十卷 ⋯⋯⋯⋯ 0144　0946
　　　0947　0948　0949　0951　0952　0953
　　　0954　0955
金匮要略浅注六卷 ⋯⋯⋯⋯⋯⋯ 0950
金匮要略浅注方论合编十卷 ⋯⋯ 0148
金匮要略浅注补正九卷 ⋯⋯⋯⋯ 0961
金匮要略阐义 ⋯⋯⋯⋯⋯⋯⋯⋯ 0149
金匮要略辑义六卷 ⋯⋯⋯⋯⋯⋯ 0960
金匮要略阙疑二卷 ⋯⋯⋯⋯⋯⋯ 0147
金匮钩玄 ⋯⋯⋯⋯⋯⋯⋯⋯⋯ 0898
金匮钩玄三卷 ⋯⋯⋯⋯ 0420　0902　0970
金匮脉证治歌 ⋯⋯⋯⋯⋯⋯⋯⋯ 0153
金匮悬解二十二卷 ⋯⋯⋯⋯⋯⋯ 0916
金匮悬解二十二卷首一卷末一卷 ⋯ 0943
金匮翼八卷 ⋯⋯⋯⋯⋯⋯⋯⋯⋯ 0143
金镜录 ⋯⋯⋯⋯⋯⋯⋯⋯⋯⋯ 0848
周氏医学丛书三集三十二种 ⋯⋯⋯ 0962
周慎斋先生医家秘奥三书三卷 ⋯⋯ 0935
周慎斋先生医家秘奥脉法二卷 ⋯⋯ 0935
备急千金要方三十卷 ⋯⋯⋯⋯⋯ 0275
备急灸法 ⋯⋯⋯⋯⋯⋯⋯⋯⋯ 0185
备急验方二卷 ⋯⋯⋯⋯⋯⋯⋯⋯ 0384
饲鹤亭集方 ⋯⋯⋯⋯⋯⋯⋯⋯⋯ 0388
疟疾论 ⋯⋯⋯⋯⋯⋯⋯⋯⋯⋯ 0956
疬疡机要三卷 ⋯⋯⋯⋯⋯⋯⋯⋯ 0932
疡医大全四十卷 ⋯⋯⋯⋯⋯⋯⋯ 0686

疡医准绳 …………………………… 0674

疡科纲要二卷 ……………………… 0693

疡科选粹八卷 ……………………… 0679

性原广嗣六卷 ……………………… 0578

郑氏女科秘方 ……………………… 0579

法尤堂医案 ………………………… 0869

法古录 ……………………………… 0244

泊庐医案 …………………………… 0822

(新刊)注释素问玄机原病式 ……… 0899

注解伤寒论十卷 …………………… 0070

治证略札 …………………………… 0853

治法述 ……………………………… 0965

治病图说 …………………………… 0196

治喉指掌 …………………………… 0714

治喉指掌六卷 ……………………… 0715

宗圣要旨伤寒贯珠集 ……………… 0098

宜兴医案 …………………………… 0903

审视瑶函 …………………………… 0705

审视瑶函六卷首一卷 ……………… 0704

承氏医案三卷 ……………………… 0807

孟河丁氏医案八卷 ………………… 0815

经方应用 …………………………… 0405

经史证类大观本草三十一卷 ……… 0495

经脉穴俞新考证二卷 ……………… 0193

经络歌诀 …………………………… 0884

经验广集四卷 ……………………… 0331

经验广集良方 ……………………… 0331

经验太乙神针方 …………………… 0195

经验良方 ………… 0340 0343 0404 0919

经验良方大全十卷 ………………… 0370

经验奇方 …………………………… 0342

经验神效良方 ……………………… 0371

经验救急方 ………………………… 0400

亟斋急应奇方 ……………………… 0322

九画

春湖医珍八种 ……………………… 0972

春温三字诀 ………………………… 0956

珍珠囊药性赋二卷 ………………… 0250

珍珠囊药性赋医方捷径 …………… 0252

珍珠囊指掌补遗药性赋 …………… 0266

珍珠囊指掌补遗药性赋四卷 …… 0251 0267
0268 0731

(增补)珍珠囊雷公炮制药性赋解十卷 … 0268

政和圣济总录 ……………………… 0281

赵氏医贯 …………………………… 0828

赵李合璧八卷 ……………………… 0482

胡庆余堂丸散膏丹全集 …………… 0380

胡慎柔先生五书要语 ……………… 0935

南阳活人书 ………………………… 0068

南阳活人书二十三卷 ……………… 0067

南雅堂医书外集二十七种 ………… 0956

南雅堂医书全集十六种 …………… 0955

药物学讲义 ………………………… 0974

药性诗括 …………………………… 0558

药性通考八卷 ……………………… 0238

药性蒙求 …………………………… 0256

药性新赋 …………………………… 0257

药性歌括 …………………………… 0252

药性纂要歌 ………………………… 0223

药治通义十二卷 …………………… 0960

药要便蒙新编二卷 ………………… 0257

药按 ………………………………… 0934

药准 ………………………………… 0906

药赋新编 …………………………… 0259

药徵全书 …………………………… 0414

药盦医学丛书二十五种 …………… 0967

药盦医案全集八卷 ………………… 0821

查了吾先生正阳篇选录 …………… 0935

柳选四家医案三卷 ………………… 0801

柳洲医话良方 ……………………… 0964

要药分剂十卷 ……………………… 0941

要药分剂补正 ……………………… 0248

要药选 ……………………………… 0965

厚德堂集验方萃编四卷首一卷 …… 0373

指南后论二卷 ……………………… 0832

按摩术及改正操 …………………… 0203

临证汇集 …………………………… 0536

临证经验方 ……………………… 0360
（增补）临证指南医案十卷 ……………… 0766
临证演讲录 ……………………… 0967
是乃仁术医方集 ………………… 0325
咽喉脉证通论 …… 0713　0918　0925　0956
咽喉秘集二卷 …………………… 0362
看病要诀 ………………………… 0866
香岩诊案 ………………………… 0767
种痘法 …………………………… 0597
种痘新书十二卷 ………………… 0637
种福堂公选良方四卷 …………… 0337
种福堂续选医案 ………………… 0337
种福堂续选临证指南 …………… 0337
重刊引痘新书 …………………… 0658
重庆堂随笔二卷 …………… 0847　0964
重修政和本草 …………………… 0226
重修政和经史证类备用本草三十卷 …… 0226
重校防疫刍言 …………………… 0533
重楼玉钥 ………………………… 0716
重楼玉钥喉科指南 ……………… 0716
便易经验集 ……………………… 0343
便蒙杂症 ………………………… 0865
修园七种合刊 …………………… 0919
修园医案 ………………………… 0918
修园新案（霍乱转筋） …………… 0925
修摄法二十五条 ………………… 0742
保生碎事 ………………………… 0574
保幼新编 ………………………… 0622
保产机要总论 …………………… 0585
保产延寿录 ……………………… 0572
保产金丹四卷 …………………… 0603
保赤万应散 ……………………… 0660
保赤心法二卷 …………………… 0614
保赤心筌八卷 …………………… 0652
保赤新书 ………………………… 0664
保赤新书八卷 …………………… 0661　0968
保赤摘录六卷 …………………… 0650
保婴金镜录 ……………………… 0932
保婴粹要 ………………………… 0932

律令馆校正洗冤录四卷 ………… 0978
食物本草二十二卷 ……………… 0262
食物本草四卷 …………………… 0260
食物本草会纂十二卷 …………… 0263
食物本草图十卷 ………………… 0263
食品集二卷附录一卷 …………… 0261
脉因证治 ………………………… 0898
脉因证治四卷 …………………… 0962
脉诀 ……………………………… 0931
脉诀刊误二卷 …………………… 0962
脉诀四言举要 …………………… 0237
脉诀汇辩十卷 …………………… 0168
脉诀考证 ………………………… 0221
脉诀启悟注释 …………… 0937　0938
脉诀指掌 ………………… 0163　0902
脉诀纂要 ………………………… 0934
脉如二卷 ………………………… 0171
（新增）脉学本草医方全书十卷首一卷 … 0926
脉学发微五卷 …………………… 0175
脉学发微四卷 …………… 0174　0968
脉学辑要三卷 …………… 0929　0960
脉法心参 ………………………… 0915
脉法删繁 ………………………… 0936
脉法的要 ………………………… 0908
脉贯九卷 ………………………… 0170
脉草经络五种会编八卷 ………… 0884
脉荟二卷 ………………………… 0164
脉神章三卷 ……………………… 0907
脉症治三要六卷 ………………… 0491
脉理会参二卷 …………………… 0971
脉理求真三卷 …………………… 0243
脉理宗经四卷 …………………… 0173
胎产大法二卷 …………………… 0599
胎产心法三卷 …………………… 0583
胎产秘书三卷 …………………… 0565
胎产集要三卷 …………………… 0585
胎产辑要 ………………… 0580　0581
勉学堂针灸集成 ………………… 0189
急性险疫证治 …………………… 0534

急救仙方六卷 …………………………… 0924
急救应急验方 ……………………………… 0379
急救应验良方 ………………… 0351　0375
急救喉证要法 ……………………………… 0956
急救喉疹要法 ………………… 0918　0925
疮疡经验全书 ……………………………… 0671
疮疡经验全书十五卷 ……………………… 0672
疫诊一得二卷 ……………………………… 0515
疫喉浅论二卷补遗一卷 …………………… 0719
疫痧草三卷 ………………………………… 0717
恽铁樵医书四种 …………………………… 0968
养生至论 …………………………………… 0343
养生医药浅说八卷 ………………………… 0746
养生君主论 ………………………………… 0735
养生类要二卷 ……………………………… 0972
养性延命录二卷 …………………………… 0729
养病庸言 …………………………………… 0738
类方准绳八卷 ……………………………… 0302
类证治裁 …………………………………… 0921
类证治裁八卷 ……………………………… 0480
类证活人书 ………………………………… 0551
类证普济本事方后集 ……………………… 0285
类经三十二卷 ………………… 0005　0006
类经附翼四卷 ……………………………… 0006
类经图翼十一卷 …………………………… 0006
类症增注伤寒百问歌四卷 ………………… 0495
前清御医陈莲舫医案秘抄 ………………… 0814
洞主仙师白喉治法忌表抉微 ……………… 0724
洄溪医案 ……………… 0937　0938　0939
洄溪医案唐人法 …………………………… 0819
洄溪脉学 …………………………………… 0938
洗冤录详义四卷 …………………………… 0980
洗冤录拾遗二卷 …………………………… 0980
（新刊京本）活人心法 …………………… 0872
活人方汇编 ………………………………… 0551
活人慈航十七卷首一卷 …………………… 0487
活幼心书三卷 ………………… 0495　0610
活幼心法大全 ……………………………… 0624
活幼心法大全六卷 ………………………… 0625

活命慈舟八卷 ……………………………… 0376
活法机要 ……………………… 0901　0902
济公方 ……………………………………… 0398
济世良方四卷 ……………………………… 0352
济世良方合编六卷附补遗四卷 …………… 0359
济世养生集 ………………………………… 0343
济生方八卷 ………………………………… 0924
济生集六卷 ………………………………… 0605
济阳纲目一百八卷 ………………………… 0439
济阴纲目十四卷 …………………………… 0574
扁鹊仓公列传补注三卷 …………………… 0855
扁鹊仓公列传割解二卷 …………………… 0856
扁鹊心书三卷首一卷 ……………………… 0415
扁鹊心书神方 ……………………………… 0415
扁鹊难经二卷 ……………………………… 0043
祖方原本一卷 ……………………………… 0487
祖剂四卷 …………………………………… 0308
神农古本草经三卷 ………………………… 0219
神农本草 …………………………………… 0219
神农本草经四卷 …………………………… 0215
神农本草经百种录 ……… 0210　0216　0937
　　0938　0939　0940
神农本草经合注 …………………………… 0216
神农本草经注论二卷 ……………………… 0218
神农本草经读四卷 ……… 0944　0946　0947
　　0948　0949　0950　0952　0953　0954
神效集 ……………………………………… 0351
祝由方药 …………………………………… 0727
祝茹穹先生医印三卷 ……………………… 0829
退思轩验方 ………………………………… 0389
退思庐医书四种 …………………………… 0966
费氏全集四种 ……………………………… 0957
胥山老人王琢崖纂辑医书十二种 ……… 0917
绛雪园古方选注 …………………………… 0323
绞肠痧证 …………………………………… 0919

十画

秦氏幼科折衷二卷 ………………………… 0576
秦伯未著述 ………………………………… 0974

秦景明先生医案 ……………………… 0760	徐氏医学十六种 ……………………… 0938
珠邨草堂医案 ………………………… 0782	徐氏针灸大全六卷 …………………… 0186
敖氏伤寒金镜录 ……………………… 0917	徐氏针灸大全六卷（缺卷一）………… 0191
素仙简要四卷 ………………………… 0890	徐氏活幼心法六卷 …………………… 0654
素问识八卷 ………………… 0032 0960	徐灵胎十二种全集 …………………… 0937
素问灵枢类纂约注三卷 ……………… 0015	徐灵胎医学全书十六种 ……………… 0938
素问注证发微九卷 …………………… 0011	爱庐方案 ……………………………… 0360
素问病机气宜保命集三卷 …………… 0899	爱庐医案 ……………………………… 0801
素问悬解十三卷 ……………………… 0031	奚可阶方案 …………………………… 0808
素问遗篇 ……………………………… 0003	脏腑证治图说人镜经 ………………… 0057
素问痿论释难 ………………………… 0560	脏腑证治图说人镜经八卷 …………… 0056
素灵微蕴四卷 ………… 0016 0916 0943	脏腑证治图说人镜经附录二卷 ……… 0056
素灵摘要二卷 ………………………… 0936	脏腑证治图说人镜经续录二卷 ……… 0056
莘园医学六种 ………………………… 0930	脏腑图说症治合璧三卷末一卷（含脏
壶中医相论 …………………………… 0349	腑图说、脏腑全图、症治要言、症治
壶中药方便 …………………………… 0349	图说、医案类录）…………………… 0929
壶春丹方医案 ………………………… 0791	脏腑图说症治要言合璧 ……………… 0059
莲斋医意－立斋案疏二卷 …………… 0753	留云山馆文抄 ………………………… 0957
晋唐名医方选十卷 …………………… 0923	留云山馆诗抄二卷 …………………… 0957
格言汇纂二卷 ………………………… 0936	高氏医案 ……………………………… 0775
格致余论 …………… 0825 0898 0931	症方发明八卷 ………………………… 0936
校正伤寒论 …………………………… 0065	病机沙篆二卷附寿世青编二卷 ……… 0911
校正图注难经四卷 …………………… 0042	病症辨异四卷 ………………………… 0965
唇舌症候图 …………………………… 0183	疹科 …………………………………… 0621
夏氏小儿良方 ………………………… 0613	痘书 …………………………………… 0075
原机启微二卷附一卷 ………………… 0933	旃檀保产万全经二卷 ………………… 0454
顾干臣医案 …………………………… 0850	凌氏传授铜人指穴 …………………… 0192
顾氏医案三卷 ………………………… 0802	流犯喉科药方二卷 …………………… 0723
顾氏医镜六种 ………………………… 0936	家用良方 ……………………………… 0372
顾晓澜先生医案 ……………………… 0779	家传太素脉秘诀二卷 ………………… 0166
钱氏小儿药证直诀三卷附方一卷 …… 0608	家居医录八种 ………………………… 0932
铁樵杂著 ……………………………… 0967	家藏蒙筌十六卷 ……………………… 0888
秘方集录 ……………………………… 0401	诸子精粹录 …………………………… 0925
笔花医镜四卷 ………………………… 0479	诸病源候论五十卷 …………………… 0962
倚云轩医案医话医论八卷 …………… 0800	读素问钞九卷 ………………………… 0025
倪复初摘录医学笔记 ………………… 0400	难经本义二卷 ……… 0038 0933 0962
徐氏四世医案合编 …………………… 0804	难经经释二卷 ……… 0937 0938 0939
徐氏医书八种 ………………………… 0939	0940 0971
徐氏医书六种 ………………………… 0940	难经悬解二卷 ……………… 0045 0970

难经集注五卷 ················· 0037
难经疏证二卷 ·········· 0046 0960
难经编正二卷 ················· 0047
（增辑）验方新编 ·············· 0366
（校正增广）验方新编二十四卷 ··· 0367
（校正增广）验方新编十八卷 ····· 0363
（选录）验方新编十八卷 ········· 0364
（重订）验方新编十八卷 ········· 0366
（新辑）验方新编十八卷 ········· 0365
（梅氏）验方新编十七卷 ········· 0403
验方新编十六卷 ········ 0361 0362
继志堂医案二卷 ··············· 0801

十一画

理论外治方要 ················· 0930
理虚元鉴二卷 ················· 0547
理瀹外治方要 ················· 0201
理瀹骈文二十一膏良方 ·········· 0201
理瀹骈文摘要 ················· 0201
黄氏纪效新书二卷 ·············· 0783
黄氏医书八种 ················· 0943
黄帝八十一难经疏证 ············ 0046
黄帝内经马张合注 ·············· 0013
黄帝内经节选 ················· 0009
黄帝内经灵枢十二卷 ······ 0003 0033
黄帝内经灵枢注证发微九卷 ······· 0034
黄帝内经明堂 ················· 0190
黄帝内经素问 ················· 0024
（重广补注）黄帝内经素问二十四卷 ··· 0003
　　　0004
（补注）黄帝内经素问二十四卷 ····· 0023
黄帝内经素问九卷 ·············· 0029
黄帝内经素问吴注二十四卷 ······· 0027
黄帝内经素问灵枢十二卷 ········· 0001
黄帝内经素问灵枢合注九卷 ······· 0012
黄帝内经素问灵枢合编二十卷 ····· 0011
黄帝内经素问灵枢合纂十卷 ······· 0013
黄帝内经素问灵枢经合类九卷 ····· 0007
黄帝内经素问直解九卷 ·········· 0030

黄帝内经素问注证发微九卷 ······· 0026
黄帝内经素问集注九卷 ·········· 0028
黄帝针灸甲乙经 ··············· 0184
黄帝针灸虾蟆经 ··············· 0194
黄帝虾蟆经 ··················· 0194
黄帝素问灵枢经十二卷 ·········· 0002
黄帝素问灵枢合纂 ·············· 0015
黄帝素问宣明论方十五卷 ········· 0899
萧山竹林寺妇科秘传 ············ 0594
检验合参 ···················· 0922
曹凤韶医话 ·················· 0842
雪蕉轩医案十卷 ··············· 0795
推拿广意 ···················· 0630
推拿保幼录 ·················· 0630
推拿摘要辩证指南 ·············· 0597
接骨入骱备方 ················· 0387
据证分经 ···················· 0965
据证定名 ···················· 0965
救荒本草二卷附录一卷 ·········· 0205
救急易方 ···················· 0294
救急选方二卷 ················· 0406
救疫全生篇二卷 ··············· 0529
颅囟经二卷 ·················· 0924
眼科 ······················· 0711
眼科大全 ···················· 0704
眼科大全六卷首一卷 ············ 0705
眼科心法要诀二卷 ·············· 0914
眼科百问二卷 ················· 0707
眼科自疗问答 ················· 0707
（程松崖先生）眼科应验良方 ······ 0700
眼科良方 ···················· 0700
眼科启明二卷 ················· 0712
眼科启蒙四卷 ················· 0710
眼科选方二卷 ················· 0487
眼科秘传 ···················· 0707
眼科捷径 ···················· 0956
眼科阐微四卷 ················· 0709
悬袖便方四卷 ················· 0307
婴童百问十卷 ················· 0612

铜人徐氏针灸合刻 ··············· 0191

铜人腧穴针灸图经三卷 ··········· 0190

铜人腧穴针灸图经三卷（存上卷）······· 0191

银海精微二卷 ·················· 0699

银海精微补四卷 ················ 0708

银海澄清要旨 ·················· 0698

得宜本草 ····················· 0323

麻科活人全书四卷 ·············· 0638

麻疹论 ······················· 0638

麻疹补论 ····················· 0638

望色启微三卷 ·················· 0176

清代名医医案精华 ·············· 0818

鸿飞集论眼科 ·················· 0702

涵秋堂纂集经验秘方六卷 ········· 0329

随息居饮食谱 ·················· 0264

随息居饮食谱八卷 ·············· 0963

随息居重订霍乱论四卷 ··········· 0963

续刊经验方 ···················· 0343

续伤寒补天石二卷 ·············· 0078

续名医类案三十六卷 ············ 0771

续刻临证指南温热论四卷 ········· 0511

续貂集二卷 ···················· 0774

续增胎产心法 ·················· 0600

（重刊）巢氏诸病源候总论五十卷······· 0053

十二画

博物新编 ····················· 0412

敬修堂医源经旨八卷 ············ 0827

敬修堂药说 ···················· 0348

敬信录经验方 ·················· 0343

蒋氏脉诀真传二卷 ·············· 0466

韩氏医通二卷 ·················· 0942

惠直堂经验方四卷 ·············· 0316

紫珍集济世良方 ················ 0726

晰微补化二卷 ·················· 0860

景岳全书六十四卷 ·············· 0907

景岳新方砭 ········· 0946 0947 0949 0950
             0952 0953 0954

景岳新方砭四卷 ··· 0346 0944 0948 0955

跌打验方 ····················· 0697

喉科 ··················· 0714 0715

喉科杓指四卷 ·················· 0971

喉科指南二卷 ·················· 0716

喉科指掌 ····················· 0715

喉科指掌六卷 ·················· 0714

喉科急证 ····················· 0919

喉科秘旨 ··············· 0714 0715

喉症治法忌表抉微 ·············· 0724

喉症指南四卷 ·················· 0722

喉症神效方 ···················· 0724

喉痧正的 ····················· 0956

喉痧症治概要 ·················· 0815

喻氏医书三种 ·················· 0910

喻氏遗书三种 ·················· 0910

程氏易简方论六卷 ·············· 0314

程茂先医案五卷 ················ 0756

程松崖先生眼科 ················ 0700

傅青主女科二卷 ················ 0549

傅青主男科二卷 ········· 0548 0549

傅征君全集 ···················· 0549

集验良方 ····················· 0972

焦公喉科紫珍集 ················ 0726

御医曹沧州医案二卷 ············ 0806

释名病释 ····················· 0502

释名疏证 ····················· 0048

脾胃论三卷 ············· 0538 0931

鲁峰医案三卷 ·················· 0805

敦煌遗书医学集锦 ·············· 0897

痘学真传八卷 ·················· 0635

痘科 ························· 0655

痘科集腋二卷 ·················· 0487

痘科辩证二卷 ·················· 0631

痘症集验 ····················· 0581

痘疹心法要诀六卷 ·············· 0914

痘疹玉髓金镜录 ················ 0617

痘疹玄珠 ····················· 0659

痘疹传心录 ···················· 0619

痘疹传心录十八卷 ·············· 0942

痘疹全集十五卷 …………………… 0934
（闻人氏）痘疹论三卷 …………… 0611
痘疹折衷二卷 ……………………… 0627
痘疹金镜录四卷 …………………… 0615
痘疹金镜录真本三卷 ……………… 0616
痘疹宝筏六卷 ……………………… 0590
痘疹诠四卷 ………………………… 0907
痘疹活幼心法八卷末一卷 ………… 0624
痘疹活幼心法大全 ………………… 0624
痘疹活幼至宝 ……………………… 0624
痘疹真传奇书 ……………………… 0620
痘疹捷要二卷 ……………………… 0648
痘疹集验 …………………………… 0651
痘疹遂生编 ………………………… 0644
痘疹精详十卷 ……………………… 0646
痢证汇参十卷补遗一卷 …………… 0514
痢症大全四卷 ……………………… 0513
痢症论 ……………………………… 0513
瘰症全书三卷 ………… 0362 0507
瘰症辑要四卷 ……………………… 0528
善成堂增订士材三书 ……………… 0911
普济本事方十卷 …………………… 0285
普济应验方八卷 …………………… 0959
普救回生草二卷 …………………… 0374
尊生图要 …………………………… 0055
尊生要旨 …………………………… 0734
遂生编 ………………… 0644 0959
遂生编痘科治法 …………………… 0597
遂生福幼合编 ……………………… 0643
温热论一卷 ………………………… 0337
温热条辨 …………………………… 0956
温热经纬五卷 ………… 0523 0963
温热暑疫全书四卷 ………………… 0506
温热赘言 ……………… 0522 0956
温病汤头歌括 ……………………… 0530
温病坏症 …………………………… 0110
温病条辨六卷首一卷 ……………… 0517
温病条辨歌括 ……………………… 0518
温病择录 …………………………… 0537

温病明理五卷 ……………………… 0535
温病明理四卷 ……………………… 0968
割证全书七卷 ……………………… 0689
寒温条辨 …………………………… 0110
寓意草 ……………………………… 0910
寓意草二卷 ………………………… 0759
婺源余先生医案 …………………… 0788

十三画

瑞竹堂经验方五卷 ………………… 0924
赖氏新纂百毒解 …………………… 0354
感应一草亭书 ……………………… 0706
感症宝筏 …………………………… 0113
感症宝筏四卷 ……………………… 0112
感症集腋二卷 ……………………… 0520
感症辑要四卷 ……………………… 0966
雷公炮制药性赋四卷 ……………… 0266
雷公炮制药性赋解六卷 …………… 0267
雷公炮制药性解六卷 …… 0267 0268 0731
（新刊）雷公炮制便览 …………… 0265
雷氏丸散谱 ………………………… 0390
雷火针 ……………………………… 0195
摄生众妙方十一卷 ………………… 0296
辑录神效单方二卷 ………………… 0238
愚斋养生丛书 ……………………… 0739
跻园论治录 ………………………… 0867
嵩厓尊生全书十五卷 ……………… 0885
简易医诀四卷 ……………………… 0490
解毒编 ……………………………… 0532
瘖论 ………………………………… 0638
新方八阵 …………………………… 0907
新方八阵二卷 ……………………… 0306
新方八略 …………………………… 0907
新方八略引 ………………………… 0392
新刊补注铜人腧穴针灸图经五卷 … 0202
新安医案 …………………………… 0773
新国医讲义教材 …………………… 0977
新定达生编 ………………………… 0581
新修本草残本十卷 ………………… 0204

新都医案二卷 ……………………… 0903
新集良方 …………………………… 0343
新编备急管见大全良方 …………… 0277
新增时病论八卷 …………………… 0526
新增图考本草原始 ………………… 0230
新增屡效方 ………………………… 0330
新镌增补详注本草备要 …………… 0235
慎柔五书五卷 ……………………… 0546
慎疾刍言 … 0937　0938　0939　0964　0969
慈幼玄机二卷 ……………………… 0623
慈恩玉历汇录 ……………………… 0891
慈航集四卷 ………………………… 0971
慈惠小编三卷 ……………………… 0338
滇南本草图说十二卷 ……………… 0270
窦太师外科全书六卷 ……………… 0671
窦氏外科全书 ……………………… 0672
褚氏遗书 ………………… 0824　0942
福幼编 …………………… 0597　0959
福泉山房医案 ……………………… 0777
群经见智录三卷 ………… 0004　0022　0967

十四画

静香楼医案二卷 …………………… 0801
愿体医话良方 …………… 0833　0964
摘录叶天士经验方 ………………… 0343
摘星楼治痘全书十八卷 …………… 0626
管窥附馀 …………………………… 0155
儆曙斋医案举隅 …………………… 0770
遯园医案二卷附录一卷 …………… 0812
瘟疫三方 …………………………… 0959
瘟疫发源 …………………………… 0510
瘟疫论二卷 ………………………… 0504
瘟疫论补注 ………………………… 0508
瘟疫论补注二卷 …………………… 0509
瘟疫条辨摘要 ……………………… 0519
瘟疫补注论 ………………………… 0508
瘟疫明辨四卷附诸方一卷 ………… 0512
瘟疫明辨主治方法 ………………… 0529
精校本草纲目五十二卷 …………… 0232

赛金丹二卷 ………………………… 0368
翠竹山房诊暇录稿二卷 …………… 0816
缪氏医案 …………………………… 0780

十五画

增订本草备要四卷 ………………… 0884
增订图注本草备要 ………………… 0236
增删经验良方 ……………………… 0383
增补本草备要图注 ………………… 0235
增补汇要 …………………………… 0894
增补幼幼集成 ……………………… 0640
增补活幼心法大全医方诗括八卷首一卷
………………………………………… 0558
增补雷公炮制药性赋解 …………… 0251
增补瘟疫论 ………………………… 0509
增图本草原始 ……………………… 0230
增辑普济应验良方 ………………… 0959
橡村治验小儿诸热辨合刻 ………… 0470
橄榄治痢奇验方 …………………… 0527
霄鹏先生遗著 ……………………… 0496
霉疮秘录二卷 ……………………… 0680
瞑眩疗 ……………………………… 0385
墨宝斋集验方 ……………………… 0303
鲟溪内服单方选二卷 ……………… 0965
鲟溪医述十五种 …………………… 0965
鲟溪陆氏医述 ……………………… 0965
鹤圃堂治验病译 …………………… 0762
遵生八笺十九卷 …………………… 0733
潜邨医案二卷 ……………………… 0765
潜斋医书五种 ……………………… 0963
潜斋医学丛书十四种 ……………… 0964
潜斋遗书五种 ……………………… 0963
潜斋简效方四卷 …………………… 0964
履巉岩本草三卷 …………………… 0225
豫医双璧 …………………………… 0927

十六画

薛氏医按二十四种 ………………… 0933
薛氏医案 …………………………… 0780

薛生白医案 …………………………… 0809
薛立斋医案全集 ………………………… 0933
薛院判医书二十四种 …………………… 0933
薛院判医案二十四种 …………………… 0933
霍乱论二卷 ……… 0524 0952 0954 0964
霍乱转筋 ………………………………… 0919
霍乱绞肠痧论 ……………… 0918 0925
儒门医学三卷 …………………………… 0492
儒门事亲十五卷 ………………… 0416 0927
辨证入药镜 ……………………………… 0440
辨证奇闻十五卷 ………………………… 0450
辨证奇闻十卷 …………………………… 0449
辨证录十四卷 …………………………… 0448
辨脉平脉章句二卷 ……………………… 0970
辨症玉函四卷 …………………………… 0453
辩证集六卷 ……………………………… 0442
濒湖二十七脉歌 ………………………… 0884
濒湖脉诀 ………………………………… 0042
濒湖脉学 ………………………… 0165 0221
澹安医案 ………………………………… 0777

十七画

鹪鹩会约 ………………………………… 0468

十八画

(新锲)鳌头复明眼方外科神验全书…… 0703

十九画

簳山草堂医案 …………………………… 0776

二十二画

臞仙活人心方 …………………………… 0872

书名音序索引

〔A〕

ài

爱庐方案 ························· 0360

爱庐医案 ························· 0801

àn

按摩术及改正操 ··············· 0203

áo

敖氏伤寒金镜录 ··············· 0917

（新锲）鳌头复明眼方外科神验全书 ······ 0703

〔B〕

bái

白喉忌表抉微 ··················· 0724

白喉全生集 ····················· 0718

白喉万应良方 ··················· 0720

白喉瘟神方 ····················· 0724

白喉治法忌表抉微 ············· 0400

白喉治法忌表述要 ············· 0724

白喉治法抉微 ······ 0918 0925 0956

白驹谷罗贞喉科 ··············· 0721

bǎi

百病问答辨疑五卷 ············· 0543

百毒解 ·························· 0354

百谷考 ·························· 0913

百能力类述 ···················· 0965

百效内科全书八卷 ············· 0545

bāo

包氏医案 ······················ 0820

bǎo

保产机要总论 ·················· 0585

保产金丹四卷 ·················· 0603

保产延寿录 ···················· 0572

保赤万应散 ···················· 0660

保赤心法二卷 ·················· 0614

保赤心筌八卷 ·················· 0652

保赤新书 ······················ 0664

保赤新书八卷 ············ 0661 0968

保赤摘录六卷 ·················· 0650

保生碎事 ······················ 0574

保婴粹要 ······················ 0932

保婴金镜录 ···················· 0932

保幼新编 ······················ 0622

běi

北京图书馆藏中国医药书目 ·········· 0859

bèi

备急灸法 ······················ 0185

备急千金要方三十卷 ··········· 0275

备急验方二卷 ·················· 0384

běn

（增补）本草备要八卷 ·············· 0234

本草备要不分卷 ··············· 0249

（增订）本草备要四卷 ········ 0235 0236

本草备要四卷 ············ 0912 0926

本草必用二卷 ·················· 0936

本草钞 ························· 0075

本草崇原三卷 ·················· 0207

本草从新六卷 ·················· 0240

本草从新十八卷 ··············· 0241

本草发挥四卷 ·················· 0933
（增订）本草附方二卷 ·················· 0339
本草纲目拾遗 ·················· 0221
本草纲目拾遗十卷首一卷 ·················· 0242
本草纲目万方类编三十二卷 ·················· 0344
（增补）本草纲目五十二卷 ·················· 0246
本草纲目五十二卷首一卷图二卷 ·········· 0220
　　　　0221　0222
本草汇纂三卷 ·················· 0247
本草经解四卷附馀一卷 ·················· 0209
本草经解要 ·················· 0209
本草经三卷 ·················· 0962
本草经疏辑要八卷 ·················· 0212
本草经疏三十卷 ·················· 0206　0962
本草类要 ·················· 0893
本草蒙筌十二卷总论一卷 ·················· 0228
本草品汇精要四十二卷续集十卷 ·········· 0237
本草品汇精要校勘记 ·················· 0237
本草求真九卷 ·················· 0243
本草三家合注六卷 ·················· 0216
本草诗笺十卷 ·················· 0971
本草述钩元三十二卷 ·················· 0245
本草述三十二卷首一卷 ·················· 0233
本草通玄二卷 ·················· 0911
本草通玄四卷 ·················· 0231
本草通元 ·················· 0231
本草图谱 ·················· 0272
本草万方针线 ·················· 0221
本草万方针线八卷 ·················· 0310
本草问答二卷 ·················· 0961
本草衍义二十卷 ·················· 0495　0970
本草医方合编 ·················· 0912
本草原始合雷公炮制 ·················· 0230
本草原始十二卷 ·················· 0230
本草正二卷 ·················· 0907
本经便读四卷 ·················· 0217
本经逢原四卷 ·················· 0208
本经疏证十二卷 ·················· 0213　0214
本经序疏要八卷 ·················· 0214

本经续疏六卷 ·················· 0214
本事方释义十卷 ·················· 0290
本事方续集十卷 ·················· 0285
本说 ·················· 0219

bǐ

笔花医镜四卷 ·················· 0479

biǎn

扁鹊仓公列传补注三卷 ·················· 0855
扁鹊仓公列传割解二卷 ·················· 0856
扁鹊难经二卷 ·················· 0043
扁鹊心书三卷首一卷 ·················· 0415
扁鹊心书神方 ·················· 0415

biàn

便蒙杂症 ·················· 0865
便易经验集 ·················· 0343
辨脉平脉章句二卷 ·················· 0970
辨证录十四卷 ·················· 0448
辨证奇闻十卷 ·················· 0449
辨证奇闻十五卷 ·················· 0450
辨证入药镜 ·················· 0440
辨症玉函四卷 ·················· 0453
辩证集六卷 ·················· 0442

bīn

濒湖二十七脉歌 ·················· 0884
濒湖脉诀 ·················· 0042
濒湖脉学 ·················· 0165　0221

bīng

冰壑老人医案 ·················· 0757

bìng

病机沙篆二卷附寿世青编二卷 ·········· 0911
病症辨异四卷 ·················· 0965

bó

泊庐医案 ·················· 0822

博物新编 ……………………………………… 0412

bǔ

补图本草备要 ……………………………………… 0234
补增万氏女科三卷 ………………………………… 0568
补注瘟疫论四卷 …………………………………… 0508
补注洗冤录集证六卷 ……………………………… 0979

〔C〕

cāng

苍生司命八卷首一卷药性一卷 …………………… 0424

cáo

曹凤韶医话 ………………………………………… 0842

chǎn

产宝百问五卷总论一卷 …………………………… 0573
产宝诸方 …………………………………………… 0924
产后编二卷 ………………………………… 0549 0577
产后全集 …………………………………………… 0577
产鉴三卷 …………………………………………… 0575
产科心法二集 ……………………………………… 0592
产育宝庆集方二卷 ………………………………… 0924

chāng

昌邑黄先生医书八种 ……………………………… 0916

cháng

长沙方歌括六卷 … 0118 0946 0947 0948
　　　　0952 0954 0955
长沙集六卷 ………………………………………… 0255
长沙药解八卷 ……………………………………… 0943
长沙药解四卷 ……………………………… 0239 0916

cháo

(重刊)巢氏诸病源候总论五十卷 ……………… 0053

chè

彻剩八编内镜二卷 ………………………………… 0050

chén

陈氏小儿痘诊方论 ………………………………… 0932
陈氏医案二卷 ……………………………………… 0796
陈修园长沙方歌括 ………………………………… 0255
陈修园先生晚馀三书 ……………………………… 0920
陈修园医书 ………………………………………… 0945
陈修园医书二十三种 ……………………………… 0948
陈修园医书二十一种 ……………………………… 0947
陈修园医书合编 …………………………………… 0918
陈修园医书六种 …………………………………… 0944
陈修园医书七十种 ………………………………… 0953
陈修园医书全集四十八种 ………………………… 0954
陈修园医书三十二种 ……………………………… 0949
陈修园医书三十六种 ……………………………… 0950
陈修园医书十六种 ………………………………… 0946
陈修园医书四十八种 ……………………………… 0951
陈修园医书五十种 ………………………………… 0952
陈学三医案 ………………………………………… 0798

chéng

成方集验四卷 ……………………………………… 0378
成方切用十二卷首一卷末一卷 …………………… 0333
承氏医案三卷 ……………………………………… 0807
程茂先医案五卷 …………………………………… 0756
程氏易简方论六卷 ………………………………… 0314
程松崖先生眼科 …………………………………… 0700

chì

赤水玄珠三十卷 …………………………………… 0903
赤崖医案 …………………………………………… 0773

chóng

重校防疫刍言 ……………………………………… 0533
重刊引痘新书 ……………………………………… 0658
重楼玉钥 …………………………………………… 0716
重楼玉钥喉科指南 ………………………………… 0716
重庆堂随笔二卷 …………………………… 0847 0964
重修政和本草 ……………………………………… 0226

重修政和经史证类备用本草三十卷 …… 0226

chǔ

褚氏遗书 …………………………… 0824　0942

chù

处方学讲义 ……………………………… 0976

chuán

传家至宝 ………………………………… 0643
传悟灵济录二卷 ………………………… 0198
传信适用方四卷 ………………………… 0924
传信尤易方八卷 ………………………… 0299
传忠录三卷 ……………………………… 0907

chuàn

串雅内编四卷 …………………………… 0332

chuāng

疮疡经验全书 …………………………… 0671
疮疡经验全书十五卷 …………………… 0672

chūn

春湖医珍八种 …………………………… 0972
春温三字诀 ……………………………… 0956

chún

唇舌症候图 ……………………………… 0183

cí

慈恩玉历汇录 …………………………… 0891
慈航集四卷 ……………………………… 0971
慈惠小编三卷 …………………………… 0338
慈幼玄机二卷 …………………………… 0623

cǐ

此事难知二卷 …………………………… 0931

cì

刺灸心法要诀八卷 ……………………… 0914

cù

瘄论 ……………………………………… 0638

cuì

翠竹山房诊暇录稿二卷 ………………… 0816

cún

存存斋医话稿二卷 ……………………… 0835
存真环中图 ……………………………… 0054

〔D〕

dá

达病乌言 ………………………………… 0868
达生编 …………………………………… 0959
达生编二卷 …………… 0580　0585　0917
达生编四卷 ……………………………… 0597
达生篇 …………………………………… 0956

dà

大德重校圣济总录 ……………………… 0281
大观本草札记二卷 ……………………… 0495
大河外科二卷 …………………………… 0670
大生要旨五卷 …………………………… 0587

dān

丹桂良方二卷附手抄方一卷 …………… 0377
丹炉 ……………………………………… 0743
丹溪附馀三种 …………………………… 0901
丹溪秘藏幼科捷径全书 ………………… 0609
丹溪先生医著四种九卷 ………………… 0898
丹溪心法 ………………………………… 0902
丹溪心法附馀二十四卷首一卷 ………… 0426
丹溪心法附馀六种 ……………………… 0902
丹溪摘玄二十卷 ………………………… 0544

dàn

澹安医案 ………………………………… 0777

dāng

当归草堂医学丛书 ················ 0924

dǎo

导引图 ······················· 0747

dé

得宜本草 ····················· 0323

diān

滇南本草图说十二卷 ············· 0270

diào

吊脚痧证 ····················· 0919

diē

跌打验方 ····················· 0697

dīng

疔疮秘诀 ····················· 0400

dìng

订正金匮要略注八卷 ············· 0914
订正伤寒论著十七卷 ············· 0914

dōng

东皋草堂医案 ················· 0763
东医宝鉴二十三卷目录二卷 ········ 0878
东垣十书 ····················· 0931

dòng

洞主仙师白喉治法忌表抉微 ······· 0724

dòu

痘科 ························· 0655
痘科辩证二卷 ················· 0631
痘科集腋二卷 ················· 0487
痘学真传八卷 ················· 0635

痘疹宝筏六卷 ················· 0590
痘疹传心录 ··················· 0619
痘疹传心录十八卷 ············· 0942
痘疹活幼心法八卷末一卷 ········· 0624
痘疹活幼心法大全 ············· 0624
痘疹活幼至宝 ················· 0624
痘疹集验 ····················· 0651
痘疹捷要二卷 ················· 0648
痘疹金镜录四卷 ··············· 0615
痘疹金镜录真本三卷 ··········· 0616
痘疹精详十卷 ················· 0646
（闻人氏）痘疹论三卷 ··········· 0611
痘疹全集十五卷 ··············· 0934
痘疹诠四卷 ··················· 0907
痘疹遂生编 ··················· 0644
痘疹心法要诀六卷 ············· 0914
痘疹玄珠 ····················· 0659
痘疹玉髓金镜录 ··············· 0617
痘疹折衷二卷 ················· 0627
痘疹真传奇书 ················· 0620
痘症集验 ····················· 0581
窦氏外科全书 ················· 0672
窦太师外科全书六卷 ··········· 0671

dú

读素问钞九卷 ················· 0025

dūn

敦煌遗书医学集锦 ············· 0897

dùn

遯园医案二卷附录一卷 ·········· 0812

duó

夺锦琐言 ····················· 0863

〔**E**〕

ér

儿科辑要四卷 ················· 0662

儿科醒十二卷 ·················· 0647

儿科诊断学 ·················· 0665

ěr

尔雅翼三十卷 ·················· 0224

èr

二如亭群芳谱二十八卷首一卷 ·········· 0271

〔F〕

fǎ

法古录 ······················ 0244

法尤堂医案 ·················· 0869

fàn

范氏锦囊秘录痘疹全集 ············ 0666

fāng

方案 ······················ 0823

方纪 ······················ 0906

方脉举要三卷 ·················· 0418

方脉权衡 ···················· 0477

方以类聚五十卷 ················ 0312

方症会要四卷 ·················· 0463

fèi

费氏全集四种 ·················· 0957

fēng

风劳鼓病论三卷 ················ 0967

féng

冯氏锦囊秘传痘疹全集二卷 ·········· 0633

冯氏锦囊秘录八种 ·············· 0934

fú

扶寿精方三卷 ·················· 0732

福泉山房医案 ·················· 0777

福幼编 ·············· 0597 0959

鲟溪陆氏医述 ·················· 0965

鲟溪内服单方选二卷 ·············· 0965

鲟溪医述十五种 ················ 0965

fù

妇科冰鉴八卷 ·················· 0972

妇科大略 ···················· 0967

妇科辑要 ···················· 0915

妇科精蕴五卷 ·················· 0604

妇科万方汇集 ·················· 0400

妇科心法要诀六卷 ·············· 0914

妇科学讲义 ·················· 0974

妇科玉尺六卷 ·········· 0590 0941

妇科约囊万金方二卷 ·············· 0569

妇科杂症 ···················· 0956

妇科正宗 ···················· 0600

妇科宗主四卷 ·················· 0600

妇人大全良方 ·················· 0564

妇人规二卷 ·················· 0907

妇人规古方一卷 ················ 0907

妇人良方二十四卷 ·············· 0564

妇婴三书 ···················· 0590

妇婴新编 ···················· 0412

妇婴新说 ···················· 0601

妇婴至宝五种八卷 ·············· 0597

附用良方 ···················· 0394

傅青主男科二卷 ·········· 0548 0549

傅青主女科二卷 ················ 0549

傅征君全集 ·················· 0549

〔G〕

gǎi

改良达生编 ·········· 0580 0581

改良经验良方二卷 ·············· 0395

改良外科图说 ·················· 0688

改良眼科百问 ·················· 0707

改正内景五脏六腑经络图说 ·········· 0884

gǎn

感应一草亭书 ·················· 0706

感症宝筏 ·················· 0113

感症宝筏四卷 ·············· 0112

感症集腋二卷 ·············· 0520

感症辑要四卷 ·············· 0966

橄榄治痢奇验方 ············ 0527

斝山草堂医案 ·············· 0776

gāo

高氏医案 ·················· 0775

gē

割证全书七卷 ·············· 0689

gé

格言汇纂二卷 ·············· 0936

格致余论 ········ 0825　0898　0931

gōng

公选良方三卷 ·············· 0337

公余医录六种 ·············· 0944

公馀十六种 ················ 0955

gǔ

古本难经阐注二卷 ······ 0044　0970

古本医学丛书二集 ·········· 0970

古方八阵二卷 ·············· 0907

（增注）古方新解八卷 ········ 0335

古方选注四卷 ·············· 0324

古今录验养生必用方三卷 ······ 0730

古今名医汇粹八卷 ·········· 0882

古今名医万方类编 ·········· 0344

古今图书集成医部全录 ········ 0886

古今医案按十卷 ············ 0772

古今医案按选四卷 ·········· 0789

古今医统大全一百卷 ·········· 0873

古今医学捷要六书六卷 ········ 0972

古医经论 ·················· 0022

gù

顾干臣医案 ················ 0850

顾氏医案三卷 ·············· 0802

顾氏医镜六种 ·············· 0936

顾晓澜先生医案 ············ 0779

guān

关格考 ···················· 0553

观泉医案 ·················· 0846

guǎn

管窥附馀 ·················· 0155

guǎng

广陵医案 ·················· 0794

广陵医籍丛刊八种 ·········· 0971

guó

（校正）国药丸散膏丹古方汇编四卷 ······ 0402

国医讲义六种 ·············· 0974

〔H〕

hán

涵秋堂纂集经验秘方六卷 ············· 0329

韩氏医通二卷 ·············· 0942

寒温条辨 ·················· 0110

hé

合镌增补士材三书 ·········· 0911

何鸿舫先生手书方笺 ········ 0793

何氏八百年医学 ············ 0870

何氏心传 ·················· 0550

何氏虚劳心传 ·············· 0550

何元长先生医案 ············ 0777

hè

鹤圃堂治验病译 ············ 0762

hóng

鸿飞集论眼科 ·············· 0702

hóu

喉科 ……………………… 0714　0715
喉科杓指四卷 …………………… 0971
喉科急证 ………………………… 0919
喉科秘旨 ………………… 0714　0715
喉科指南二卷 …………………… 0716
喉科指掌 ………………………… 0715
喉科指掌六卷 …………………… 0714
喉痧正的 ………………………… 0956
喉痧症治概要 …………………… 0815
喉症神效方 ……………………… 0724
喉症指南四卷 …………………… 0722
喉症治法忌表抉微 ……………… 0724

hòu

厚德堂集验方萃编四卷首一卷 ……… 0373

hú

胡庆余堂丸散膏丹全集 ………… 0380
胡慎柔先生五书要语 …………… 0935
壶春丹方医案 …………………… 0791
壶中药方便 ……………………… 0349
壶中医相论 ……………………… 0349

hù

护病要术 ………………………… 0741

huā

花柳下疳方 ……………………… 0400

huán

环溪草堂医案三卷 ……………… 0801

huáng

黄帝八十一难经疏证 …………… 0046
黄帝内经节选 …………………… 0009
黄帝内经灵枢十二卷 …… 0003　0033
黄帝内经灵枢注证发微九卷 …… 0034

黄帝内经马张合注 ……………… 0013
黄帝内经明堂 …………………… 0190
黄帝内经素问 …………………… 0024
（重广补注）黄帝内经素问二十四卷 …… 0003
　　　0004
（补注）黄帝内经素问二十四卷 ……… 0023
黄帝内经素问集注九卷 ………… 0028
黄帝内经素问九卷 ……………… 0029
黄帝内经素问灵枢合编二十卷 … 0011
黄帝内经素问灵枢合注九卷 …… 0012
黄帝内经素问灵枢合纂十卷 …… 0013
黄帝内经素问灵枢经合类九卷 … 0007
黄帝内经素问灵枢十二卷 ……… 0001
黄帝内经素问吴注二十四卷 …… 0027
黄帝内经素问直解九卷 ………… 0030
黄帝内经素问注证发微九卷 …… 0026
黄帝素问灵枢合纂 ……………… 0015
黄帝素问灵枢经十二卷 ………… 0002
黄帝素问宣明论方十五卷 ……… 0899
黄帝虾蟆经 ……………………… 0194
黄帝针灸甲乙经 ………………… 0184
黄帝针灸虾蟆经 ………………… 0194
黄氏纪效新书二卷 ……………… 0783
黄氏医书八种 …………………… 0943

huí

回春丹 …………………………… 0602
回回药方三十六卷 ……………… 0291
回澜社影印医书四种 …………… 0969
回生集二卷 ……………………… 0341
洄溪脉学 ………………………… 0938
洄溪医案 ………… 0937　0938　0939
洄溪医案唐人法 ………………… 0819

huì

汇刊经验方 ……………………… 0343
汇刻经验良方 …………………… 0343
汇生集要三十四卷 ……………… 0355
惠直堂经验方四卷 ……………… 0316

huó

活法机要 …………………… 0901 0902
活命慈舟八卷 ……………………… 0376
活人慈航十七卷首一卷 …………… 0487
活人方汇编 ………………………… 0551
（新刊京本）活人心法 …………… 0872
活幼心法大全 ……………………… 0624
活幼心法大全六卷 ………………… 0625
活幼心书三卷 ………… 0495 0610

huò

或问 ………………………………… 0075
霍乱绞肠痧论 ……………… 0918 0925
霍乱论二卷 …… 0524 0952 0954 0964
霍乱转筋 …………………………… 0919

〔J〕

jī

鸡峰普济方三十卷 ……………… 0284
蹄园论治录 ………………………… 0867

jí

亟斋急应奇方 …………………… 0322
急救喉疹要法 ……………… 0918 0925
急救喉证要法 …………………… 0956
急救仙方六卷 …………………… 0924
急救应急验方 …………………… 0379
急救应验良方 ……………… 0351 0375
急性险疫证治 …………………… 0534
集验良方 ………………………… 0972
辑录神效单方二卷 ……………… 0238

jǐ

几希录一卷附方一卷 …………… 0343
济阳纲目一百八卷 ……………… 0439
济阴纲目十四卷 ………………… 0574

jì

纪氏望闻问切秘诀 ……………… 0157

济公方 …………………………… 0398
济生方八卷 ……………………… 0924
济生集六卷 ……………………… 0605
济世良方合编六卷附补遗四卷 … 0359
济世良方四卷 …………………… 0352
济世养生集 ……………………… 0343
继志堂医案二卷 ………………… 0801

jiā

加减灵秘十八方 ………………… 0942
家藏蒙筌十六卷 ………………… 0888
家传太素脉秘诀二卷 …………… 0166
家居医录八种 …………………… 0932
家用良方 ………………………… 0372

jiǎn

检验合参 ………………………… 0922
简易医诀四卷 …………………… 0490

jiǎng

蒋氏脉诀真传二卷 ……………… 0466

jiàng

绛雪园古方选注 ………………… 0323

jiāo

焦公喉科紫珍集 ………………… 0726
鹪鹩会约 ………………………… 0468

jiǎo

绞肠痧证 ………………………… 0919

jiào

校正伤寒论 ……………………… 0065
校正图注难经四卷 ……………… 0042

jiē

接骨入骱备方 …………………… 0387

jiě

解毒编 ……………………………… 0532

jīn

金疮铁扇方 ……………………………… 0683

金疮铁扇散方 ……………………………… 0794

金镜录 ……………………………… 0848

金匮方歌括六卷 … 0145　0946　0947　0948

　　　0949　0950　0952　0953　0954　0955

金匮钩玄 ……………………………… 0898

金匮钩玄三卷 …………… 0420　0902　0970

金匮讲义二卷 ……………………………… 0151

金匮脉证治歌 ……………………………… 0153

金匮述义三卷 ……………………………… 0960

金匮心典三卷 ……………………………… 0142

金匮悬解二十二卷 ……………………………… 0916

金匮悬解二十二卷首一卷末一卷 ……… 0943

(高注)金匮要略八卷 ……………………………… 0146

金匮要略阐义 ……………………………… 0149

金匮要略二卷 ……………………………… 0915

金匮要略二十四卷 ……………………………… 0138

金匮要略方论本义二十二卷 ……………………………… 0141

金匮要略方论三卷 ……………………………… 0137

金匮要略广注三卷 ……………………………… 0972

金匮要略辑义六卷 ……………………………… 0960

金匮要略讲义 ……………………………… 0150

金匮要略论注二十四卷 ……………………………… 0139

金匮要略浅注补正九卷 ……………………………… 0961

金匮要略浅注方论合编十卷 ……………………………… 0148

金匮要略浅注六卷 ……………………………… 0950

金匮要略浅注十卷 …………………… 0144　0946

　　0947　0948　0949　0951　0952　0953

　　0954　0955

金匮要略阙疑二卷 ……………………………… 0147

金匮要略五十家注二十四卷首一卷末一卷

　　　　　　　　　　　　　　　　……… 0152

金匮翼八卷 ……………………………… 0143

金匮玉函经二注二十二卷 ……………………………… 0140

金匮玉函要略方论 ……………………………… 0137

金匮玉函要略论注 ……………………………… 0141

jìn

晋唐名医方选十卷 ……………………………… 0923

jīng

经方应用 ……………………………… 0405

经络歌诀 ……………………………… 0884

经脉穴俞新考证二卷 ……………………………… 0193

经史证类大观本草三十一卷 ……………………………… 0495

经验广集良方 ……………………………… 0331

经验广集四卷 ……………………………… 0331

经验救急方 ……………………………… 0400

经验良方 ……………… 0340　0343　0404　0919

经验良方大全十卷 ……………………………… 0370

经验奇方 ……………………………… 0342

经验神效良方 ……………………………… 0371

经验太乙神针方 ……………………………… 0195

精校本草纲目五十二卷 ……………………………… 0232

jǐng

景岳全书六十四卷 ……………………………… 0907

景岳新方砭 ……………… 0946　0947　0949　0950

　　　0952　0953　0954

景岳新方砭四卷 … 0346　0944　0948　0955

儆曙斋医案举隅 ……………………………… 0770

jìng

痉书 ……………………………… 0075

敬信录经验方 ……………………………… 0343

敬修堂药说 ……………………………… 0348

敬修堂医源经旨八卷 ……………………………… 0827

静香楼医案二卷 ……………………………… 0801

jiù

救荒本草二卷附录一卷 ……………………………… 0205

救急选方二卷 ……………………………… 0406

救急易方 ……………………………… 0294

救疫全生篇二卷 …………………… 0529

jú

局方发挥 …………………… 0898　0931

jù

据证定名 …………………… 0965
据证分经 …………………… 0965

〔**K**〕

kāi

开卷有益 …………………… 0921

kàn

看病要诀 …………………… 0866

kǎo

考证注解伤寒论十卷 …………… 0074

kǒu

口齿类要 …………………… 0932

〔**L**〕

lài

赖氏新纂百毒解 …………………… 0354

lán

兰室秘藏三卷 …………… 0417　0931
兰台轨范八卷 ………… 0467　0937　0938
　0939　0940

lè

乐余老人医案 …………………… 0863

léi

（新刊）雷公炮制便览 …………… 0265
雷公炮制药性赋解六卷 …………… 0267
雷公炮制药性赋四卷 …………… 0266
雷公炮制药性解六卷 …… 0267　0268　0731

雷火针 …………………… 0195
雷氏丸散谱 …………………… 0390

lèi

类方准绳八卷 …………………… 0302
类经附翼四卷 …………………… 0006
类经三十二卷 …………… 0005　0006
类经图翼十一卷 …………………… 0006
类证活人书 …………………… 0551
类证普济本事方后集 …………… 0285
类证治裁 …………………… 0921
类证治裁八卷 …………………… 0480
类症增注伤寒百问歌四卷 ………… 0495

lǐ

李氏医案 …………………… 0785
李翁医记二卷 …………………… 0969
理论外治方要 …………………… 0930
理虚元鉴二卷 …………………… 0547
理瀹骈文二十一膏良方 …………… 0201
理瀹骈文摘要 …………………… 0201
理瀹外治方要 …………………… 0201

lì

疬疡机要三卷 …………………… 0932
痢证汇参十卷补遗一卷 …………… 0514
痢症大全四卷 …………………… 0513
痢症论 …………………… 0513

lián

莲斋医意－立斋案疏二卷 ………… 0753

liáng

良方集腋二卷附方一卷 …………… 0357
良方拣要 …………………… 0343
良朋汇集经验神方五卷 …………… 0320
良朋集腋合璧 …………………… 0358

liǎng

两都医案二卷 …………………… 0758

lín

林氏活人录汇编十四卷 …………… 0551
林氏家藏幼婴疹疬秘书 …………… 0664
林屋山人证治全生集 ……………… 0684
林屋山人证治全生集四卷 ………… 0683
临证汇集 …………………………… 0536
临证经验方 ………………………… 0360
临证演讲录 ………………………… 0967
（增补）临证指南医案十卷 ……… 0766

líng

灵兰社稿八卷 ……………………… 0849
灵寿丹方 …………………………… 0300
灵枢经九卷 ………………………… 0035
灵枢素问节要浅注十二卷 ………… 0018
灵枢悬解九卷 ……………………… 0036
灵枢注证发微九卷附补遗 ………… 0011
灵素节要浅注十二卷 …… 0946 0947 0952
          0954 0955
凌氏传授铜人指穴 ………………… 0192

liú

刘河间伤寒六书 …………………… 0900
刘河间伤寒三书二十卷 …………… 0899
刘河间医学六书 …………………… 0900
留云山馆诗抄二卷 ………………… 0957
留云山馆文抄 ……………………… 0957
流犯喉科药方二卷 ………………… 0723

liǔ

柳选四家医案三卷 ………………… 0801
柳洲医话良方 ……………………… 0964

liù

六经病解 …………………………… 0938
六科证治准绳 ……………………… 0436
六醴斋医书十种 …………………… 0942
六淫疠气证治异同辨二卷 ………… 0531

lú

颅囟经二卷 ………………………… 0924

lǔ

鲁峰医案三卷 ……………………… 0805

lǚ

履巉岩本草三卷 …………………… 0225

lǜ

律令馆校正洗冤录四卷 …………… 0978

〔M〕

má

麻科活人全书四卷 ………………… 0638
麻疹补论 …………………………… 0638
麻疹论 ……………………………… 0638

mǎ

马案 ………………………………… 0769
马氏庭训六卷 ……………………… 0972

mài

脉草经络五种会编八卷 …………… 0884
脉法的要 …………………………… 0908
脉法删繁 …………………………… 0936
脉法心参 …………………………… 0915
脉贯九卷 …………………………… 0170
脉荟二卷 …………………………… 0164
脉诀 ………………………………… 0931
脉诀汇辩十卷 ……………………… 0168
脉诀刊误二卷 ……………………… 0962
脉诀考证 …………………………… 0221
脉诀启悟注释 …………… 0937 0938
脉诀四言举要 ……………………… 0237
脉诀指掌 ………………… 0163 0902
脉诀纂要 …………………………… 0934
脉理会参二卷 ……………………… 0971

脉理求真三卷 ················· 0243

脉理宗经四卷 ················· 0173

脉如二卷 ····················· 0171

脉神章三卷 ··················· 0907

(新增)脉学本草医方全书十卷首一卷 ··· 0926

脉学发微四卷 ·········· 0174 0968

脉学发微五卷 ················· 0175

脉学辑要三卷 ·········· 0929 0960

脉因证治 ····················· 0898

脉因证治四卷 ················· 0962

脉症治三要六卷 ··············· 0491

méi

霉疮秘录二卷 ················· 0680

mèng

孟河丁氏医案八卷 ············· 0815

mì

秘方集录 ····················· 0401

miǎn

勉学堂针灸集成 ··············· 0189

míng

名方类证 ····················· 0292

(新编)名方类证医书大全二十四卷 ··· 0292

名医别论(残本) ·············· 0217

名医类案十二卷 ··············· 0771

明目神验方 ··················· 0701

明医要诀 ····················· 0478

明医杂著六卷 ·········· 0423 0933

(订补)明医指掌十卷 ··········· 0695

明医诸风疬疡全书指掌 ········· 0682

瞑眩疗 ······················· 0385

miào

缪氏医案 ····················· 0780

mò

墨宝斋集验方 ················· 0303

〔N〕

nán

南雅堂医书全集十六种 ········· 0955

南雅堂医书外集二十七种 ······· 0956

南阳活人书 ··················· 0068

南阳活人书二十三卷 ··········· 0067

nàn

难经本义二卷 ······· 0038 0933 0962

难经编正二卷 ················· 0047

难经集注五卷 ················· 0037

难经经释二卷 ······· 0937 0938 0939

　　　0940　0971

难经疏证二卷 ·········· 0046 0960

难经悬解二卷 ·········· 0045 0970

nèi

内功图编 ····················· 0748

内功图说 ····················· 0748

内翰良方 ····················· 0279

内翰良方十卷 ················· 0278

内经集注 ····················· 0008

内经精要六卷 ················· 0020

内经灵枢素问九卷 ············· 0014

内经难子音义 ················· 0958

内经评文灵枢十二卷 ··········· 0021

内经评文十二卷 ··············· 0021

内经评文素问二十四卷 ········· 0021

内经全集 ····················· 0938

内经诠释 ····················· 0937

内经运气表 ··················· 0958

内经运气病释九卷 ············· 0958

内经知要二卷 ················· 0010

内经纂要 ····················· 0686

内经纂要二卷 ················· 0934

内景图解 …………………………………… 0936
内科新论 …………………………………… 0412
内科新说二卷 ……………………………… 0554
内科新说三卷 ……………………………… 0555
内科学讲义 ………………………………… 0974
（薛立斋先生）内科医案摘要……………… 0540
内科杂症 …………………………………… 0557
内科摘要二卷 …………… 0541   0932   0933
内外伤辨惑论三卷 ………………………… 0931
内照法 ……………………………………… 0962
内症通用方外症通用方 …………………… 0399

ní

倪复初摘录医学笔记 ……………………… 0400

níng

宁坤秘笈三卷 ……………………………… 0593

niú

牛马经 ……………………………………… 0981
牛马经验良方 ……………………………… 0983

nòng

弄丸心法全集八卷 ………………………… 0465

nǔ

女科百问二卷 ……………………………… 0563
女科撮要二卷 …………………… 0567   0932
女科纲目二卷 ……………………………… 0487
女科辑要 …………………………………… 0589
女科辑要二卷 …………………… 0588   0964
女科济阴要语万全方二卷 ………………… 0562
女科精华三卷 ……………………………… 0966
女科精要三卷 ……………………………… 0934
女科秘旨八卷 ……………………………… 0970
女科切要 …………………………………… 0582
女科切要八卷 ……………………………… 0591
女科心法 …………………………………… 0579
女科要略 …………………………………… 0930

女科要旨四卷 …… 0598   0944   0946   0947
           0949   0952   0953   0954   0955
女科医案 …………………………………… 0938
女科医案选粹四卷 ……………… 0606   0966
女科证治约旨四卷 ………………………… 0966
女科指南 …………………………………… 0607
女科准绳五卷 ……………………………… 0436
女医杂言 …………………………………… 0566

nüè

疟疾论 ……………………………………… 0956

〔P〕

pí

皮肤新编 …………………………………… 0929
脾胃论三卷 ……………………… 0538   0931

píng

平治会萃 …………………………………… 0420
平治会萃三卷 ……………………………… 0933

pǔ

普济本事方十卷 …………………………… 0285
普济应验方八卷 …………………………… 0959
普救回生草二卷 …………………………… 0374

〔Q〕

qī

七大健康法三卷 …………………………… 0744

qí

齐氏医案崇正辨讹 ………………………… 0778
齐氏医案六卷 ……………………………… 0778
祁氏家传外科大罗二卷 …………………… 0460
奇经八脉 …………………………………… 0222
奇经八脉考 ………………………………… 0221
（集选）奇效简便良方四卷………………… 0381
奇效良方六十九卷 ………………………… 0293
奇效医述二卷 ……………………………… 0755

qiān

千金宝要六卷 ······················ 0282
千金方 ···························· 0273
千金方衍义三十卷 ·················· 0317
千金翼方三十卷 ···················· 0274
千金至宝 ·························· 0643

qián

前清御医陈莲舫医案秘抄 ············ 0814
钱氏小儿药证直诀三卷附方一卷 ······ 0608
潜邨医案二卷 ······················ 0765
潜斋简效方四卷 ···················· 0964
潜斋医书五种 ······················ 0963
潜斋医学丛书十四种 ················ 0964
潜斋遗书五种 ······················ 0963

qín

秦伯未著述 ························ 0974
秦景明先生医案 ···················· 0760
秦氏幼科折衷二卷 ·················· 0576

qīng

青囊集解六卷 ······················ 0356
青囊秘录四卷 ······················ 0745
青囊琐探二卷 ······················ 0845
（太医院增补）青囊药性赋直解三卷 ····· 0253
清代名医医案精华 ·················· 0818

qú

瞿仙活人心方 ······················ 0872

quán

全国名医验案类编十四卷 ············ 0817
全生指迷方四卷 ···················· 0283
全体阐微三卷 ······················ 0413
全体通考十八卷 ···················· 0410
全体新论 ····················· 0407   0412

qún

群经见智录三卷 ·········· 0004   0022   0967

〔**R**〕

rén

人镜经附录全书 ···················· 0056
人迎辨 ···························· 0553
仁端录摘要 ························ 0649
仁文书院集验方七卷 ················ 0305

rú

儒门事亲十五卷 ·········· 0416   0927
儒门医学三卷 ······················ 0492

ruì

瑞竹堂经验方五卷 ·················· 0924

〔**S**〕

sài

赛金丹二卷 ························ 0368

sān

（新刊）三丰张真人神速万应方四卷 ····· 0298
三家医案合刻 ······················ 0780
三家医案三卷 ······················ 0761
三品逸文考异 ······················ 0219
三吴医案二卷 ······················ 0903
三因方 ···························· 0287
三因极一病源论粹 ·················· 0287
三因极一病证方论十八卷 ············ 0287
三指禅三卷 ························ 0172

shā

沙胀全书 ·························· 0860
痧症辑要四卷 ······················ 0528
痧症全书三卷 ·············· 0362   0507

shān

山居济世方二卷 ……………… 0350

删补名医方论八卷 …………… 0914

删注脉诀规正二卷 …………… 0169

shàn

善成堂增订士材三书 ………… 0911

shāng

伤寒百证歌五卷 ……………… 0069

伤寒辨类二卷 ………………… 0124

伤寒辨证录 …………………… 0448

伤寒病总论六卷 ……………… 0495

伤寒补天石二卷 ……………… 0078

伤寒补亡论二十卷 …… 0495 0927

伤寒撮要四卷 ………… 0115 0970

伤寒大白四卷总论一卷 ……… 0097

伤寒大成五种 ………………… 0083

伤寒第一书四卷附馀二卷 …… 0109

伤寒典三卷 …………………… 0907

伤寒痘疹辨证合编四卷 ……… 0629

伤寒痘疹辩证 ………………… 0629

伤寒方轨纲领 ………………… 0130

伤寒方解二卷 ………………… 0120

伤寒附翼二卷 ………… 0088 0094

伤寒歌括六卷 ………………… 0254

伤寒古方通六卷 ……………… 0099

伤寒贯珠集八卷 ……………… 0098

伤寒广要十二卷 ……………… 0960

伤寒集验六卷 ………………… 0077

伤寒集注 ……………………… 0095

伤寒集注大成十卷 …………… 0105

伤寒纪玄妙用集十卷 ………… 0072

伤寒纪元 ……………………… 0072

伤寒家秘的本 ………………… 0073

伤寒兼症析义 ………… 0083 0084

伤寒锦囊二卷 ………………… 0125

伤寒来苏集八卷 ……………… 0094

伤寒类证活人书 ……………… 0067

伤寒类证活人书二十二卷 …… 0068

伤寒类证解惑四卷 …………… 0102

伤寒六经新解 ………………… 0136

伤寒六书六卷 ………………… 0073

伤寒论参注 …………………… 0108

伤寒论纲目九卷 ……………… 0087

伤寒论纲目十六卷 …………… 0941

伤寒论后条辨 ………………… 0086

伤寒论集注六卷 ……………… 0092

伤寒论辑义按六卷 …………… 0134

伤寒论辑义按四卷 …………… 0133

伤寒论辑义七卷 ……… 0116 0960

伤寒论今释八卷 ……………… 0135

伤寒论类方 …… 0104 0938 0939 0940

伤寒论类方四卷 ……………… 0930

伤寒论浅注补正七卷 … 0126 0961

伤寒论浅注六卷 … 0114 0946 0947 0952
　　0954　0955

伤寒论三注十六卷 …………… 0090

伤寒论尚论篇辨似 …………… 0122

伤寒论十卷 …………………… 0065

伤寒论识六卷 ………………… 0128

伤寒论述义五卷 ……………… 0960

伤寒论四卷 …………………… 0495

伤寒论条辨八卷 ……………… 0075

伤寒论研究四卷 ……………… 0132

伤寒论阳明病释四卷 ………… 0958

伤寒论翼二卷 ………… 0089 0094

伤寒论章句四卷 ……………… 0120

伤寒论直解六卷 ……………… 0096

伤寒论注来苏集 ……………… 0094

伤寒论注四卷 ………… 0094 0915

伤寒明理续论 ………………… 0073

伤寒谱八卷 …………………… 0111

伤寒钤法 ……………………… 0933

伤寒三字经 …………………… 0131

伤寒杀车槌法 ………………… 0073

伤寒舌鉴 ……………………… 0083

伤寒舌诊 ················· 0956

伤寒神秘精粹录 ············· 0123

伤寒审症表 ··············· 0121

伤寒十六证类方二卷 ··········· 0893

伤寒述微三卷 ·············· 0079

伤寒说意十卷 ·············· 0916

伤寒说意十卷首一卷 ··········· 0943

伤寒琐言 ················· 0073

伤寒瘟疫条辨六卷 ············ 0110

伤寒心法要诀 ·············· 0914

伤寒绪论二卷 ·············· 0083

伤寒绪论三卷 ·············· 0085

伤寒悬解十六卷 ············· 0943

伤寒悬解十四卷 ············· 0916

伤寒悬解十四卷首一卷末一卷 ····· 0103

伤寒寻源三卷 ········ 0119　0970

伤寒一提金 ··············· 0073

伤寒医诀串解六卷 ······· 0129　0920　0946

　　　0947　0952　0954　0955　0955

伤寒易简三卷 ·············· 0107

伤寒源流全集六卷 ············ 0093

伤寒约编六卷 ········· 0937　0938

伤寒杂症抄本 ·············· 0062

伤寒真方歌括六卷 ······· 0117　0920　0947

　　　0948　0955

伤寒正医录十卷 ············· 0101

伤寒正宗八卷 ·············· 0091

伤寒证辨 ················· 0893

伤寒证脉药截江网 ············ 0073

伤寒指掌 ················· 0112

伤寒指掌四卷 ·············· 0113

伤寒准绳八卷 ········· 0076　0436

伤寒总病论六卷 ············· 0066

伤寒缵论二卷 ········· 0082　0083

伤科补要四卷 ·············· 0696

shàng

尚论后篇四卷 ·············· 0081

尚论篇四卷尚论后篇四卷 ········ 0910

尚论篇四卷首一卷 ············ 0080

尚论张仲景春三月温症 ········· 0505

尚论张仲景伤寒论重编三百九十七法 ····· 0080

　　　0081

尚氏伤寒纪选 ·············· 0072

尚友堂医案二卷 ············· 0784

shé

舌鉴辨正二卷 ·············· 0180

舌鉴十三方 ··············· 0178

舌鉴总论 ················· 0938

舌谱 ··················· 0182

舌色变 ·················· 0480

舌图辨证 ················· 0179

舌象图 ·················· 0181

shè

摄生众妙方十一卷 ············ 0296

shén

神农本草 ················· 0219

神农本草经百种录 ······· 0210　0216　0937

　　　0938　0939　0940

神农本草经读四卷 ······· 0944　0946　0947

　　　0948　0949　0950　0952　0953　0954

神农本草经合注 ············· 0216

神农本草经四卷 ············· 0215

神农本草经注论二卷 ··········· 0218

神农古本草经三卷 ············ 0219

神效集 ·················· 0351

shěn

沈菊人方案目录 ············· 0790

沈菊人医案 ··············· 0790

沈君医案 ················· 0790

沈氏女科辑要 ·············· 0588

沈氏女科辑要笺证二卷 ········· 0589

沈氏尊生书五种 ············· 0941

沈虚明先生痘疹全集三卷 ········ 0656

审视瑶函 ································· 0705
审视瑶函六卷首一卷 ··············· 0704

shèn

慎疾刍言 ··· 0937　0938　0939　0964　0969
慎柔五书五卷 ······················· 0546

shēng

生理新语四卷 ······················· 0968
生理学讲义 ·························· 0974
生生子医案三卷 ···················· 0754

shèng

圣济总录二百卷 ···················· 0281
圣散子方 ···························· 0280
圣余医案诠解四卷 ·················· 0803

shí

十二经穴病候撮要 ·················· 0967
十三科选注 ·························· 0324
十四经发挥三卷 ···················· 0933
十药神方注解一卷 ·················· 0955
十药神书 ···························· 0942
十药神书附霍乱吐泻方论 ············ 0930
十药神书注解 ····· 0552　0920　0946　0947
　　　　0952　0954
石山医案三卷附录一卷 ·············· 0752
石室秘录六卷 ······················· 0451
时病论八卷 ·························· 0525
时方歌括二卷 ····· 0345　0944　0946　0947
　　　　0948　0955
时方歌括四卷 ······················· 0950
时方妙用四卷 ····· 0347　0944　0946　0947
　　　　0949　0950　0952　0953　0954　0955
时疫白喉痧疹验方 ·················· 0728
时疫白喉捷要 ······················· 0959
时疫证治 ···························· 0919
食品集二卷附录一卷 ················ 0261
食物本草二十二卷 ·················· 0262

食物本草会纂十二卷 ················ 0263
食物本草四卷 ······················· 0260
食物本草图十卷 ···················· 0263

shì

士材三书 ···························· 0911
士林余业医学全书六卷 ·············· 0434
世补斋不谢方 ······················· 0958
世补斋医书前集六种三十三卷 ········ 0958
世济堂医案 ·························· 0777
是乃仁术医方集 ···················· 0325
释名病释 ···························· 0502
释名疏证 ···························· 0048

shǒu

手抄医书 ···························· 0928

shòu

寿世保元十卷 ······················· 0437
寿世编二卷 ·························· 0469
寿世汇编五种 ······················· 0959
寿世良方八卷 ······················· 0318
寿世秘典十八卷 ···················· 0736
寿世内镜图说八卷 ·················· 0057
寿世内镜图说附录二卷 ·············· 0057
寿世内镜图说续录二卷 ·············· 0057

shù

述古斋幼科新书六卷 ················ 0653

sì

四部总录医药编 ···················· 0858
四大家论 ···························· 0921
四科简效方四卷 ···················· 0964
四圣灵枢五卷 ······················· 0916
四圣心源十卷 ········ 0051　0916　0943
四圣悬枢五卷 ················ 0462　0943
四时病机十四卷 ···················· 0521
四时诊规 ···························· 0160

四言药性 …………………………… 0258
四诊抉微八卷 ……………………… 0155
四诊脉诀 …………………………… 0487
四诊心法要诀 ……………………… 0914
四诊要诀 …………………………… 0893
饲鹤亭集方 ………………………… 0388

sōng

松峰说疫六卷 ……………………… 0516
松崖眼科 …………………………… 0700
嵩厓尊生全书十五卷 ……………… 0885

sòng

宋本伤寒论 ………………………… 0065

sū

苏沈良方八卷 ……………………… 0279
苏沈内翰良方 ……………………… 0279
苏沈内翰良方十卷 ………………… 0942

sù

素灵微蕴四卷 ………… 0016　0916　0943
素灵摘要二卷 ……………………… 0936
素问病机气宜保命集三卷 ………… 0899
素问灵枢类纂约注三卷 …………… 0015
素问识八卷 ………………… 0032　0960
素问痿论释难 ……………………… 0560
素问悬解十三卷 …………………… 0031
素问遗篇 …………………………… 0003
素问注证发微九卷 ………………… 0011
素仙简要四卷 ……………………… 0890

suí

随息居饮食谱 ……………………… 0264
随息居饮食谱八卷 ………………… 0963
随息居重订霍乱论四卷 …………… 0963

suì

遂生编 ……………………… 0644　0959

遂生编痘科治法 …………………… 0597
遂生福幼合编 ……………………… 0643

sūn

孙真人备急千金要方 ……………… 0275

〔T〕

tāi

胎产大法二卷 ……………………… 0599
胎产集要三卷 ……………………… 0585
胎产辑要 …………………… 0580　0581
胎产秘书三卷 ……………………… 0565
胎产心法三卷 ……………………… 0583

tài

太平惠民合剂局方十卷 …………… 0286
太素脉要 …………………………… 0167
太医局诸科程文九卷 ……………… 0924
太医院经验奇效良方大全 ………… 0293
太医院纂集医教立命元龟七卷 …… 0904
太乙离火感应神针 ………………… 0196
太乙神针 …………………… 0794　0195
太乙神针方 ………………………… 0195
太乙神针古方 ……………………… 0195
太乙神针集解 ……………………… 0197
太乙仙制本草药性大全八卷 ……… 0229
太乙针方 …………………………… 0195

tāng

汤散征奇 …………………………… 0908
汤头歌诀 …………………… 0315　0400
汤头歌括 …………………………… 0236
汤液本草三卷 ……………… 0227　0931

tiān

天花精言六卷 ……………………… 0641

tiě

铁樵杂著 …………………………… 0967

tóng

全氏家藏幼科指南四卷 ·············· 0642
同仁堂药目 ······················ 0319
同寿录四卷尾一卷 ·················· 0334
铜人腧穴针灸图经三卷 ·············· 0190
铜人腧穴针灸图经三卷(存上卷) ······· 0191
铜人徐氏针灸合刻 ·················· 0191

tú

图书集成医部全录 ·················· 0886
图像牛经大全 ···················· 0982
图注八十一难经辨真四卷 ············· 0039
图注八十一难经四卷 ················ 0040
图注脉诀辨真四卷附方一卷 ··········· 0041
图注王叔和脉诀 ··················· 0041
图注王叔和脉诀琼璜 ················ 0041

tuī

推拿保幼录 ······················ 0630
推拿广意 ························ 0630
推拿摘要辩证指南 ·················· 0597

tuì

退思庐医书四种 ··················· 0966
退思轩验方 ······················ 0389

〔W〕

wài

外候答问十二卷 ············ 0896 0965
外科备要 ························ 0691
外科大成四卷 ···················· 0681
外科集验方二卷 ··················· 0669
外科金镜录 ······················ 0933
外科经效秘方 ···················· 0692
外科经验精要方 ··················· 0673
外科精要一卷 ···················· 0934
外科精义二卷 ···················· 0668
外科临证指南医案 ··········· 0690 0786

外科奇方 ························ 0694
外科钤二卷 ······················ 0907
外科统治秘方 ···················· 0391
外科图说四卷 ···················· 0688
外科微义 ························ 0676
外科心法要诀 ···················· 0685
外科心法要诀十六卷 ················ 0914
外科要诀二卷 ···················· 0487
外科医案汇编 ···················· 0786
外科医案汇编四卷 ················· 0690
(徐评)外科正宗十二卷 ·············· 0677
(重订)外科正宗十二卷 ·············· 0678
外科正宗十二卷附录一卷 ············· 0675
外科正宗四卷 ···················· 0676
外科证治方药备要 ················· 0691
外科证治全生集 ··········· 0400 0683
外科证治全生集四卷 ········· 0684 0930
外科证治全书五卷末一卷 ············· 0687
外科证治准绳 ···················· 0674
外科准绳六卷 ············ 0436 0674
外台秘要四十卷 ··················· 0276
外因贯串二卷 ···················· 0487
外证医案汇编四卷 ················· 0786

wán

丸散膏丹自制法 ··················· 0269

wàn

万病回春八卷 ···················· 0430
万承志堂丸散膏丹全集 ·············· 0382
万方针线 ························ 0222
万国药方八卷 ···················· 0411
万氏妇科三卷 ···················· 0570
万氏妇人科 ······················ 0568
万氏家传妇人秘科 ················· 0568
万氏秘传幼科片玉二卷 ·············· 0493
万氏医贯三卷 ···················· 0428

wáng

王翰林集注黄帝八十一难经 ··········· 0037

王肯堂公笔尘医说 …………………… 0838

王氏脉诊十卷 ……………………… 0161

王氏医案二卷 ……………………… 0963

王氏医案续编八卷 ………………… 0963

王氏医宗家学渊源 ………………… 0887

王叔和脉经十卷 …………………… 0962

王叔和图注难经脉诀四卷 ………… 0162

wàng

望色启微三卷 ……………………… 0176

wěi

莳园医学六种 ……………………… 0930

wèi

卫济宝书二卷 ………… 0667 0924

卫生宝鉴二十四卷附补遗一卷 …… 0419

卫生编三卷 …………… 0326 0327

卫生便览 …………………………… 0479

卫生学问答二卷 …………………… 0740

卫生要术 …………………………… 0749

卫生针灸玄机秘要 ………………… 0187

wēn

温病坏症 …………………………… 0110

温病明理四卷 ……………………… 0968

温病明理五卷 ……………………… 0535

温病汤头歌括 ……………………… 0530

温病条辨歌括 ……………………… 0518

温病条辨六卷首一卷 ……………… 0517

温病择录 …………………………… 0537

温热经纬五卷 ………… 0523 0963

温热论一卷 ………………………… 0337

温热暑疫全书四卷 ………………… 0506

温热条辨 …………………………… 0956

温热赘言 ……………… 0522 0956

瘟疫补注论 ………………………… 0508

瘟疫发源 …………………………… 0510

瘟疫论补注 ………………………… 0508

瘟疫论补注二卷 …………………… 0509

瘟疫论二卷 ………………………… 0504

瘟疫明辨四卷附诸方一卷 ………… 0512

瘟疫明辨主治方法 ………………… 0529

瘟疫三方 …………………………… 0959

瘟疫条辨摘要 ……………………… 0519

wèn

问斋医案五卷 ……………………… 0787

wú

吴鞠通医案四卷 …………………… 0781

吴门治验录四卷 …………………… 0779

吴氏家抄济世良方 ………………… 0875

吴氏医方类编 ……………………… 0328

吴医汇讲十一卷 …………………… 0844

wǔ

五运六气 …………………………… 0650

五种经验方 ………………………… 0369

武昌医馆丛书 ……………………… 0495

武林陈氏家传仙方佛法灵寿丹 ………… 0300

wù

勿药单方四卷 ……………………… 0397

勿药玄诠 …………………………… 0737

婺源余先生医案 …………………… 0788

〔X〕

xī

西药略释四卷 ……………………… 0864

西医略论 …………………………… 0412

西医略论三卷 ……………………… 0408

西医内科全书六卷 ………………… 0409

西医五种 …………………………… 0412

希韶阁验方候鲭 …………………… 0400

奚可阶方案 ………………………… 0808

晰微补化二卷 ……………………… 0860

xí

习医随录 ················· 0851

xǐ

洗冤录拾遗二卷 ············· 0980
洗冤录详义四卷 ············· 0980

xià

夏氏小儿良方 ·············· 0613

xiān

仙传白喉秘方 ·············· 0725
仙传痘疹奇书三卷 ··········· 0620
仙拈集 ·················· 0331

xiāng

香岩诊案 ················· 0767

xiàng

橡村治验小儿诸热辨合刻 ········ 0470

xiāo

萧山竹林寺妇科秘传 ·········· 0594
霄鹏先生遗著 ·············· 0496

xiǎo

小儿科 ·················· 0400
小儿推拿广意三卷 ······· 0630 0657
小儿药证直诀 ·············· 0608
小儿则二卷 ··············· 0907
小儿则古方 ··············· 0907

xīn

心印绀珠经二卷 ············· 0871
新安医案 ················· 0773
新编备急管见大全良方 ········· 0277
新定达生编 ··············· 0581
新都医案二卷 ·············· 0903

新方八略 ················· 0907

新方八略引 ··············· 0392
新方八阵 ················· 0907
新方八阵二卷 ·············· 0306
新国医讲义教材 ············· 0977
新集良方 ················· 0343
新镌增补详注本草备要 ········· 0235
新刊补注铜人腧穴针灸图经五卷 ···· 0202
新修本草残本十卷 ··········· 0204
新增屡效方 ··············· 0330
新增时病论八卷 ············· 0526
新增图考本草原始 ··········· 0230

xìng

杏林余兴 ················· 0019
杏轩医案 ················· 0846
杏苑生春八卷 ········· 0876 0877
性原广嗣六卷 ·············· 0578

xiū

修摄法二十五条 ············· 0742
修园七种合刊 ·············· 0919
修园新案(霍乱转筋) ·········· 0925
修园医案 ················· 0918

xū

胥山老人王琢崖纂辑医书十二种 ······· 0917

xú

徐灵胎十二种全集 ··········· 0937
徐灵胎医学全书十六种 ········· 0938
徐氏活幼心法六卷 ··········· 0654
徐氏四世医案合编 ··········· 0804
徐氏医书八种 ·············· 0939
徐氏医书六种 ·············· 0940
徐氏医学十六种 ············· 0938
徐氏针灸大全六卷 ··········· 0186
徐氏针灸大全六卷(缺卷一) ······· 0191

xù

续貂集二卷 ································· 0774
续刊经验方 ································· 0343
续刻临证指南温热论四卷 ··········· 0511
续名医类案三十六卷 ··················· 0771
续伤寒补天石二卷 ····················· 0078
续增胎产心法 ···························· 0600

xuán

玄机活法 ································· 0336
悬袖便方四卷 ···························· 0307

xuē

薛立斋医案全集 ························· 0933
薛生白医案 ······························ 0809
薛氏医按二十四种 ····················· 0933
薛氏医案 ································· 0780
薛院判医案二十四种 ··················· 0933
薛院判医书二十四种 ··················· 0933

xuě

雪蕉轩医案十卷 ························· 0795

xuè

血证论八卷 ······························ 0961

〔Y〕

yān

咽喉脉证通论 ······ 0713　0918　0925　0956
咽喉秘集二卷 ···························· 0362

yán

延生宝鉴 ································· 0742
延寿神方 ································· 0731
言医 ······································· 0964

yǎn

眼科 ······································· 0711

眼科百问二卷 ···························· 0707
眼科阐微四卷 ···························· 0709
眼科大全 ································· 0704
眼科大全六卷首一卷 ··················· 0705
眼科捷径 ································· 0956
眼科良方 ································· 0700
眼科秘传 ································· 0707
眼科启蒙四卷 ···························· 0710
眼科启明二卷 ···························· 0712
眼科心法要诀二卷 ····················· 0914
眼科选方二卷 ···························· 0487
（程松崖先生）眼科应验良方 ········· 0700
眼科自疗问答 ···························· 0707

yàn

（增辑）验方新编 ····················· 0366
（校正增广）验方新编十八卷 ········· 0363
（选录）验方新编十八卷 ·············· 0364
（新辑）验方新编十八卷 ·············· 0365
（重订）验方新编十八卷 ·············· 0366
（校正增广）验方新编二十四卷 ······ 0367
验方新编十六卷 ··············· 0361　0362
（梅氏）验方新编十七卷 ·············· 0403

yáng

疡科纲要二卷 ···························· 0693
疡科选粹八卷 ···························· 0679
疡医大全四十卷 ························· 0686
疡医准绳 ································· 0674

yǎng

养病庸言 ································· 0738
养生君主论 ······························ 0735
养生类要二卷 ···························· 0972
养生医药浅说八卷 ····················· 0746
养生至论 ································· 0343
养性延命录二卷 ························· 0729

yào

药盦医案全集八卷 ····················· 0821

药盦医学丛书二十五种 ………… 0967
药按 ……………………………… 0934
药赋新编 ………………………… 0259
药物学讲义 ……………………… 0974
药性歌括 ………………………… 0252
药性蒙求 ………………………… 0256
药性诗括 ………………………… 0558
药性通考八卷 …………………… 0238
药性新赋 ………………………… 0257
药性纂要歌 ……………………… 0223
药要便蒙新编二卷 ……………… 0257
药徵全书 ………………………… 0414
药治通义十二卷 ………………… 0960
药准 ……………………………… 0906
要药分剂补正 …………………… 0248
要药分剂十卷 …………………… 0941
要药选 …………………………… 0965

yè

叶氏女科证治四卷 ……………… 0584
叶氏医案 ………………… 0768 0780
叶氏医案存真三卷 ……………… 0769
叶氏医效秘传三卷 ……………… 0764
叶氏增批温病条辨六卷 ………… 0518
叶天士家传秘诀 ………………… 0969
叶天士女科医案 ………………… 0813
叶天士先生辨舌广验 …………… 0177
（增补）叶天士医案四卷 ………… 0810
（增补重编）叶天士医案四卷 …… 0811
叶选医衡二卷 …………………… 0841

yī

一草亭目科全集 ………………… 0706
一草亭眼科全书四卷 …………… 0706
一壶天三卷 ……………………… 0586
伊尹汤液经六卷首一卷末一卷附录一卷
……………………………… 0064
医案 ……………………………… 0797
医案稿本 ………………………… 0799

医案五卷 ………………………… 0903
医案选 …………………………… 0965
医便五卷 ………………………… 0297
医醇賸义四卷 …………… 0556 0957
医灯集焰二卷 …………………… 0483
医法心传 ………………………… 0836
医法圆通四卷 …………………… 0834
医方辨难大成三集二百六卷首一卷 …… 0481
医方集解三卷 …………… 0313 0912
医方集宜十卷 …………………… 0427
医方捷径二卷 …………………… 0443
医方捷径四卷 …………………… 0915
医方捷径指南全书四卷 ………… 0435
医方考绳愆六卷 ………………… 0309
医方论四卷 ……………………… 0957
医方全书（医方集解）六卷 …… 0926
医方诗要四卷 …………………… 0386
医方汤头歌诀 …………………… 0884
医方小品 ………………………… 0311
医方选 …………………………… 0965
医方选要十卷 …………………… 0295
医方一盘珠全集十卷 …………… 0461
医方易简新编六卷 ……………… 0372
医方择要二卷 …………………… 0353
医贯砭二卷 ………… 0831 0937 0938
　　　　　0939　0940
医贯六卷 ………………………… 0828
医衡病论 ………………………… 0830
医衡四卷 ………………………… 0830
医家赤帜益辨全书十二卷 ……… 0433
医家非说目录 …………………… 0883
医家秘奥笔谈 …………………… 0935
医家秘奥五种 …………………… 0935
医家四要四卷 …………………… 0489
医家心法 ………………………… 0917
医经溯洄集 ……………… 0826 0931
医经小学六卷 …………………… 0971
医经余论 ………………………… 0019
医经原旨六卷 …………………… 0017

医镜 …………………………… 0906
医镜删补 …………………………… 0457
医理略述二卷 …………………… 0839
医理元枢十二卷附馀一卷 ……… 0915
医林改错二卷 …………………… 0058
医林口谱六治秘书 ……………… 0456
医林一致脉诀五卷 ……………… 0972
医林杂咏 …………………………… 0019
医林正印十卷 …………………… 0879
医林正宗八卷 …………………… 0425
医林指月十四种（原题十二种）0917
医林纂要探源十卷 ……………… 0464
医略论列方 ……………………… 0553
医略十三卷 ……………………… 0553
医略十三篇 ……………………… 0553
医略正误概论二卷 ……………… 0542
医论 ………………………………… 0837
医论选 ……………………………… 0965
医门补要三卷 …………… 0488 0970
医门法律六卷 …………… 0444 0910
医圣阶梯十卷 …………………… 0429
医事蒙求 ………………………… 0501
医事启源 ………………………… 0969
医书大全 ………………………… 0292
医四书 …………………………… 0906
医效秘传三卷 …………………… 0100
医学辨害十二卷 ………………… 0883
医学传珍 ………………………… 0889
医学从众录八卷 … 0475 0946 0947 0949
　　　0950 0951 0952 0953 0954 0955
医学答问四卷 …………………… 0840
医学发明 ………………… 0901 0902
医学汇参六卷 …………………… 0484
医学集成四卷 …………………… 0892
医学集要 ………………………… 0446
医学见能四卷 …………………… 0498
医学讲义 ………………… 0854 0975
医学金针八卷 …………… 0485 0930
医学津梁六卷 …………………… 0457

医学经略十卷 …………………… 0905
医学考辨十二卷 ………………… 0861
医学考辨摘要 …………………… 0862
医学脉诀真传 …………………… 0466
医学门径语 ……………………… 0499
医学秘奥 ………………………… 0441
医学南针 ………………………… 0497
医学求是二卷 …………………… 0792
医学入门 ………………………… 0895
医学入门七卷首一卷 …………… 0874
医学三字经四卷 … 0472 0944 0946 0947
　　　0949 0950 0952 0953 0954 0955
医学十书 ………………………… 0931
医学实在易八卷 … 0473 0946 0947 0949
　　　0950 0952 0953 0954 0955
医学通灵四卷 …………………… 0500
医学心传·历年医案 …………… 0486
医学心悟五卷 …………………… 0458
医学一贯 ………………………… 0971
医学引縠 ………………………… 0421
医学源流论二卷 … 0937 0938 0939 0940
医学摘萃五种 …………………… 0893
医学真传 ………………………… 0917
医学指规二卷 …………………… 0971
医学指南 ………………………… 0892
医学纂要六卷 …………………… 0459
医药镜四卷 ……………………… 0909
医易经传会通 …………………… 0972
医原三卷 ………………………… 0052
医旨绪余二卷 …………………… 0903
医宗宝镜五卷 …………………… 0471
医宗备要三卷 …………………… 0474
医宗必读 ………………………… 0921
医宗必读十卷 …………………… 0880
医宗必读五卷首一卷 …………… 0881
（御纂）医宗金鉴九十卷首一卷 …… 0914
医宗金鉴外科十六卷 …………… 0685
医宗说约六卷 …………………… 0445

yí

宜兴医案 …………………… 0903

yǐ

倚云轩医案医话医论八卷 …………… 0800

yì

异痧奇方 …………………… 0919
易简方 ……………………… 0288
易简新编 …………………… 0372
易筋经八段锦合刻 ………… 0749
易氏医按（易氏医案）……… 0917
疫喉浅论二卷补遗一卷 …… 0719
疫痧草三卷 ………………… 0717
疫诊一得二卷 ……………… 0515

yīn

因是子静坐法 ……………… 0750
因是子静坐法续编 ………… 0751

yín

银海澄清要旨 ……………… 0698
银海精微补四卷 …………… 0708
银海精微二卷 ……………… 0699

yīng

婴童百问十卷 ……………… 0612

yìng

应用本草分类辑要 ………… 0211

yǒng

永类钤方二十二卷首一卷 … 0289

yòng

用药禁忌书二卷 …………… 0965
用药指迷 …………………… 0258

yòu

幼儿痘疹玉髓金镜录四卷首一卷 … 0657
幼儿杂症说要 ……………… 0645

幼科痘疹金镜录四卷首一卷 ………… 0617
幼科发挥二卷 ……………… 0618
幼科辑要 …………………… 0915
幼科秘书六卷 ……………… 0632
幼科三种十卷 ……………… 0657
幼科审治二卷 ……………… 0487
幼科释迷六卷 ………… 0590 0941
幼科铁镜二卷 ……………… 0657
幼科铁镜六卷 ……………… 0634
幼科推拿广意 ……………… 0630
幼科学讲义 ………………… 0974
幼科要则 …………………… 0636
幼科医学指南四卷 ………… 0628
幼科杂病心法要诀六卷 …… 0914
幼科摘要 …………………… 0585
幼科种痘心法要旨 ………… 0914
幼科准绳九卷 ……………… 0436
幼婴疢疥秘书二卷 ………… 0664
幼幼集成六卷 ……………… 0639

yú

余氏医案存录 ……………… 0788
余氏医述六卷 ……………… 0843
余注伤寒论翼四卷 ………… 0127
愚斋养生丛书 ……………… 0739

yù

玉机辨证二集 ……………… 0447
玉历金丹经验百方 ………… 0400
玉楸药解八卷 ………… 0916 0943
玉笥龙瑞方 ………………… 0304
聿修堂丛书 ………………… 0960
聿修堂医学丛书十三种 …… 0960
喻氏医书三种 ……………… 0910
喻氏遗书三种 ……………… 0910
御医曹沧州医案二卷 ……… 0806
寓意草 ……………………… 0910
寓意草二卷 ………………… 0759
豫医双璧 …………………… 0927

yuán

元和纪用经 …………………………… 0942

元亨疗马集六卷 …………………… 0981

元亨牛经大全二卷 ……………… 0982

元亨牛马经 …………………… 0981

原机启微二卷附一卷 …………… 0933

yuàn

愿体医话良方 …………… 0833　0964

yún

（新镌）云林神彀四卷……………… 0431

云林神彀四卷 ……………………… 0432

云岐子保命集论类要二卷 ……… 0071

yùn

运气商 …………………………… 0049

运气要诀一卷 …………………… 0914

运气要略 ………………………… 0915

恽铁樵医书四种 ………………… 0968

〔Z〕

zá

杂病秘方 ………………………… 0400

杂病心法要诀五卷 ……………… 0914

杂病源 …………………… 0937　0938

杂病源流犀烛三十卷首二卷 …… 0941

杂病证治类方 …………………… 0302

杂病治例 ………………………… 0539

杂证谟二十九卷 ………………… 0907

杂症大小合参十四卷首一卷 …… 0934

杂症痘疹药性主治合参十二卷首一卷 … 0934

杂症集腋四卷 …………………… 0487

杂症选方 ………………………… 0396

杂症要法三卷 …………………… 0893

杂症总诀二卷 …………………… 0476

zài

再重订伤寒集注十五卷 ………… 0106

zàng

脏腑图说症治合璧三卷末一卷（含脏
腑图说、脏腑全图、症治要言、症治
图说、医案类录）………………… 0929

脏腑图说症治要言合璧 ………… 0059

脏腑证治图说人镜经 …………… 0057

脏腑证治图说人镜经八卷 ……… 0056

脏腑证治图说人镜经附录二卷 … 0056

脏腑证治图说人镜经续录二卷 … 0056

zēng

增补本草备要图注 ……………… 0235

增补汇要 ………………………… 0894

增补活幼心法大全医方诗括八卷首一卷
…………………………………… 0558

增补雷公炮制药性赋解 ………… 0251

增补瘟疫论 ……………………… 0509

增补幼幼集成 …………………… 0640

增订本草备要四卷 ……………… 0884

增订图注本草备要 ……………… 0236

增辑普济应验良方 ……………… 0959

增删经验良方 …………………… 0383

增图本草原始 …………………… 0230

zhā

查了吾先生正阳篇选录 ………… 0935

zhāi

摘录叶天士经验方 ……………… 0343

摘星楼治痘全书十八卷 ………… 0626

zhān

旃檀保产万全经二卷 …………… 0454

zhāng

张卿子经验方 …………………… 0343

张氏医通十六卷 ………………… 0455

张仲景药性论治 ………………… 0072

zhào

赵李合璧八卷 …………………………………… 0482
赵氏医贯 …………………………………………… 0828

zhé

折肱漫录七卷 ……………………………………… 0942

zhēn

针灸传真 …………………………………………… 0200
针灸大成十卷 ……………………………………… 0187
针灸大全 …………………………………………… 0186
针灸大全 …………………………………………… 0187
针灸集成四卷 ……………………………………… 0189
针灸甲乙经 ………………………………………… 0184
针灸经验要辑 ……………………………………… 0199
针灸易学二卷 ……………………………………… 0188
针灸择日编集 ……………………………………… 0185
(增补)珍珠囊雷公炮制药性赋解十卷 … 0268
珍珠囊药性赋二卷 ………………………………… 0250
珍珠囊药性赋医方捷径 …………………………… 0252
珍珠囊指掌补遗药性赋 …………………………… 0266
珍珠囊指掌补遗药性赋四卷 …… 0251 0267
　　　0268   0731

zhěn

诊断学汇编二卷 …………………………………… 0156
诊断学讲义 ……………………………… 0158 0974
诊断治疗二卷 ……………………………………… 0159
诊家枢要 …………………………………………… 0695
诊家正眼二卷 ……………………………………… 0154
诊家正眼三卷 ……………………………………… 0911
诊翼 ………………………………………………… 0906
诊余日记 …………………………………………… 0852
诊宗三昧 …………………………………………… 0083
枕藏外科要方 ……………………………………… 0393
疹科 ………………………………………………… 0621

zhēng

征君男女科全集 …………………………………… 0549

zhèng

正骨心法要旨四卷 ………………………………… 0914
正体类要二卷 ……………………………………… 0932
证法要诀类方四卷 ………………………………… 0902
证治汇补八卷 ……………………………………… 0452
证治权衡二卷 ……………………………………… 0559
证治晰疑录四卷 …………………………………… 0438
证治要诀十二卷 ………………………… 0422 0902
证治准绳四卷 ……………………………………… 0436
郑氏女科秘方 ……………………………………… 0579
政和圣济总录 ……………………………………… 0281
症方发明八卷 ……………………………………… 0936

zhī

支氏女科枢要三卷 ………………………………… 0571
知医捷径 …………………………………………… 0494

zhǐ

芷园素社痎疟论疏 ………………………………… 0917
芷园素社痎疟论疏方 ……………………………… 0917
芷园臆草存案 ……………………………………… 0917
指南后论二卷 ……………………………………… 0832

zhì

至宝良方 …………………………………………… 0355
质疑录 ……………………………………………… 0917
治病图说 …………………………………………… 0196
治法述 ……………………………………………… 0965
治喉指掌 …………………………………………… 0714
治喉指掌六卷 ……………………………………… 0715
治证略札 …………………………………………… 0853

zhōng

(重订)中风斠诠 …………………………………… 0561
中国名医验方集成 ………………………………… 0366
中国医学初桄 ……………………………………… 0503
中国医学史 ………………………………………… 0857
中华中医昆仑十五集 ……………………………… 0973

中西痘科合璧十二卷 ·················· 0663
中西汇通医经精义二卷 ·············· 0961
中西汇通医书五种 ···················· 0961
中西医粹三卷 ························· 0059
中西医解二卷 ························· 0929
中西医书八种 ························· 0929
中医病理学会宗 ······················ 0060
中藏经三卷附方 ······················ 0962

zhòng

种痘法 ······························ 0597
种痘新书十二卷 ······················ 0637
种福堂公选良方四卷 ·················· 0337
种福堂续选临证指南 ·················· 0337
种福堂续选医案 ······················ 0337
仲景大全书 ·························· 0063
仲景全书二十卷 ······················ 0061
众妙仙方四卷 ························· 0301

zhōu

周慎斋先生医家秘奥脉法二卷 ·········· 0935
周慎斋先生医家秘奥三书三卷 ·········· 0935
周氏医学丛书三集三十二种 ············ 0962

zhǒu

肘后备急方八卷 ······················ 0942

zhū

珠邨草堂医案 ························· 0782
诸病源候论五十卷 ···················· 0962
诸子精粹录 ·························· 0925

zhú

竹林妇科秘传 ························· 0594
竹林女科五卷 ························· 0595
竹林寺妇科秘方 ······················ 0594
竹林寺女科 ·························· 0593
竹林寺女科秘方 ······················ 0596

zhù

注解伤寒论十卷 ······················ 0070
（新刊）注释素问玄机原病式 ·········· 0899
祝茹穹先生医印三卷 ·················· 0829
祝由方药 ···························· 0727

zǐ

紫珍集济世良方 ······················ 0726

zì

自在壶天五卷 ························· 0321

zōng

宗圣要旨伤寒贯珠集 ·················· 0098

zǔ

祖方原本一卷 ························· 0487
祖剂四卷 ···························· 0308

zūn

遵生八笺十九卷 ······················ 0733
尊生图要 ···························· 0055
尊生要旨 ···························· 0734

著者笔画索引

二画

丁凤（文瑞、竹溪）……………………… 0427

丁丙（嘉鱼）……………………………… 0924

丁尧臣（又香）…………………………… 0381

丁其誉（蜚公）…………………………… 0736

丁泽周（甘仁）…………………………… 0815

丁济万 …………………………………… 0815

丁授堂 …………………………………… 0761

丁锦（履中）……………………………… 0044

丁福保（仲古、畴隐居士）……… 0740 0858

卜子义 …………………………………… 0663

刁凤岩 …………………………………… 0884

力钧 ……………………………………… 0183

三画

万宁（咸邦）……………………………… 0428

万全（密斋）…………… 0493 0568 0570 0618

马元仪 …………………………………… 0769

马化龙（云从）…………………………… 0709

马印麟（长公、好生主人）……………… 0510

马兆圣（无竟）…………………………… 0879

马莳（仲化、元台）………… 0002 0011 0013

　　　　0026 0034

四画

王九达（日逵）…………………………… 0007

王又槐 …………………………………… 0979

王士雄（孟英、潜斋、随息居士）……… 0264

　　　　0523 0524 0963

王上达（春亭）…………………………… 0605

王子固（文之）…………………………… 0707

王子接（晋三）……………… 0099 0323 0324

王化贞（肖乾）…………………………… 0575

王介（圣与、默庵）……………………… 0225

王文浩（冰鉴、抚东五为子）…………… 0229

王功镇（静斋、逸民）…………………… 0746

王世钟（小溪）…………………………… 0888

王式钰（仲坚、翔千）…………………… 0763

王廷瑞（辑五）…………………………… 0107

王庆霄（喆林）………………… 0357 0358

王冰（启玄子）…… 0001 0003 0004 0023

王好古（进之、海藏）…………………… 0227

王更生 …………………………………… 0108

王来贤 …………………………………… 0732

王宏翰（惠源、浩然子）………………… 0578

王君赏 …………………………………… 0297

王纶（汝言、节斋）……………………… 0423

王者悦 …………………………………… 0972

王肯堂（宇泰、损庵、念西居士）………… 0076

　　　　0302 0436 0457 0573 0674 0695

　　　　0838 0909

王贤（世瞻）……………………………… 0170

王贤辅（弼庭）…………………………… 0378

王国祥（永嘉）…………………………… 0847

王明德 …………………………………… 0486

王凯（养吾）…………… 0362 0507 0860

王学权（秉衡）…………………………… 0847

王宗显 …………………………………… 0435

王宗泉 …………………………………… 0057

王孟英 …………………………………… 0370

王觊（子亭）……………………………… 0283

王拳 ……………………………………… 0670

王焘 ……………………………………… 0276

王梦祖（竹坪）…………………………… 0115

王硕（德肤）……………………………… 0288

王象晋（荩臣、康宁）…………………… 0271

王惟一（惟德）………… 0037 0190 0202

王维德（洪绪、林屋山人、定定子）········· 0683
　　　0684
王清任（勋臣）·································· 0058
王琦（载韩、琢崖、胥山老人）·············· 0917
王喆（朴斋）·································· 0592
王景贤 ·· 0782
王道纯 ·· 0237
王道坤 ·· 0897
王熙（叔和）··················· 0065　0070　0137
　　　0161　0162
王履（安道）·································· 0826
天津国医函授学院 ···························· 0977
天倪室道人 ·································· 0522
天虚我生 ······································ 0403
无忌 ·· 0622
元琦 ·· 0795
支秉中（改斋）······························ 0571
尤怡（在泾、饲鹤山人）··· 0098　0142　0143
尤乘（生洲、无求子）··············· 0154　0911
车宗辂（质中）································ 0109
戈维城（存橘）······························ 0078
戈敬恒 ·· 0717
毛世洪（达可、枫山）······················ 0343
片仓元周（鹤陵）··························· 0845
今村亮 ·· 0019
丹波元胤（绍翁）··························· 0046
丹波元简（廉夫）··················· 0032　0116
　　　0406　0960
文守江（南纪）······························ 0450
文祥（绮园）·································· 0353
文徵明（徵仲、衡山居士）················· 0055
方广（约之、古庵）························· 0426
方仁渊 ·· 0800
方有执（中行）······························ 0075
方问经（史臣）······················ 0861　0862
方贤 ·· 0293
方略（南薰）·································· 0784
尹端模 ·· 0839
邓苑（博望）·································· 0706

邓复旦 ·· 0471
邓雄勋（捷卿）······························ 0712
孔广培（筱亭）······························ 0197
孔弘擢 ·· 0621
孔胤（八桂）·································· 0491
孔继良 ·· 0864
孔毓礼（以立）······························ 0513

五画

石文爝（右容）······························ 0327
石寿棠（芾南）······························ 0052
石震（瑞章）·································· 0546
东洞益吉 ······································ 0414
北山友松 ······································ 0309
北京图书馆 ·································· 0859
叶大椿（子容）······························ 0635
叶万青 ·· 0769
叶云龙 ·· 0434
叶志诜（廷方、东卿）······················ 0369
叶桂（天士、香岩、南阳先生）····· 0100　0177
　　0209　0290　0323　0337　0511　0584
　　0764　0766　0767　0768　0769　0841
叶崧 ·· 0753
叶霖（子雨）······················· 0147　0528
叶衡隐 ·· 0607
史以甲（子仁）······························ 0091
史典（缙臣）·································· 0833
史崧 ····························· 0002　0003　0033
矢道有道 ······································ 0503
仝兆龙（乘六）······························ 0642
包识生（一虚、德逮）······················ 0820
包诚（兴言）·································· 0121
乐凤鸣（梧岗）······························ 0319
乐苦 ·· 0334
兰茂（廷秀、止庵、和光道人）············· 0270
冯兆张（楚瞻）··············· 0454　0633　0934
冯时可（元成、敏卿）······················ 0301
司马迁（子长）······························ 0855
司树屏（建侯）······························ 0047

民国济南道院 ················· 0745

六画

刑部律令馆 ················· 0978

芝屿樵客 ··················· 0647

成无已 ····················· 0070

成汝渊 ····················· 0387

托马氏 ····················· 0604

毕法（苍霖）················ 0687

吕田（心斋）················ 0519

吕震名（茶村）·············· 0119

朱一麟（应我）·············· 0626

朱凤台（慎人）·············· 0446

朱文熙 ····················· 0796

朱权（臞仙、玄洲道人、涵虚子、丹丘先生）

·················· 0731　0872

朱肱（冀中）········· 0067　0068

朱音恬（咏清）·············· 0915

朱惠民（惠明、济川）········ 0619

朱震亨（彦修、丹溪）····· 0163　0420　0565
　　0573　0609　0825　0898

朱德明 ····················· 0471

朱颜驻 ····················· 0349

朱儒 ······················· 0904

朱黼 ······················· 0179

朱橚 ······················· 0205

竹林寺僧 ······ 0593　0594　0595　0596

传杰 ······················· 0682

任树仁（月峤）·············· 0569

华佗（元化）················ 0745

华岫云（南田）········· 0337　0766

华实孚 ····················· 0211

伊尹 ······················· 0064

合信氏 ········· 0407　0408　0412　0554
　　0555　0601

庄一夔（在田）········· 0643　0644

庆恕（云阁）················ 0893

刘一明（悟元山人、悟元子）··· 0710

刘子维 ····················· 0803

刘开（立之、三点、复真先生）··· 0418

刘仁航（乐天修养馆主）········· 0744

刘文华 ····················· 0603

刘文泰 ····················· 0237

刘文雅（温堂）·············· 0648

刘仕廉（清臣）·············· 0892

刘完素（守真、河间居士、通玄处士）······· 0899
　　　　　　　　0900

刘纯（宗厚）················ 0539

刘若金（云密、蠡园逸叟）··· 0233　0245

刘宝森（柏函）·············· 0060

刘奎（松峰、文甫）·········· 0516

刘思敬（觉岸、碧幢山隐）···· 0050

刘复（民叔）········· 0064　0219　0560

刘家沂 ····················· 0442

刘渊（圣泉）················ 0459

刘渭川 ····················· 0125

刘熙（成国）················ 0048

刘鹗（铁云）················ 0248

刘懋勋 ····················· 0131

刘劝 ······················· 0639

齐仲甫 ····················· 0563

齐秉慧（有堂）·············· 0778

齐德之 ····················· 0668

次留 ······················· 0395

江涵暾（笔花）·············· 0479

江维一 ····················· 0477

江腾蛟（梅捣山人）·········· 0572

江瓘（民莹）················ 0771

宇治田云庵 ················· 0883

祁坤（广生）········· 0460　0681

许乐善（修子）·············· 0734

许兆祯（培元）·············· 0906

许克昌（伦声）·············· 0687

许叔微（知可）········· 0069　0290

许复科（西垣）·············· 0508

许浚 ······················· 0878

许槤（珊林）········· 0713　0980

许豫和（宣治、橡村）········ 0470

阮其新 ································· 0979

纪梦德 ······················ 0876　0877

孙一奎（文垣、东宿、生生子）······ 0754　0903

孙巳云 ································· 0218

孙丰年（际康）······················· 0645

孙天仁 ································· 0298

孙伟（望林）························· 0320

孙兆重 ······················ 0001　0023

孙庚（位金）························· 0386

孙思邈 ····· 0273　0274　0275　0282　0317
　　　0699　0745

孙继朗（亦倩）····················· 0321

　　　　　　　七画

芮经 ······················ 0876　0877

严岳莲 ································· 0148

严鸿志（痴孙）················ 0606　0966

严燮（兼三、武林遯叟）··············· 0483

苏州官医局 ··························· 0201

苏轼（子瞻、东坡）······· 0278　0279　0280

杜文澜 ································· 0794

杨上善 ································· 0156

杨介（吉老）························· 0054

杨凤庭（瑞虞、西山）··········· 0465　0586

杨文翰 ································· 0293

杨师伊（尹绍）························· 0064

杨守敬 ································· 0960

杨时泰（贞颐、穆如）················· 0245

杨叔澄 ································· 0151

杨昌瀋 ································· 0379

杨采青 ································· 0017

杨乘六（以行、云峰）················· 0765

杨谈（允贤）························· 0566

杨继洲（济时）······················· 0187

杨璿（栗山、玉衡）··········· 0110　0519

李士麟（孝则、静山）················· 0318

李广录 ································· 0596

李友洙（瑞夫）······················· 0331

李日宣 ································· 0827

李中立（正宇）······················· 0230

李中梓（士材、念莪、尽凡居士）······· 0010
　　　0154　0231　0267　0880　0881　0911

李文炳（焕章）······················· 0331

李龙 ······················ 0363　0367

李用粹（修之、惺庵）················· 0452

李芝严 ································· 0959

李延昰（辰山、期叔）················· 0168

李仲南（栖碧山中人）················· 0289

李汤卿 ································· 0871

李守先（善述）······················· 0188

李纪方（伦青）······················· 0718

李芳 ································· 0203

李时珍（东璧、濒湖山人）········ 0165　0220
　　　0221　0222　0262

李启贤 ································· 0414

李君施（济之）······················· 0383

李环山（玉峰）······················· 0482

李杲（明之、东垣老人）··· 0250　0251　0262
　　　0266　0267　0268　0417　0538　0931

李建元 ··············· 0220　0220　0221　0221
　　　0222　0222

李建木 ··············· 0220　0221　0222

李建中 ··············· 0220　0221　0222

李南晖 ································· 0376

李俊（子俊）························· 0803

李杝 ································· 0079

李梴（健斋）························· 0874

李象（石泉）························· 0542

李辉（石洞逸叟）····················· 0613

李景芳 ································· 0623

李勋（徐世勋）······················· 0204

李龄寿 ································· 0772

医学研究社 ··························· 0929

吴士锜 ································· 0531

吴天泰（谧生）······················· 0757

吴中珩（楚白）················ 0901　0902

吴文炳（绍轩、光甫、沛泉）··········· 0433

吴玉涵（毓昌）················ 0232　0246

吴世铠（怀祖）……………… 0212
吴仪洛（遵程）……… 0240　0241　0333
吴考槃（隐亭）……………… 0152
吴有性（又可）……… 0504　0508　0509
吴达（东旸）………………… 0792
吴贞安（坤安）………… 0112　0113
吴师机（尚先、杖仙、安业）…… 0201
吴杖仙 ……………………… 0328
吴旻 ………………………… 0732
吴金寿（子音）……………… 0780
吴宗善（达侯）……………… 0020
吴重熹（仲怿）……………… 0927
吴勉学 ……………………… 0826
吴崑（山甫、鹤皋山人、参黄子）… 0024
　　　0027　0309
吴惟贞 ……………………… 0875
吴瑄 ………………………… 0933
吴联奎 ……………………… 0537
吴普 ………………………… 0215
吴道源（本立）………… 0514　0591
吴禄 ………………………… 0261
吴谦（六吉）……… 0123　0685　0914
吴锡璜（瑞甫、黼堂）………… 0158
吴筠（慈惠宗正真人）………… 0356
吴瑭（鞠通）……… 0517　0518　0781
邱崇（宗山）………………… 0150
何世仁（元长、澹安）… 0124　0776　0777
何时希 ……………… 0124　0870
何其伟（庆曾、韦人、书田）…… 0476
何南山 ……………………… 0870
何炫（令昭、嗣宗）………… 0550
何鸿舫（长治、补之、横柳病鸿）… 0793
何愚 ………………………… 0179
何廉臣（炳元、印岩）… 0128　0518　0526
　　　0665　0817
何福寿 ……………………… 0741
作德主人 …………………… 0887
伯良 ………………………… 0921
余国佩（春山）……………… 0788

余岩（云岫）…………… 0502　0843
余景和（听鸿）……… 0127　0690　0786
余道善（达川、性初、三阳道人）… 0063　0500
余霖（师愚）………………… 0515
邹元标（尔瞻、南皋）………… 0305
邹澍（润安、闰庵）…… 0213　0214
应廛 ………………………… 0540
闵道政 ……………………… 0564
汪广期 ……………………… 0352
汪机（省之、石山居士）… 0025　0752
汪廷元 ………………… 0773　0794
汪近垣 ……………………… 0149
汪昂（讱庵）… 0015　0234　0235　0236
　　0249　0313　0315　0737　0884　0912
汪绂（灿人、重生、双池）…… 0464
汪绍达 ……………………… 0969
汪逢春 ……………………… 0822
汪涛 ………………………… 0397
汪淇 ………………………… 0574
汪琦石 ……………………… 0547
沈大润 ……………………… 0794
沈子复（嘉澍）……………… 0738
沈凤辉（丹彩）……………… 0111
沈尧封（又彭）……… 0336　0588　0589
沈李龙（云将）……………… 0263
沈时誉（明生）………… 0762　0830
沈金鳌（芊绿、汲门、尊生老人）…… 0248
　　　0590　0941
沈括（存中）………… 0278　0279
沈彦模（子范）……………… 0958
沈菊人（来方）……………… 0790
沈虚明 ……………………… 0656
沈源（岷源、抱元子）………… 0774
沈镜（微垣）………………… 0169
宋东誉 ……………………… 0897
宋良弼 ……………………… 0311
宋慈（惠父）………… 0978　0979
初虞世（和甫）……………… 0730
改斋氏 ……………………… 0447

张九苍 ·······················0959
张大燨（仲华）················0360
张千里（梦庐、子方）············0782
张太素（青城山人）··············0166
张仁锡（希白）···········0256　0863
张介宾（景岳、会卿、通一子）······0005　0006
　　0306　0392　0907
张从正（子和、戴人）············0416
张世贤（天成、静斋）······0039　0040　0041
　　0042　0162
张机（仲景）···········0061　0064　0065
　　0070　0137
张在浚（念亭）················0551
张百熙（潜斋）················0389
张存惠（魏卿）················0226
张延登（济美、华东）············0307
张寿颐（山雷）······0193　0501　0561　0693
张志聪（隐庵）······0008　0011　0012　0013
　　0014　0028　0029　0035　0087　0092
　　0207
张时彻（维静、东沙、九一）·········0296
张宋良（留仙）················0362
张昆·······················0429
张宗良（留仙）···········0714　0715
张绍重···················0824
张绍修（善吾）················0720
张绍棠（又棠）··········0363　0364　0365
　　0366　0367
张俊英（钟奇）···········0056　0057
张衍思（有恒）················0198
张昶（甲弘、海澄）··············0543
张勇·······················0312
张泰恒···················0102
张桢汀···················0478
张振鋆（醴泉、惕厉子）············0653
张倬（飞畴）················0084
张逢吉（尔康）················0894
张家椿···················0655
张琰（逊玉）················0637

张锐（子刚）················0284
张锡驹（令韶）················0096
张福田···················0173
张镜源···················0973
张璐（路玉、石顽老人）·······0082　0083
　　0085　0208　0317　0455
张翼·······················0673
张璧（云岐子）················0071
张鹭翼（青万、乐山）············0678
陆士谔（守先）······0335　0497　0809　0810
　　0811　0813
陆汝衔（芥山）················0399
陆林仙···········0394　0530　0656
陆画邨···················0340
陆渊雷（彭年）···········0135　0159
陆道元···················0615　0616
陆道光···················0615　0616
陆湘生···················0854　0975
陆锦燧（晋笙）···········0896　0965
陆镛（悟虚山人）··············0742
陆懋修（九芝、林屋山人）··········0958
陈士铎（敬之、远公、大雅堂主人）·······0448
　　0449　0450　0451　0453
陈广宁···················0442
陈元犀（灵石）···········0145　0598
陈曰寿···················0582
陈文治（国章、岳谿）·······0077　0679
陈世凯（紫山）················0630
陈司成（九韶）················0680
陈邦贤（冶愚、也愚、红杏老人）··· 0499　0857
陈尧道（素中）···········0629　0631
陈师文···················0286
陈廷瑞···················0355
陈自明（良甫、药隐老人）·······0277　0564
陈言（无择）················0287
陈良佐（愚山、三锡）············0519
陈杰（乐天叟）················0341
陈秉钧（莲舫、乐余老人）··········0863
陈念祖（修园）·····0018　0114　0117　0118

0126	0129	0144	0148	0254	0255
0345	0346	0347	0472	0473	0475
0485	0552	0598	0918	0919	0920
0944	0945	0946	0947	0948	0949
0950	0951	0952	0953	0954	0955

陈学三 …………………………………… 0798
陈实功（毓仁、若虚）………… 0675　0676
　　　0677　0678
陈复正（飞霞）………… 0636　0639　0640
陈修堂 ………………………… 0407　0412
陈祖同 …………………………………… 0503
陈耕道（继宣）………………………… 0717
陈恭溥（退翁）………………………… 0120
陈莘田 …………………………………… 0796
陈继儒（仲醇）………………………… 0271
陈楚良（益元道人）…………………… 0300
陈龄（士瞻）…………………………… 0130
陈嘉谟（廷采、月朋子）……………… 0228
陈嘉璨（树玉、友松）………………… 0935
陈熊（采臣）…………………………… 0527
邵登瀛（步青）………………………… 0521

八画

武之望（叔卿）………………… 0439　0574
武国良（简侯）………………………… 0405
范毓𪩘（培兰）………………………… 0195
茅仲盈（配京）………………………… 0520
林山甫（芃郎）………………………… 0329
林亿 ……… 0001　0004　0023　0065　0137
　　　0184　0275
林之翰（慎庵、苕东逸老）…………… 0155
林开燧（慕羲）………………………… 0551
林友甫 …………………………………… 0329
林长生 ………………………… 0704　0705
林永泽（葆予）………………………… 0664
林伯甫 …………………………………… 0329
林枫（苐庭）…………………………… 0484
林佩琴（羲桐）………………………… 0480
林森（药樵）…………………………… 0507

松尾莱 …………………………………… 0744
奇克唐阿（慎修）……………………… 0373
抱灵居士 ………………………………… 0785
尚从善 …………………………………… 0072
明太医院 ……………………… 0191　0443
易凤翥 …………………………………… 0691
罗天益（谦甫）………………………… 0419
罗必炜 ………………… 0252　0253　0443
罗贞 ……………………………………… 0721
罗定昌（茂亭）………………………… 0059
罗绍芳（林一）………………… 0861　0862
罗美（澹生、东逸）…………………… 0882
罗浩（养斋）…………………………… 0019
罗愿（端良、存斋）…………………… 0224
知医悯人居士 …………………………… 0374
和气奕世 ………………………………… 0194
季裘 ……………………………………… 0223
岳昌源 …………………………………… 0457
金九渊（少游、长鸣、冰壑老人）…… 0757
金义孙 …………………………………… 0185
金循义 …………………………………… 0185
周云青 …………………………………… 0858
周云章（松仙、松儒）………………… 0490
周文采 ………………………… 0295　0669
周礼（半山）…………………………… 0429
周弘度（公望）………………………… 0306
周扬俊（禹载）………… 0090　0140　0506
周仲文 …………………………………… 0272
周伯贞 …………………………………… 0895
周其芬 …………………………………… 0359
周学海（澂之）………………… 0021　0962
周学霆（荆威、梦觉道人）…………… 0172
周绍濂 …………………………………… 0875
周冠（甄陶）…………………………… 0646
周笙（指航）…………………………… 0456
周震（慎斋）…………………………… 0628
周禧 ……………………………………… 0272
庞安时（安常）………………………… 0066
郑氏 ……………………………………… 0569

郑玉成 ………………………… 0487

郑汝恭 ………………………… 0723

郑寿全（钦安）………………… 0834

郑宏纲（纪原、梅涧）………… 0716

郑泽（于荣）…………………… 0303

郑官应（陶斋）………………… 0384

郑春敷 ………………………… 0562

郑钦谕（三山、保御）………… 0579

郑重光（在辛、素圃）………… 0509

郑道谦 ………………………… 0487

浅田惟常（栗园、宗伯）……… 0128

法尤堂主人 …………………… 0869

郎锦骐（静谷）………………… 0922

孟河（介石）…………………… 0632

亟斋居士 ………… 0322　0580　0581

九画

赵也桥 ………………………… 0925

赵元益 ………………………… 0492

赵以德（良仁）………………… 0140

赵双壁（公瑶）………………… 0708

赵廷儒（纯臣）………………… 0482

赵叔文（季敷）………………… 0294

赵金（淮献、心山）…………… 0905

赵学敏（恕轩、依吉）… 0242　0332

赵彦辉（晴初）………………… 0835

赵健雄 ………………………… 0897

赵献可（养葵、医巫闾子）…… 0828

赵熙（辑庵）…………………… 0200

赵濂（竹泉）…………………… 0488

赵巘（一苍子）………………… 0829

胡大成 ………………………… 0702

胡凤昌（云谷）………………… 0652

胡光墉（雪岩）………………… 0380

胡安邦 ………………………… 0269

胡宪丰（骏宁）………………… 0109

胡慎柔（住想）………………… 0546

柯为良 ………………………… 0413

柯逢时（巽庵）………………… 0495

柯琴（韵伯）………… 0088　0089　0094
　　　　　　　0127　0447

柳宝诒（谷孙、冠群）………… 0801

耐修子（休子）………………… 0724

奎瑛（素仙）…………………… 0890

钟伯英 ………………………… 0499

皇甫中（云州）………………… 0695

皇甫谧（士安、玄晏先生）…… 0184

须用恒 ………………………… 0582

俞大文（荔峰）………………… 0891

俞汝溪 ………………………… 0265

俞震（东扶）………………… 0772　0789

饶鹏 …………………………… 0425

施今墨 ………………………… 0976

施沛（沛然、笠泽居士）……… 0308

施家栋 ………………………… 0402

恽铁樵（树钰）…… 0004　0022　0132　0133
　　　　0134　0174　0175　0535　0661　0821
　　　　0967　0968

闻人规（伯圜）………………… 0611

闻人耆年 ……………………… 0185

间丘煜 ………………………… 0908

姜荣（爱珊）…………………… 0922

洪士提 ………………………… 0411

洪金鼎（玉友）………………… 0461

祝韵梅（连理薇馆主人）……… 0959

费山寿（友棠）………………… 0375

费伯雄（晋卿、砚云子）…… 0556　0957

姚济苍（博施）………………… 0662

姚球（颐真）…………………… 0209

十画

秦之桢（皇士）……………… 0097　0582

秦伯之（之济、谦斋）……… 0498　0818

秦伯未 ………………………… 0974

秦昌遇（景明、广莝道人）…… 0576
　　　　0627　0760

秦越人（扁鹊）……… 0043　0056　0057

袁句（大宣、双梧主人）……… 0641

袁光裕（坦斋）·····················0593
耿鉴庭 ·····························0971
聂尚恒（久吾、惟贞）······0624　0625　0755
莫承艺（仲超）·····················0008
莹轩氏 ·····························0359
夏云（春农、继昭）·················0719
夏鼎（禹铸）·······················0634
顾干臣 ·····························0850
顾世澄（练江、静斋）···············0686
顾观光（尚之、漱泉、武陵山人）·····0215
顾奉璋（左宜、三近居士）···········0469
顾雨棠 ·····························0802
顾金寿（晓澜）·····················0779
顾是 ·······························0830
顾靖远（松园）·····················0936
柴潮生（屿青）·····················0770
钱乙（仲阳）·······················0608
钱允治 ·····························0435
钱守和（靖邦、觉非）···············0338
钱秀昌（松溪）·····················0696
钱松（镜湖）·······················0449
钱季寅 ·····························0970
钱荣国（缙甫）·····················0494
钱雷（豫斋）···················0056　0057
钱澍田 ·····························0348
倪士奇 ·····························0758
倪奎照（寅亮）·····················0536
倪复初 ·····························0400
倪瑶璋 ·····························0342
徐大椿（灵胎、洄溪老人）·······0104　0210
　　0335　0467　0675　0677　0766　0831
　　0937　0938　0939　0940
徐氏 ·······························0572
徐凤（延瑞）·······················0186
徐半峰（纯一、蕴真子）·············0368
徐同熙（省安）·····················0804
徐亦稺（季孺）·····················0049
徐时进 ·····························0223
徐叔微（知可）·····················0285

徐国琛 ·····························0782
徐鸣峰 ·····························0749
徐春甫（汝元、东皋）···············0873
徐政杰（蔼辉）·················0588　0589
徐相任（尚志、相宸）···············0534
徐忕忛（尚慧）·····················0597
徐恂甫 ·····························0654
徐彬（忠可）···················0138　0139
徐景文（学勤）·····················0804
徐然石（亚枝）·····················0789
翁仲仁（嘉德）······0614　0615　0616　0617
翁振基（汉溪）·····················0468
高文晋（梅溪）·····················0688
高世栻（士宗）·············0030　0092　0207
高尧臣（幼冈）·····················0620
高我冈（如山）·····················0620
高秉钧（有堂）·····················0775
高学山（汉峙）·················0122　0146
高继良 ·····························0604
高梦麟 ·····························0441
高德因 ·····························0441
高濂（深甫、瑞南道人）·············0733
郭汝聪（小陶）·····················0216
郭治（元峰）·······················0171
郭得（思之）·······················0282
郭熙（相甫）·······················0913
唐大烈（笠山）·····················0844
唐千顷（桐园）·····················0587
唐昌胤 ·····························0440
唐宗海（容川）···········0126　0498　0961
唐相原 ·····························0440
唐慎微（审元）·····················0226
凌奂（维正、晓五、折肱老人）·······0388
海山仙馆 ···························0362
海阳竹林人 ·························0532
海得兰 ·····························0492
谈鸿鋆（问渠）·····················0257
陶弘景（通明、华阳居士、华阳真人、贞
　白先生）·························0729

陶式玉 ································· 0448

陶华（尚文、节庵）················ 0073

陶承熹（东亭）····················· 0316

陶保廉（拙存）············ 0180　0840

陶懵庵 ····························· 0093

能静居士 ··························· 0127

十一画

黄元御（坤载、研农、玉楸子）····· 0016　0031
　　　0036　0045　0051　0103　0239　0462
　　　0916　0943

黄以周（元同、敬季、哉生）········ 0033

黄甲 ······························· 0074

黄建中 ····························· 0304

黄思荣（斡南）····················· 0819

黄保康（霄鹏）····················· 0496

黄宫绣（锦芳）····················· 0243

黄统（伯垂）·············· 0370　0372

黄钰（宝臣）······················· 0217

黄堂 ······························· 0783

黄惕斋 ····························· 0585

黄翼升（星岐）····················· 0377

萧伯章（琢如）····················· 0812

梦袁生 ····························· 0530

梅启照 ····························· 0403

梅鼎 ······························· 0830

曹氏 ······························· 0334

曹廷杰 ····························· 0533

曹汝励（叔强、连塘）·············· 0299

曹孝忠 ····························· 0226

曹沧州（智涵）····················· 0806

曹惕寅（契敬）····················· 0816

曹绳彦（鞠庵）····················· 0344

龚廷贤（子才、云林山人、悟真子）··· 0430
　　　0431　0432　0437　0703　0876　0877

龚自璋（月川）····················· 0372

龚居中（应园、如虚子、寿世主人）··· 0545

崔昌龄（锡武）····················· 0650

崔建庵（秉铣）····················· 0600

崔嘉彦（紫虚）····················· 0931

阎孝忠 ····························· 0608

阎纯玺（诚斋）····················· 0583

清万承志堂 ························· 0382

清太医院 ················· 0238　0926

梁玉池 ····························· 0529

梁玉瑜（特岩）············ 0180　0840

寄湘渔父 ··························· 0722

寄瓢子 ····························· 0522

屠道和（燮臣）····················· 0247

屠锡洪 ····························· 0806

巢元方 ····························· 0053

十二画

喜多村直宽 ························· 0923

葛乾孙（可久）····················· 0552

董珪（东轩居士）··················· 0667

董宿 ······························· 0293

董韵笙 ····························· 0814

敬慎山房主人 ······················ 0747

蒋氏 ······························· 0466

蒋示吉（仲芳、自了汉）····· 0176　0445

蒋廷锡（扬孙、西谷）·············· 0886

蒋学成（定宇）····················· 0734

蒋宝素（问斋）············ 0553　0787

蒋维乔（因是子）·········· 0750　0751

景日眣（冬阳）····················· 0885

喻仁（本元）·············· 0981　0982

喻杰（本亨）······················· 0981

喻昌（嘉言、西昌老人）····· 0080　0081
　　　0444　0505　0759　0910

程大中 ····························· 0167

程从周（茂先）····················· 0756

程从美 ····························· 0599

程文囿（观泉、杏轩）·············· 0846

程永培（瘦樵）····················· 0942

程芝田（瘦樵）····················· 0836

程伊（宗衡、月溪）················ 0164

程应旄（郊倩）····················· 0086

程玠（文玉、松崖）…………………… 0700
程国彭（钟龄、普明子）………………… 0458
程调之 ………………………………… 0402
程履新（德基）………………………… 0314
程曦（锦雯）…………………………… 0489
傅山（青主、公它、朱衣道人）………… 0548
　　　0549　0577
傅仁宇（允科）………………… 0704　0705
傅兰雅 ………………………………… 0492
傅霖 …………………………………… 0651
舒诏（驰远、慎斋学人）… 0095　0105　0106
鲁永斌（宪德）………………………… 0244
鲁伯嗣 ………………………………… 0612
鲁峰 …………………………………… 0805
曾世荣（德显）………………………… 0610
曾鼎（香田）…………………………… 0474
滑寿（伯仁、撄宁生）………… 0025　0038
　　　0043　0421
谢元庆（蕙庭）………………… 0357　0358
谢玉琼（昆秀、璞斋）………………… 0638
谢光 …………………………………… 0897
强健 …………………………………… 0590

十三画

靳贤 …………………………………… 0187
赖光德 ………………………………… 0354
赖福邦 ………………………………… 0354
雷丰（少逸）…………………… 0525　0526
虞抟（天民、恒德老人）……………… 0424
鉴庵 …………………………………… 0107
鲍相璈（云韶）…… 0361　0362　0363　0364
　　　0365　0366　0367
窦材 …………………………………… 0415
窦杰（子声、汉卿）…………… 0671　0672
窦梦麟 ………………………… 0671　0672
褚澄（彦道）…………………………… 0824

十四画

蔡烈先（茧斋）………………………… 0310

管茂材 …… 0408　0412　0554　0555　0601
雒镛（声峻）…………………………… 0136
廖平 …………………………………… 0156
廖百龄 ………………………………… 0468
廖润鸿 ………………………………… 0189
熊均（宗立、道轩、勿听子）…… 0250　0292
熊应雄（运英）………………………… 0630
缪希雍（仲醇、慕台）………………… 0206

十五画

德贞子固 ……………………………… 0410
滕惟正路 ……………………………… 0856
滕惟寅 ………………………………… 0856
潘霨（伟如、韡园居士）… 0485　0748　0930

十六画

薛己（新甫、立斋）…… 0423　0541　0564
　　　0567　0753　0932
薛成平（庸济）………………………… 0101
薛恮秉 ………………………………… 0233
薛雪（生白、一瓢）…………… 0017　0506
薛增寿 ………………………………… 0401

十七画

戴天章（麟郊）………………………… 0512
戴氏 …………………………………… 0438
戴思恭（原礼、肃斋）………… 0420　0422
戴辉 …………………………………… 0350
魏之琇（玉璜、柳洲）………………… 0771
魏荔彤（念庭）………………………… 0141
徽宗赵佶 ……………………………… 0281
糜世俊 ………………………… 0325　0326

二十画

馨呈氏 ………………………… 0484　0574

著者音序索引

〔B〕

bāo

包诚（兴言）·················· 0121
包识生（一虚、德逮）········· 0820

bào

抱灵居士 ····················· 0785
鲍相璈（云韶）········ 0361 0362 0363
　　0364 0365 0366 0367

běi

北京图书馆 ··················· 0859
北山友松 ····················· 0309

bì

毕法（苍霖）·················· 0687

bó

伯良 ························· 0921

bǔ

卜子义 ······················ 0663

〔C〕

cài

蔡烈先（茧斋）··············· 0310

cáo

曹沧州（智涵）··············· 0806
曹汝励（叔强、连塘）········· 0299
曹绳彦（鞠庵）··············· 0344
曹氏 ························· 0334
曹惕寅（契敬）··············· 0816

曹廷杰 ······················· 0533
曹孝忠 ······················· 0226

chái

柴潮生（屿青）··············· 0770

cháo

巢元方 ······················· 0053

chē

车宗辂（质中）··············· 0109

chén

陈邦贤（冶愚、也愚、红杏老人）········· 0499
　　0857
陈秉钧（莲舫、乐余老人）····· 0863
陈楚良（益元道人）··········· 0300
陈复正（飞霞）········ 0636 0639 0640
陈耕道（继宣）··············· 0717
陈恭溥（退翁）··············· 0120
陈广宁 ······················· 0442
陈继儒（仲醇）··············· 0271
陈嘉璥（树玉、友松）········· 0935
陈嘉谟（廷采、月朋子）······· 0228
陈杰（乐天叟）··············· 0341
陈良佐（愚山、三锡）········· 0519
陈龄（士瞻）················· 0130
陈念祖（修园）······ 0018 0114 0117 0118
　　0126 0129 0144 0148 0254 0255
　　0345 0346 0347 0472 0473 0475
　　0485 0552 0598 0918 0919 0920
　　0944 0945 0946 0947 0948 0949
　　0950 0951 0952 0953 0954 0955
陈师文 ······················· 0286

陈实功（毓仁、若虚）·············· 0675 0676
　　0677　0678
陈士铎（敬之、远公、大雅堂主人）········ 0448
　　0449　0450　0451　0453
陈世凯（紫山）···················· 0630
陈司成（九韶）···················· 0680
陈廷瑞 ························· 0355
陈文治（国章、岳谿）·········· 0077 0679
陈莘田 ························· 0796
陈熊（采臣）····················· 0527
陈修堂 ···················· 0407 0412
陈学三 ························· 0798
陈言（无择）····················· 0287
陈尧道（素中）·············· 0629 0631
陈元犀（灵石）·············· 0145 0598
陈曰寿 ························· 0582
陈自明（良甫、药隐老人）········ 0277 0564
陈祖同 ························· 0503

chéng

成汝渊 ························· 0387
成无己 ························· 0070
程从美 ························· 0599
程从周（茂先）···················· 0756
程大中 ························· 0167
程调之 ························· 0402
程国彭（钟龄、普明子）·············· 0458
程玠（文玉、松崖）················· 0700
程履新（德基）···················· 0314
程文囿（观泉、杏轩）··············· 0846
程曦（锦雯）····················· 0489
程伊（宗衡、月溪）················· 0164
程应旄（郊倩）···················· 0086
程永培（瘦樵）···················· 0942
程芝田（瘦樵）···················· 0836

chū

初虞世（和甫）···················· 0730

chǔ

褚澄（彦道）····················· 0824

chuán

传杰 ·························· 0682

cì

次留 ·························· 0395

cuī

崔昌龄（锡武）···················· 0650
崔嘉彦（紫虚）···················· 0931
崔建庵（秉铣）···················· 0600

〔D〕

dài

戴辉 ·························· 0350
戴氏 ·························· 0438
戴思恭（原礼、肃斋）·········· 0420 0422
戴天章（麟郊）···················· 0512

dān

丹波元简（廉夫）············ 0032 0116
　　0406　0960
丹波元胤（绍翁）··················· 0046

dé

德贞子固 ······················· 0410

dèng

邓复旦 ························· 0471
邓雄勋（捷卿）···················· 0712
邓苑（博望）····················· 0706

diāo

刁凤岩 ························· 0884

dīng

丁丙（嘉鱼）····················· 0924

丁凤（文瑞、竹溪）·················· 0427

丁福保（仲古、畴隐居士）········ 0740　0858

丁济万·················· 0815

丁锦（履中）·················· 0044

丁其誉（蛰公）·················· 0736

丁授堂·················· 0761

丁尧臣（又香）·················· 0381

丁泽周（甘仁）·················· 0815

dōng

东洞益吉·················· 0414

dǒng

董琏（东轩居士）·················· 0667

董宿·················· 0293

董韵笙·················· 0814

dòu

窦材·················· 0415

窦杰（子声、汉卿）········ 0671　0672

窦梦麟········ 0671　0672

dù

杜文澜·················· 0794

〔F〕

fǎ

法尤堂主人·················· 0869

fàn

范毓𬭤（培兰）·················· 0195

fāng

方广（约之、古庵）·················· 0426

方略（南薰）·················· 0784

方仁渊·················· 0800

方问经（史臣）········ 0861　0862

方贤·················· 0293

方有执（中行）·················· 0075

fèi

费伯雄（晋卿、砚云子）·········· 0556　0957

费山寿（友棠）·················· 0375

féng

冯时可（元成、敏卿）·················· 0301

冯兆张（楚瞻）·········· 0454　0633　0934

fù

傅兰雅·················· 0492

傅霖·················· 0651

傅仁宇（允科）········ 0704　0705

傅山（青主、公它、朱衣道人）········ 0548
　　0549　0577

〔G〕

gǎi

改斋氏·················· 0447

gāo

高秉钧（有堂）·················· 0775

高德因·················· 0441

高继良·················· 0604

高濂（深甫、瑞南道人）·················· 0733

高梦麟·················· 0441

高世栻（士宗）········ 0030　0092　0207

高文晋（梅溪）·················· 0688

高我冈（如山）·················· 0620

高学山（汉崻）········ 0122　0146

高尧臣（幼冈）·················· 0620

gē

戈敬恒·················· 0717

戈维城（存橘）·················· 0078

gě

葛乾孙（可久）·················· 0552

gěng

耿鉴庭 ·················· 0971

gōng

龚居中（应园、如虚子、寿世主人）········ 0545
龚廷贤（子才、云林山人、悟真子）········ 0430
　　0431　0432　0437　0703　0876　0877
龚自璋（月川）·················· 0372

gù

顾奉璋（左宜、三近居士）·········· 0469
顾干臣 ·················· 0850
顾观光（尚之、漱泉、武陵山人）········ 0215
顾金寿（晓澜）·················· 0779
顾靖远（松园）·················· 0936
顾世澄（练江、静斋）·········· 0686
顾是 ·················· 0830
顾雨棠 ·················· 0802

guǎn

管茂材 ·····　0408　0412　0554　0555　0601

guō

郭得（思之）·················· 0282
郭汝聪（小陶）·················· 0216
郭熙（相甫）·················· 0913
郭治（元峰）·················· 0171

〔H〕

hǎi

海得兰 ·················· 0492
海山仙馆 ·················· 0362
海阳竹林人 ·················· 0532

hé

合信氏 ·····　0407　0408　0412　0554
　　0555　0601
何福寿 ·················· 0741

何鸿舫（长治、补之、横柳病鸿）·········· 0793
何廉臣（炳元、印岩）　·····　0128　0518　0526
　　0665　0817
何南山 ·················· 0870
何其伟（庆曾、韦人、书田）·········· 0476
何时希 ·················· 0124　0870
何世仁（元长、澹安）　·····　0124　0776　0777
何炫（令昭、嗣宗）·················· 0550
何愚 ·················· 0179
和气奕世 ·················· 0194

hóng

洪金鼎（玉友）·················· 0461
洪士提 ·················· 0411

hú

胡安邦 ·················· 0269
胡大成 ·················· 0702
胡凤昌（云谷）·················· 0652
胡光墉（雪岩）·················· 0380
胡慎柔（住想）·················· 0546
胡宪丰（骏宁）·················· 0109

huá

华实孚 ·················· 0211
华佗（元化）·················· 0745
华岫云（南田）·········· 0337　0766
滑寿（伯仁、撄宁生）·········· 0025　0038
　　0043　0421

huáng

皇甫谧（士安、玄晏先生）·················· 0184
皇甫中（云州）·················· 0695
黄保康（霄鹏）·················· 0496
黄宫绣（锦芳）·················· 0243
黄甲 ·················· 0074
黄建中 ·················· 0304
黄思荣（幹南）·················· 0819
黄堂 ·················· 0783

黄惕斋 ……………………………… 0585

黄统（伯垂）…………………… 0370　0372

黄以周（元同、儆季、哉生）………… 0033

黄翼升（星岐）…………………………… 0377

黄钰（宝臣）……………………………… 0217

黄元御（坤载、研农、玉楸子）……… 0016

　　0031　0036　0045　0051　0103　0239

　　0462　0916　0943

huī

徽宗赵佶 ………………………………… 0281

〔J〕

jí

亟斋居士 ………………… 0322　0580　0581

jì

纪梦德 …………………………… 0876　0877

季裘 ……………………………………… 0223

寄瓢子 …………………………………… 0522

寄湘渔父 ………………………………… 0722

jiàn

鉴庵 ……………………………………… 0107

jiāng

江瓘（民莹）…………………………… 0771

江涵暾（笔花）………………………… 0479

江腾蛟（梅捣山人）…………………… 0572

江维一 …………………………………… 0477

姜荣（爱珊）…………………………… 0922

jiǎng

蒋宝素（问斋）………………… 0787　0553

蒋示吉（仲芳、自了汉）……… 0176　0445

蒋氏 ……………………………………… 0466

蒋廷锡（扬孙、西谷）………………… 0886

蒋维乔（因是子）……………… 0750　0751

蒋学成（定宇）………………………… 0734

jīn

今村亮 …………………………………… 0019

金九渊（少游、长鸣、冰壑老人）……… 0757

金循义 …………………………………… 0185

金义孙 …………………………………… 0185

jìn

靳贤 ……………………………………… 0187

jǐng

景日眕（冬阳）………………………… 0885

jìng

敬慎山房主人 …………………………… 0747

〔K〕

kē

柯逢时（巽庵）………………………… 0495

柯琴（韵伯）…………… 0088　0089　0094

　　0127　0447

柯为良 …………………………………… 0413

kǒng

孔广培（筱亭）………………………… 0197

孔弘擢 …………………………………… 0621

孔继良 …………………………………… 0864

孔胤（八桂）…………………………… 0491

孔毓礼（以立）………………………… 0513

kuí

奎瑛（素仙）…………………………… 0890

〔L〕

lài

赖福邦 …………………………………… 0354

赖光德 …………………………………… 0354

lán

兰茂（廷秀、止庵、和光道人）………… 0270

láng

郎锦骐（静谷）···················· 0922

lè

乐凤鸣（梧岗）···················· 0319
乐苦 ···························· 0334

léi

雷丰（少逸）··············· 0525　0526

lǐ

李芳 ···························· 0203
李杲（明之、东垣老人）··· 0250　0251　0262
　　0266　0267　0268　0417　0538　0931
李广录 ·························· 0596
李环山（玉峰）···················· 0482
李辉（石洞逸叟）·················· 0613
李勣（徐世勣）···················· 0204
李纪方（伦青）···················· 0718
李建木 ················ 0220　0221　0222
李建元 ················ 0220　0220　0221　0221
　　0222　0222
李建中 ················ 0220　0221　0222
李景芳 ·························· 0623
李君施（济之）···················· 0383
李俊（子俊）···················· 0803
李龄寿 ·························· 0772
李龙 ···················· 0363　0367
李南晖 ·························· 0376
李启贤 ·························· 0414
李日宣 ·························· 0827
李时珍（东璧、濒湖山人）········· 0165　0220
　　0221　0222　0262
李士麟（孝则、静山）············· 0318
李栻 ···························· 0079
李守先（善述）···················· 0188
李汤卿 ·························· 0871
李梃（健斋）···················· 0874

李文炳（焕章）···················· 0331
李象（石泉）···················· 0542
李延昰（辰山、期叔）············· 0168
李用粹（修之、惺庵）············· 0452
李友洙（瑞夫）···················· 0331
李芝严 ·························· 0959
李中立（正宇）···················· 0230
李中梓（士材、念莪、尽凡居士）····· 0010
　　0154　0231　0267　0880　0881　0911
李仲南（栖碧山中人）············· 0289

lì

力钧 ···························· 0183

liáng

梁玉池 ·························· 0529
梁玉瑜（特岩）··············· 0180　0840

liào

廖百龄 ·························· 0468
廖平 ···························· 0156
廖润鸿 ·························· 0189

lín

林伯甫 ·························· 0329
林长生 ···················· 0704　0705
林枫（苇庭）···················· 0484
林开燧（慕莪）···················· 0551
林佩琴（羲桐）···················· 0480
林森（药樵）···················· 0507
林山甫（芃郎）···················· 0329
林亿 ········· 0001　0004　0023　0065　0137
　　0184　0275
林永泽（葆予）···················· 0664
林友甫 ·························· 0329
林之翰（慎庵、苔东逸老）········· 0155

líng

凌奂（维正、晓五、折肱老人）········· 0388

liú

刘宝森（柏函）·················· 0060

刘纯（宗厚）···················· 0539

刘鹗（铁云）···················· 0248

刘复（民叔）·········· 0064 0219 0560

刘家沂························ 0442

刘开（立之、三点、复真先生）········ 0418

刘奎（松峰、文甫）··············· 0516

刘懋勋························ 0131

刘勤·························· 0639

刘仁航（乐天修养馆主）············ 0744

刘若金（云密、蠡园逸叟）····· 0233 0245

刘仕廉（清臣）·················· 0892

刘思敬（觉岸、碧幢山隐）·········· 0050

刘完素（守真、河间居士、通玄处士）····· 0899

0900

刘渭川······················· 0125

刘文华······················· 0603

刘文泰······················· 0237

刘文雅（温堂）·················· 0648

刘熙（成国）··················· 0048

刘一明（悟元山人、悟元子）········· 0710

刘渊（圣泉）··················· 0459

刘子维······················· 0803

liǔ

柳宝诒（谷孙、冠群）············· 0801

lǔ

鲁伯嗣······················· 0612

鲁峰························· 0805

鲁永斌（宪德）·················· 0244

lù

陆道光················· 0615 0616

陆道元················· 0615 0616

陆画郗······················· 0340

陆锦燧（晋笙）············· 0896 0965

陆林仙················· 0394 0530 0656

陆懋修（九芝、林屋山人）··········· 0958

陆汝衔（芥山）·················· 0399

陆士谔（守先）····· 0335 0497 0809 0810

0811 0813

陆湘生················· 0854 0975

陆镛（悟虚山人）················ 0742

陆渊雷（彭年）············· 0135 0159

luó

罗必炜················· 0252 0253 0443

罗定昌（茂亭）·················· 0059

罗浩（养斋）··················· 0019

罗美（澹生、东逸）··············· 0882

罗绍芳（林一）············· 0861 0862

罗天益（谦甫）·················· 0419

罗愿（端良、存斋）··············· 0224

罗贞························· 0721

luò

雒镛（声峻）··················· 0136

lú

闾丘煜······················· 0908

lǚ

吕田（心斋）··················· 0519

吕震名（茶村）·················· 0119

〔M〕

mǎ

马化龙（云从）·················· 0709

马莳（仲化、元台）········ 0002 0011 0013

0026 0034

马印麟（长公、好生主人）··········· 0510

马元仪······················· 0769

马兆圣（无竟）·················· 0879

máo

毛世洪（达可、枫山）············· 0343

茅仲盈（配京）·················· 0520

méi

梅鼎 ······················· 0830
梅启照 ····················· 0403

mèng

孟河（介石）················· 0632
梦袁生 ····················· 0530

mí

糜世俊 ················ 0325 0326

mín

民国济南道院 ··············· 0745

mǐn

闵道政 ····················· 0564

míng

明太医院 ············· 0191 0443

miào

缪希雍（仲醇、慕台）········· 0206

mò

莫承艺（仲超）··············· 0008

〔N〕

nài

耐修子（休子）··············· 0724

néng

能静居士 ··················· 0127

ní

倪复初 ····················· 0400
倪奎照（寅亮）··············· 0536
倪士奇 ····················· 0758

倪瑶璋 ····················· 0342

niè

聂尚恒（久吾、惟贞）····· 0624 0625 0755

〔P〕

pān

潘霨（伟如、韡园居士）··· 0485 0748 0930

páng

庞安时（安常）··············· 0066

piàn

片仓元周（鹤陵）············· 0845

〔Q〕

qí

齐秉慧（有堂）··············· 0778
齐德之 ····················· 0668
齐仲甫 ····················· 0563
祁坤（广生）·········· 0460 0681
奇克唐阿（慎修）············· 0373

qián

钱季寅 ····················· 0970
钱雷（豫斋）·········· 0056 0057
钱荣国（缙甫）··············· 0494
钱守和（靖邦、觉非）········· 0338
钱澍田 ····················· 0348
钱松（镜湖）················· 0449
钱秀昌（松溪）··············· 0696
钱乙（仲阳）················· 0608
钱允治 ····················· 0435

qiǎn

浅田惟常（栗园、宗伯）············· 0128

qiáng

强健 ······················· 0590

qín

秦伯未 ·················· 0974

秦伯之（之济、谦斋） ·········· 0498　0818

秦昌遇（景明、广垫道人） ······· 0576
　　　0627　0760

秦越人（扁鹊） ········· 0043　0056　0057

秦之桢（皇士） ··········· 0097　0582

qīng

清太医院 ·············· 0238　0926

清万承志堂 ·············· 0382

qìng

庆恕（云阁） ·············· 0893

qiū

邱崇（宗山） ·············· 0150

〔R〕

ráo

饶鹏 ················· 0425

rèn

任树仁（月峤） ············· 0569

ruǎn

阮其新 ················ 0979

ruì

芮经 ·············· 0876　0877

〔S〕

shàng

尚从善 ················ 0072

shào

邵登瀛（步青） ············· 0521

shěn

沈大润 ················ 0794

沈凤辉（丹彩） ············· 0111

沈金鳌（芊绿、汲门、尊生老人） ··· 0248
　　　0590　0941

沈镜（微垣） ·············· 0169

沈菊人（来方） ············· 0790

沈括（存中） ·········· 0278　0279

沈李龙（云将） ············· 0263

沈时誉（明生） ·········· 0762　0830

沈虚明 ················ 0656

沈彦模（子范） ············· 0958

沈尧封（又彭） ······· 0336　0588　0589

沈源（岷源、抱元子） ·········· 0774

沈子复（嘉澍） ············· 0738

shī

施家栋 ················ 0402

施今墨 ················ 0976

施沛（沛然、笠泽居士） ········· 0308

shí

石寿棠（芾南） ············· 0052

石文�_爀_（右容） ············· 0327

石震（瑞章） ·············· 0546

shǐ

史典（缙臣） ·············· 0833

史崧 ············· 0002　0003　0033

史以甲（子仁） ············· 0091

矢道有道 ··············· 0503

shū

舒诏（驰远、慎斋学人） ··· 0095　0105　0106

sī

司马迁（子长） ············· 0855

司树屏（建侯） ············· 0047

sōng

松尾莱 ················· 0744

sòng

宋慈（惠父）········· 0978　0979
宋东誉 ·············· 0897
宋良弼 ·············· 0311

sū

苏轼（子瞻、东坡）······· 0278　0279　0280
苏州官医局 ············ 0201

sūn

孙丰年（际康）········· 0645
孙庚（位金）·········· 0386
孙继朗（亦倩）········· 0321
孙思邈 ····· 0273　0274　0275　0282　0317
　　0699　0745
孙巳云 ············· 0218
孙天仁 ············· 0298
孙伟（望林）·········· 0320
孙一奎（文垣、东宿、生生子）··· 0754　0903
孙兆重 ············· 0001　0023

〔T〕

tán

谈鸿鋆（问渠）········· 0257

táng

唐昌胤 ············· 0440
唐大烈（笠山）········· 0844
唐千顷（桐园）········· 0587
唐慎微（审元）········· 0226
唐相原 ············· 0440
唐宗海（容川）······· 0126　0498　0961

táo

陶保廉（拙存）········· 0180　0840

陶承熹（东亭）········ 0316
陶憺庵 ············· 0093
陶弘景（通明、华阳居士、华阳真人、贞
　　白先生）········· 0729
陶华（尚文、节庵）······· 0073
陶式玉 ············· 0448

téng

滕惟寅 ············· 0856
滕惟正路 ············ 0856

tiān

天津国医函授学院 ········ 0977
天倪室道人 ··········· 0522
天虚我生 ············ 0403

tóng

仝兆龙（乘六）········· 0642

tú

屠道和（燮臣）········· 0247
屠锡洪 ············· 0806

tuō

托马氏 ············· 0604

〔W〕

wàn

万宁（咸邦）·········· 0428
万全（密斋）······· 0493　0568　0570　0618

wāng

汪昂（讱庵）······· 0015　0234　0235　0236
　　0249　0313　0315　0737　0884　0912
汪逢春 ············· 0822
汪绂（灿人、重生、双池）····· 0464
汪广期 ············· 0352
汪机（省之、石山居士）····· 0025　0752
汪近垣 ············· 0149

汪淇 ……………………………………… 0574

汪琦石 …………………………………… 0547

汪绍达 …………………………………… 0969

汪涛 ……………………………………… 0397

汪廷元 …………………………… 0773　0794

wáng

王冰（启玄子）…… 0001　0003　0004　0023

王焘 ……………………………………… 0276

王道纯 …………………………………… 0237

王道坤 …………………………………… 0897

王更生 …………………………………… 0108

王功镇（静斋、逸民）…………………… 0746

王国祥（永嘉）…………………………… 0847

王好古（进之、海藏）…………………… 0227

王宏翰（惠源、浩然子）………………… 0578

王化贞（肖乾）…………………………… 0575

王介（圣与、默庵）……………………… 0225

王景贤 …………………………………… 0782

王九达（日逵）…………………………… 0007

王君赏 …………………………………… 0297

王凯（养吾）………………… 0362　0507　0860

王肯堂（宇泰、损庵、念西居士）……… 0076

　　0302　0436　0457　0573　0674　0695

　　0838　0909

王觊（子亭）……………………………… 0283

王来贤 …………………………………… 0732

王履（安道）……………………………… 0826

王纶（汝言、节斋）……………………… 0423

王孟英 …………………………………… 0370

王梦祖（竹坪）…………………………… 0115

王明德 …………………………………… 0486

王琦（载韩、琢崖、胥山老人）………… 0917

王清任（勋臣）…………………………… 0058

王庆霄（喆林）………………… 0357　0358

王拳 ……………………………………… 0670

王上达（春亭）…………………………… 0605

王士雄（孟英、潜斋、随息居士）……… 0264

　　0523　0524　0963

王世钟（小溪）…………………………… 0888

王式钰（仲坚、翔千）…………………… 0763

王硕（德肤）……………………………… 0288

王廷瑞（辑五）…………………………… 0107

王维德（洪绪、林屋山人、定定子）…… 0683

　　0684

王惟一（惟德）………… 0037　0190　0202

王文浩（冰鉴、抚东五为子）…………… 0229

王熙（叔和）………… 0065　0070　0137

　　0161　0162

王贤辅（弼庭）…………………………… 0378

王贤（世瞻）……………………………… 0170

王象晋（荩臣、康宁）…………………… 0271

王学权（秉衡）…………………………… 0847

王又槐 …………………………………… 0979

王喆（朴斋）……………………………… 0592

王者悦 …………………………………… 0972

王子固（文之）…………………………… 0707

王子接（晋三）………… 0099　0323　0324

王宗泉 …………………………………… 0057

王宗显 …………………………………… 0435

wèi

魏荔彤（念庭）…………………………… 0141

魏之琇（玉璜、柳洲）…………………… 0771

wén

文守江（南纪）…………………………… 0450

文祥（绮园）……………………………… 0353

文徵明（徵仲、衡山居士）……………… 0055

闻人规（伯圜）…………………………… 0611

闻人耆年 ………………………………… 0185

wēng

翁振基（汉溪）…………………………… 0468

翁仲仁（嘉德）…… 0614　0615　0616　0617

wú

无忌 ……………………………………… 0622

吴达（东旸）··························· 0792
吴道源（本立）················· 0514　0591
吴琯 ······························· 0933
吴金寿（子音）···················· 0780
吴筠（慈惠宗正真人）·············· 0356
吴考槃（隐亭）···················· 0152
吴崑（山甫、鹤皋山人、参黄子）···· 0024
　　　0027　0309
吴联奎 ···························· 0537
吴禄 ······························ 0261
吴勉学 ···························· 0826
吴旻 ······························ 0732
吴普 ······························ 0215
吴谦（六吉）··········· 0123　0685　0914
吴师机（尚先、杖仙、安业）········ 0201
吴士锜 ···························· 0531
吴世铠（怀祖）···················· 0212
吴瑭（鞠通）············· 0517　0518　0781
吴天泰（谧生）···················· 0757
吴惟贞 ···························· 0875
吴文炳（绍轩、光甫、沛泉）········ 0433
吴锡璜（瑞甫、黼堂）·············· 0158
吴仪洛（遵程）········· 0240　0241　0333
吴有性（又可）········· 0504　0508　0509
吴玉涵（毓昌）············· 0232　0246
吴杖仙 ···························· 0328
吴贞安（坤安）··············· 0112　0113
吴中珩（楚白）··············· 0901　0902
吴重熹（仲怿）···················· 0927
吴宗善（达侯）···················· 0020

wǔ

武国良（简侯）···················· 0405
武之望（叔卿）··············· 0439　0574

〔X〕

xǐ

喜多村直宽 ························ 0923

xià

夏鼎（禹铸）······················ 0634
夏云（春农、继昭）················ 0719

xiāo

萧伯章（琢如）···················· 0812

xiè

谢光 ······························ 0897
谢玉琼（昆秀、璞斋）·············· 0638
谢元庆（蕙庭）··············· 0357　0358

xīn

馨呈氏 ····················· 0484　0574

xíng

刑部律令馆 ························ 0978

xióng

熊均（宗立、道轩、勿听子）···· 0250　0292
熊应雄（运英）···················· 0630

xū

须用恒 ···························· 0582

xú

徐半峰（纯一、蕴真子）············ 0368
徐彬（忠可）················ 0138　0139
徐忕忛（尚慧）···················· 0597
徐春甫（汝元、东皋）·············· 0873
徐大椿（灵胎、洄溪老人）······ 0104　0210
　　　0335　0467　0675　0677　0766　0831
　　　0937　0938　0939　0940
徐凤（延瑞）······················ 0186
徐国琛 ···························· 0782
徐景文（学勤）···················· 0804
徐鸣峰 ···························· 0749
徐然石（亚枝）···················· 0789

徐时进 ·············· 0223

徐氏 ·············· 0572

徐叔微（知可） ·············· 0285

徐同熙（省安） ·············· 0804

徐相任（尚志、相宸） ·············· 0534

徐恂甫 ·············· 0654

徐亦稚（季孺） ·············· 0049

徐政杰（蔼辉） ·············· 0588　0589

xǔ

许复科（西垣） ·············· 0508

许浚 ·············· 0878

许克昌（伦声） ·············· 0687

许乐善（修子） ·············· 0734

许梿（珊林） ·············· 0713　0980

许叔微（知可） ·············· 0069　0290

许豫和（宣治、橡村） ·············· 0470

许兆祯（培元） ·············· 0906

xuē

薛成平（庸济） ·············· 0101

薛己（新甫、立斋） ·············· 0423　0541　0564
　　　　0567　0753　0932

薛忄全秉 ·············· 0233

薛雪（生白、一瓢） ·············· 0017　0506

薛增寿 ·············· 0401

〔Y〕

yán

严鸿志（痴孙） ·············· 0606　0966

严燮（兼三、武林遁叟） ·············· 0483

严岳莲 ·············· 0148

阎纯玺（诚斋） ·············· 0583

阎孝忠 ·············· 0608

yáng

杨采青 ·············· 0017

杨昌濬 ·············· 0379

杨乘六（以行、云峰） ·············· 0765

杨凤庭（瑞虞、西山） ·············· 0465　0586

杨继洲（济时） ·············· 0187

杨介（吉老） ·············· 0054

杨上善 ·············· 0156

杨师伊（尹绍） ·············· 0064

杨时泰（贞颐、穆如） ·············· 0245

杨守敬 ·············· 0960

杨叔澄 ·············· 0151

杨谈（允贤） ·············· 0566

杨文翰 ·············· 0293

杨璿（栗山、玉衡） ·············· 0110　0519

yáo

姚济苍（博施） ·············· 0662

姚球（颐真） ·············· 0209

yè

叶大椿（子容） ·············· 0635

叶桂（天士、香岩、南阳先生） ····· 0100　0177
　　　　0209　0290　0323　0337　0511　0584
　　　　0764　0766　0767　0768　0769　0841

叶衡隐 ·············· 0607

叶霖（子雨） ·············· 0147　0528

叶崧 ·············· 0753

叶万青 ·············· 0769

叶云龙 ·············· 0434

叶志诜（廷方、东卿） ·············· 0369

yī

伊尹 ·············· 0064

医学研究社 ·············· 0929

yì

易凤翥 ·············· 0691

yǐn

尹端模 ·············· 0839

yīng

应麐 ·············· 0540

yíng

莹轩氏 ······································ 0359

yóu

尤乘（生洲、无求子） ········· 0154 0911
尤怡（在泾、饲鹤山人） ··· 0098 0142 0143

yú

余道善（达川、性初、三阳道人） ········· 0063
　　0500
余国佩（春山） ···························· 0788
余景和（听鸿） ··········· 0127 0690 0786
余霖（师愚） ······························ 0515
余岩（云岫） ····················· 0502 0843
俞大文（荔峰） ···························· 0891
俞汝溪 ··································· 0265
俞震（东扶） ····················· 0772 0789
虞抟（天民、恒德老人） ··················· 0424

yǔ

宇治田云庵 ······························ 0883

yù

喻昌（嘉言、西昌老人） ··· 0080 0081 0444
　　0505 0759 0910
喻杰（本亨） ······························ 0981
喻仁（本元） ····················· 0981 0982

yuán

元琦 ··································· 0795
袁光裕（坦斋） ···························· 0593
袁句（大宣、双梧主人） ··················· 0641

yuè

岳昌源 ··································· 0457

yùn

恽铁樵（树钰） ··········· 0004 0022 0132

　　0133　0134　0174　0175　0535　0661
　　0821　0967　0968

〔Z〕

zēng

曾鼎（香田） ······························ 0474
曾世荣（德显） ···························· 0610

zhāng

张百熙（潜斋） ···························· 0389
张璧（云岐子） ···························· 0071
张昶（甲弘、海澄） ························ 0543
张从正（子和、戴人） ····················· 0416
张存惠（魏卿） ···························· 0226
张大燨（仲华） ···························· 0360
张逢吉（尔康） ···························· 0894
张福田 ··································· 0173
张机（仲景） ············· 0061 0064 0065
　　0070 0137
张家椿 ··································· 0655
张介宾（景岳、会卿、通一子） ····· 0005 0006
　　0306 0392 0907
张镜源 ··································· 0973
张九苍 ··································· 0959
张俊英（钟奇） ··················· 0056 0057
张昆 ··································· 0429
张璐（路玉、石顽老人） ·········· 0082 0083
　　0085 0208 0317 0455
张千里（梦庐、子方） ····················· 0782
张仁锡（希白） ··················· 0256 0863
张锐（子刚） ······························ 0284
张绍棠（又棠） ··········· 0363 0364 0365
　　0366 0367
张绍修（善吾） ···························· 0720
张绍重 ··································· 0824
张时彻（维静、东沙、九一） ················ 0296
张世贤（天成、静斋） ············· 0039 0040
　　0041 0042 0162
张寿颐（山雷） ··········· 0193 0501 0561 0693

张宋良（留仙） ················ 0362
张太素（青城山人） ············ 0166
张泰恒 ······················ 0102
张锡驹（令韶） ················ 0096
张延登（济美、华东） ·········· 0307
张衍思（有恒） ················ 0198
张琰（逊玉） ·················· 0637
张翼 ························· 0673
张勇 ························· 0312
张在浚（念亭） ················ 0551
张桢汀 ······················ 0478
张振鋆（醴泉、惕厉子） ········ 0653
张志聪（隐庵） ······ 0008　0011　0012　0013
　　0014　0028　0029　0035　0087　0092
　　0207
张倬（飞畴） ·················· 0084
张鸑翼（青万、乐山） ·········· 0678
张宗良（留仙） ·········· 0714　0715

zhào

赵健雄 ······················ 0897
赵金（淮献、心山） ············ 0905
赵濂（竹泉） ·················· 0488
赵叔文（季敷） ················ 0294
赵双壁（公瑶） ················ 0708
赵廷儒（纯臣） ················ 0482
赵熙（辑庵） ·················· 0200
赵献可（养葵、医巫闾子） ······ 0828
赵学敏（恕轩、依吉） ···· 0242　0332
赵彦辉（晴初） ················ 0835
赵也桥 ······················ 0925
赵嶷（一苍子） ················ 0829
赵以德（良仁） ················ 0140
赵元益 ······················ 0492

zhèng

郑春敷 ······················ 0562
郑道谦 ······················ 0487
郑官应（陶斋） ················ 0384

郑宏纲（纪原、梅涧） ·········· 0716
郑钦谕（三山、保御） ·········· 0579
郑汝恭 ······················ 0723
郑氏 ························· 0569
郑寿全（钦安） ················ 0834
郑玉成 ······················ 0487
郑泽（于荣） ·················· 0303
郑重光（在辛、素圃） ·········· 0509

zhī

支秉中（改斋） ················ 0571
芝屿樵客 ···················· 0647
知医悯人居士 ················ 0374

zhōng

钟伯英 ······················ 0499

zhōu

周伯贞 ······················ 0895
周冠（甄陶） ·················· 0646
周弘度（公望） ················ 0306
周礼（半山） ·················· 0429
周其芬 ······················ 0359
周绍濂 ······················ 0875
周笙（指航） ·················· 0456
周文采 ················ 0295　0669
周禧 ························· 0272
周学海（澂之） ·········· 0021　0962
周学霆（荆威、梦觉道人） ······ 0172
周扬俊（禹载） ······ 0090　0140　0506
周云青 ······················ 0858
周云章（松仙、松儒） ·········· 0490
周震（慎斋） ·················· 0628
周仲文 ······················ 0272

zhū

朱德明 ······················ 0471
朱凤台（慎人） ················ 0446
朱黼 ························· 0179

朱肱（翼中）……………………… 0067　0068

朱惠民（惠明、济川）……………… 0619

朱权（臞仙、玄洲道人、涵虚子、丹丘先生）

　　………………………………… 0731　0872

朱儒 ………………………………… 0904

朱文熙 ……………………………… 0796

朱橚 ………………………………… 0205

朱颜驻 ……………………………… 0349

朱一麟（应我）……………………… 0626

朱音恬（咏清）……………………… 0915

朱震亨（彦修、丹溪）…… 0163　0420　0565

　　0573　0609　0825　0898

zhú

竹林寺僧 ………… 0593　0594　0595　0596

zhù

祝韵梅（连理薇馆主人）…………… 0959

zhuāng

庄一夔（在田）…………… 0643　0644

zōu

邹澍（润安、闰庵）………… 0213　0214

邹元标（尔瞻、南皋）……………… 0305

zuò

作德主人 …………………………… 0887

刊刻者笔画索引

一画

一钱阁曾福臻 …………………………… 0064

二画

二酉堂 ………………… 0163　0420　0901
丁永嵘 …………………………………… 0611
人民卫生出版社 ………………… 0226　0274

三画

三山林氏 ………………………………… 0117
三山林氏味根斋 ………………………… 0254
三义堂 ………………………… 0110　0884
三多斋 …………………………………… 0089
三多堂 …………………………………… 0911
三余堂 …………………………………… 0445
三原县署 ………………………………… 0379
三槐堂 ………………………… 0313　0372
大文堂 ………………… 0026　0034　0902
大业堂 …………………………………… 0426
大成书局 ………………………………… 0933
大成斋 …………………………………… 0012
上洋江左书林 …………………………… 0574
上洋珍艺书局 …………………………… 0367
上海三友实业社 ………………………… 0560
上海大东书局 ………… 0344　0526　0612
　　　0665　0817
上海大成书局 ………………… 0707　0716
上海万有书局 ………… 0195　0233　0594
上海千顷堂 …………………… 0416　0769
上海千顷堂书局 ……… 0005　0066　0073
　　　0131　0156　0278　0324　0415　0647
　　　0706　0778　0899
上海广文书局 ………………… 0335　0809

上海广百宋斋 …………………………… 0364
上海广益书局 …… 0040　0092　0142　0234
　　　0243　0268　0362　0437　0472　0517
　　　0525　0525　0574　0607　0628　0646
　　　0657　0681　0912
上海广雅书局 …………………………… 0070
上海飞鸿阁书局 ………………………… 0145
上海中西医药书局 ……………………… 0388
上海中华书局 ………… 0037　0211　0215
　　　0620　0663
上海中华新教育社 ……………………… 0269
上海中医书局 …… 0060　0115　0283　0406
　　　0414　0443　0488　0960　0970
上海中医图书馆 ………………………… 0939
上海中医学院 …………………………… 0308
上海中医研究所文献资料研究室 ……… 0870
上海中国古医学会 ……………………… 0219
上海仁济医馆 …………………………… 0554
上海六也堂书药局 ……………………… 0128
上海六艺书局 …………………………… 0938
上海文盛书局 …………………………… 0880
上海文渊山房 …………………………… 0517
上海文瑞楼 …………… 0094　0143　0281　0287
　　　0471　0679　0801　0841
上海文新书局 …………………………… 0945
上海世界书局 ………… 0497　0781　0809
　　　0811　0813
上海古籍书店 ………… 0077　0111　0124
　　　0168　0244　0256　0297　0423　0468
　　　0476　0520　0576　0756　0765　0776
　　　0777　0777　0784　0793　0828　0830
　　　0871　0906
上海古籍出版社 ………… 0020　0171　0204
　　　0755　0767

上海共和书局 ················ 0234　0912
上海扫叶山房 ········ 0556　0641　0936
上海同文书局 ················ 0234　0315
上海回澜社 ·························· 0969
上海华丰印刷铸字所 ·················· 0968
上海华丰出版社 ······················ 0502
上海会文堂 ················ 0639　0680
上海会文堂书局 ············ 0042　0267
上海江左书林 ·············· 0939　0943
上海江东书局 ········ 0437　0657　0676
　　0688　0930
上海江东茂记书局 ···················· 0451
上海进化书局 ······················ 0245
上海进步书局 ··············· 0092　0370
上海医学书局 ············· 0499　0857
上海孚华书局 ······················ 0059
上海启新书局 ············· 0365　0549
上海国文书局 ······················ 0142
上海国医学院 ······················ 0135
上海图书集成书局 ···················· 0458
上海图书集成印书局 ······ 0076　0145　0239
　　0276　0302　0313　0436　0455　0517
　　0524　0674　0686　0886　0907　0914
　　0917　0939
上海图书集成局 ······················ 0523
上海受古书店 ············· 0042　0668
上海育文书局 ······················ 0023
上海学海图书馆 ······················ 0457
上海宝善书局 ······················ 0367
上海经香阁书庄 ······················ 0950
上海科学技术出版社 ·················· 0768
上海顺成书局 ······················ 0126
上海恽铁樵医寓 ······················ 0174
上海美华书馆 ······················ 0741
上海洽记书局 ······················ 0363
上海耕乐堂 ·························· 0626
上海校经山房 ······ 0042　0080　0081　0231
　　0286　0449　0874　0878
上海海左书局 ······················ 0780

上海家庭工作社 ······················ 0403
上海著易堂 ·························· 0771
上海著易堂书局 ······················ 0893
上海萃英书局 ············· 0445　0657
上海章福记书局 ······················ 0221
上海商务印书馆 ······ 0010　0132　0134
　　0226　0237　0750　0751　0952
上海鸿文书局 ························ 0953
上海鸿宝斋 ·························· 0216
上海鸿宝斋书局 ······ 0042　0113　0187
　　0220　0232　0274　0436
上海鸿章书局 ············· 0015　0274
上海涵芬楼 ······ 0002　0003　0137　0138
上海铸记书局 ········ 0252　0366　0568
上海普通书局 ······················ 0509
上海锦章书局 ···· 0187　0220　0242　0253
　　0458　0461　0595　0617　0684　0688
　　0699　0704　0714　0878　0911　0914
上海锦章图书局 ······ 0110　0313　0444
　　0449　0451　0628
上海简青斋 ·························· 0187
上海静斋书局 ························ 0954
上海翠竹山房 ······················ 0816
上海醉六堂 ·························· 0590
上海鑫记书社 ······················ 0518
上湘刘讲斋 ·························· 0330
山左书局 ···························· 0958
山右李氏 ···························· 0331
山西平阳李月桂 ······················ 0187
千顷堂书局 ········ 0152　0878　0961　0963
广东翰墨园 ·························· 0276
广州黄幹南药行 ······················ 0819
广州登云阁 ·························· 0979
广州藏修堂 ·························· 0942
广益书局 ················· 0209　0449
卫生堂 ······························ 0511

四画

丰越徐氏 ···························· 0902

王继濂 …………………………………… 0621
王琦 ……………………………………… 0207
天津古籍书店 ……………… 0321　0483
天津国医函授学院 ……………………… 0977
天禄阁 …………………………………… 0912
天德堂 ……………………………… 0005　0006
云南大理乐真堂 …………………… 0063　0500
艺林堂 …………………………………… 0011
五柳居 …………………………………… 0882
五凉文社 ………………………………… 0893
太医院 …………………………………… 0011
太原任振基 ……………………………… 0840
中医书局 ………………………………… 0498
中医古籍出版社 ………… 0025　0031　0039
　　　0049　0050　0054　0055　0072　0074
　　　0079　0087　0091　0093　0101　0102
　　　0107　0108　0123　0125　0146　0149
　　　0164　0167　0173　0176　0177　0178
　　　0183　0192　0196　0198　0226　0229
　　　0230　0248　0260　0265　0270　0272
　　　0277　0280　0294　0298　0299　0300
　　　0301　0303　0304　0305　0307　0311
　　　0318　0322　0325　0326　0327　0328
　　　0336　0338　0349　0350　0354　0355
　　　0376　0385　0418　0421　0424　0425
　　　0427　0429　0433　0434　0438　0440
　　　0446　0453　0456　0458　0460　0463
　　　0466　0477　0478　0486　0487　0491
　　　0510　0539　0540　0542　0543　0544
　　　0545　0562　0566　0569　0571　0578
　　　0579　0582　0599　0600　0609　0613
　　　0622　0623　0632　0642　0645　0652
　　　0654　0670　0673　0682　0691　0701
　　　0702　0703　0708　0712　0721　0726
　　　0730　0731　0732　0735　0736　0747
　　　0753　0757　0758　0763　0773　0774
　　　0783　0785　0788　0795　0800　0804
　　　0805　0827　0829　0832　0849　0872
　　　0875　0877　0879　0887　0888　0904

　　　0905　0908　0923　0932　0943
中医研究院 ……………………………… 0669
中医研究院图书情报中心 ……………… 0292
中国中医药出版社 ……………………… 0973
中国中医研究院 ………………………… 0295
中国中医研究院图书馆 ………………… 0170
中国古籍出版社 ………… 0007　0262　0284
毛上珍 …………………………………… 0377
长年医局 ………………………………… 0213
长沙徐氏燮龢精舍 ……… 0016　0103　0462
长沙遐龄精舍 …………………………… 0912
长春市春湖复印社 ……………………… 0972
仁记书局 ………………………………… 0912
介景楼 …………………………………… 0323
月澄斋 …………………………………… 0519
丹阳林晋卿研经堂 ……………………… 0480
六印堂 …………………………………… 0373
文元书局 ………………………………… 0657
文发堂 ……………………………… 0187　0461
文成堂 …………………………………… 0981
文林堂 …………………………………… 0639
文贤堂 …………………………………… 0437
文物出版社 ……………………………… 0858
文奎堂 …………… 0162　0313　0347　0451
　　　0931　0955
文星堂 …………………………………… 0039
文胜堂 …………………………………… 0106
文宣书局 ………………………………… 0479
文益堂 …………………………………… 0759
文盛斋 …………………………………… 0737
文盛堂 ……………………………… 0337　0888
文富堂 …………………………………… 0271
文瑞堂 …………………………………… 0162
文瑞楼 …………………………………… 0902
文德堂 …………………………………… 0455
文馨斋 …………………………………… 0334
巴蜀善成堂 ……… 0145　0475　0949　0955
双白燕堂 ………………………………… 0142
双峰堂 …………………………………… 0105

书业草堂 …………………………………… 0212
书业堂 ……………………………… 0039　0635
书林刘公生 …………………………………… 0452

五画

玉映堂 ………………………………………… 0155
正古堂 ………………………………………… 0704
甘肃中医学院图书馆 …… 0036　0045　0057
　　　0152　0186　0191　0228　0285　0309
　　　0312　0316　0384　0432　0487　0504
　　　0505　0512　0516　0546　0575　0611
　　　0667　0723　0729　0734　0748　0752
　　　0847　0883　0897　0909　0924　0929
　　　0961
甘肃高等学堂 ………………………………… 0740
世荣堂 ………………………………………… 0320
世德堂 ………………………………………… 0563
古吴扫叶山房 ………………………………… 0766
古吴致和堂 …………………………………… 0885
古香阁 ………………………………………… 0653
古香室 ………………………………………… 0094
石林书屋 ……………………………………… 0528
石室 …………………………………………… 0027
东佛镇天宝楼 ………………………………… 0903
东都青云堂 ………………………………… 0032　0046
北平国医砥柱月刊社 ………………………… 0247
北平聚魁堂 …………………………………… 0151
北京大学出版社 ……………………………… 0289
北京天华馆 …………………………………… 0166
北京中国书店 ………………………………… 0261
北京文贵堂 …………………………………… 0362
北京图书馆 …………………………………… 0859
北京和济印刷局 ……………………………… 0717
北京学苑出版社 ……………………………… 0291
北京科学技术出版社 ………………………… 0343
北京济生医室 ………………………………… 0218
北京新华书店 ………………………………… 0495
北京翰文斋 …………………………………… 0935
田氏本宅 ……………………………………… 0479

四川人民出版社 …………………… 0075　0208
四明存轩 ……………………………………… 0184
白鹿山房 ……………………………………… 0140
务本堂 ……………………………… 0094　0220
包氏医宗出版部 ……………………………… 0820
乐善堂 ………………………………………… 0374
兰州府署 ……………………………………… 0580
兰州官书局 …………………………………… 0658
兰谷协记书庄 ………………………………… 0589
兰省东华观 …………………………………… 0351
兰省荆荫堂 …………………………………… 0720
兰溪中医专门学校 …………………………… 0193
半松斋 ……………………………… 0831　0940
宁波汲绠书庄 ……………………… 0606　0966
宁波汲绠斋 …………………………………… 0078
宁波咏古斋 …………………………………… 0605
宁波群玉山房 ………………………………… 0517
永顺堂 ………………………………………… 0435

六画

吉心堂 ………………………………………… 0242
芝瑞堂 ………………………………………… 0648
协和医院图书馆 ……………………………… 0291
西安克兴印书馆 ……………………………… 0136
有怀堂 ………………………………………… 0313
有益斋 ………………………………………… 0685
存诚堂 ………………………………………… 0230
存耕堂 ………………………………………… 0894
成都三味堂 …………………………………… 0435
成都五福堂 …………………………………… 0834
成都中医学院 ………………………………… 0228
成都文华印字馆 ……………………………… 0662
成都邓氏崇文斋 ……………………………… 0061
成都龙万育爕堂 ……………………………… 0951
成都张氏 ……………………………………… 0855
成都张兴龙 …………………………………… 0465
成都昌福公司 ………………………………… 0043
扫叶山房 …………… 0015　0015　0039　0118
　　　0139　0139　0145　0240　0266　0313

0317　0323　0323　0395　0430　0436
0506　0630　0677　0844　0878　0885
0981

扬州李记庄 ……………………………… 0450

光华国医学社 …………………………… 0976

光启堂 …………………………………… 0162

同仁堂 …………………………………… 0319

同文堂 ………………………… 0015　0759

同心公记 ………………………………… 0949

同志堂 …………………………………… 0705

同德堂 …………………………………… 0900

朱陶性 …………………………………… 0098

伟文堂 …………………………………… 0144

休宁吴德辉还读斋 ……………………… 0235

休宁汪氏书栗轩 ………………………… 0458

会稽扫闲居士孙思恭 …………………… 0127

会稽鲁超 ………………………………… 0907

亦西斋 …………………………………… 0041

羊城明经阁 ……………………………… 0912

羊城博济医局 …… 0604　0689　0839　0864

羊城惠爱医馆 …………………………… 0407

江左书局 ………………………………… 0451

江左书林 … 0114　0267　0275　0744　0806

江宁藩署 ………………………………… 0185

江西书局 ………………………………… 0930

江阴宝文堂 ……………………………… 0313

江阴钱氏 ………………………………… 0494

江阴章巨膺 ……………………………… 0967

江苏上海仁济医馆 ……………………… 0408

江苏广陵古籍刻印社 …… 0019　0201　0202
0296　0439　0553　0564　0634　0787
0794　0810　0833　0898　0924　0962
0971

江苏文元书局 …………………………… 0814

江苏书局 ………………………………… 0464

江南制造总局 …………………………… 0492

汲古阁 …………………………………… 0964

聿修堂 …………………………………… 0116

七画

志道山房 ………………………………… 0586

志嶙轩 …………………………………… 0187

芸生堂 ………………………… 0026　0624

芥子园 …………………………………… 0222

严江莩溪山馆 …………………………… 0722

苏州扫叶山房 …………………………… 0094

苏州桐石山房 …………………………… 0236

苏州绿荫堂 …………………… 0127　0690

苏州绿荫楼 ……………………………… 0615

两仪堂 ………………… 0080　0313　0444　0759

医学公会 ………………………………… 0013

医界春秋社 ……………………………… 0618

还珠山房 ………………………………… 0922

求放心斋 ………………………………… 0738

步月楼 …………………………………… 0073

吴门扫叶山房 …………………………… 0684

吴门唐氏问心草堂 ……………………… 0844

吴氏利济堂 ……………………………… 0333

吴氏贮春仙馆 …………………………… 0100

吴江李氏 ………………………………… 0772

吴县石韫玉 ……………………………… 0314

吴县朱氏槐庐 …………………………… 0550

吴闽医学书会 …………………………… 0951

听涛书屋 ………………………………… 0551

闵齐伋 …………………………………… 0624

宏文阁 …………………………………… 0094

宏道堂 …… 0018　0089　0114　0145　0145
0172　0187　0255　0437　0475　0678
0848　0920　0981　0982

启新书局 ………………………………… 0070

社会医报馆 ……………………………… 0843

灵鹤山房 ………………………………… 0522

陇右乐善书局 …………………………… 0104

陈友恭 …………………………………… 0075

陈长卿 …………………………………… 0933

陈明德大房 ……………………………… 0587

陈爱竹山房 ……………………………… 0943

陈璞辑校云林阁 ·················· 0931
陈懋宽其顺堂 ·················· 0097

八画

武英殿 ·················· 0279
武昌节署 ·················· 0359
武昌医馆 ·················· 0610
武威同善公所 ·················· 0724
武强贺氏 ·················· 0279
青霞斋吴学圃 ·················· 0779
杭州万承志堂 ·················· 0382
杭州古旧书店 ·········· 0353 0924
杭州胡庆余堂 ·················· 0380
杭州景文斋 ·················· 0527
抱芳堂 ·················· 0010
尚德堂 ·········· 0015 0902 0912
昧经堂 ·················· 0090
昆山绥福堂 ·················· 0094
明道堂 ·················· 0890
明德堂 ·················· 0082
罗文殊 ·················· 0224
图书集成印书局 ·················· 0001
和采堂 ·················· 0339
侣山堂 ·················· 0030
金陵书林 ·················· 0431
金陵杨氏 ·················· 0959
金陵授经堂 ·················· 0634
金匮华氏 ·················· 0274
金阊书业堂 ·········· 0083 0310 0733
金阊绿慎堂 ·················· 0094
金裕堂 ·················· 0639
周氏福慧双修馆 ·················· 0962
京口文成堂 ·················· 0003
京口遵仁堂 ·················· 0003
京师警察厅 ·················· 0533
京华印书局 ·················· 0503
京都太医院 ·················· 0275
京都书林林芳兵卫 ·················· 0856
京都龙光斋 ·················· 0257

京都成兴斋 ·················· 0549
京都宝经堂 ·················· 0058
京都泰山堂 ·················· 0039
学库山房 ·········· 0241 0458
学源堂 ·················· 0243
宝庆务本书局 ·················· 0169
宝庆经元书局 ·················· 0944
宝善书局 ·················· 0766
宛邻书屋 ·················· 0103
姑苏扫叶山房 ·················· 0290
姑苏崇德书院 ·················· 0320
姑苏绿润堂 ·················· 0780
细柳山房 ·················· 0473
孟河崇礼堂 ·················· 0815
绍兴医药学报社 ·········· 0896 0965
绍兴裘氏 ·················· 0835
经元堂 ·················· 0472
经余堂 ·················· 0230
经纶堂 ·········· 0251 0574 0910
经国堂 ·········· 0637 0704 0880 0955
经窗书屋 ·················· 0435

九画

珍艺书局 ·················· 0675
赵氏完璧堂 ·················· 0700
赵郡黎照楼 ·················· 0907
南京中医学院图书馆 ·········· 0288 0876
南京国药业公所 ·················· 0402
南海黄发堂 ·················· 0496
南通翰墨林 ·················· 0047
南雅堂 ·········· 0018 0118 0145 0598
树德堂 ·········· 0662 0912
研香书馆 ·················· 0512
毗陵涵雅堂 ·················· 0245
虹口竹荫堂 ·················· 0696
思德堂 ·················· 0082
种善堂 ·················· 0587
重庆书业堂 ·················· 0144
顺德道署 ·················· 0372

顺德潘氏 ·················· 0903
恒德堂 ·············· 0240 0241
恽铁樵 ·················· 0065
养元堂 ·················· 0671
养鹤山房 ·················· 0836
泂溪草堂 ·················· 0467
济南道院 ·················· 0745

十画

泰州新华书店古籍部 ········ 0405 0559
都门河南结局 ·················· 0683
晋升山房 ·················· 0249
栖云山 ·················· 0860
校经山房 ······ 0139 0267 0574 0677
致和堂 ·················· 0459
致胜堂 ·················· 0704
致盛堂 ·················· 0574
积庆堂 ·················· 0378
徐寿华堂 ·················· 0534
留耕堂 ·················· 0357
高氏 ·················· 0775
瓶花书屋 ·················· 0241
益元书局 ·················· 0943
益州张吾瑾 ·················· 0056
浙东印书局 ·················· 0112
浙江中医专门学校 ·················· 0693
浙江中医学院图书馆 ·················· 0441
浙江书局 ········ 0023 0028 0030 0030
　　　　0035 0979
浙江慈还读轩 ·················· 0372
海上大隐庐 ·················· 0588
海丰吴氏梁园节署 ·················· 0927
海清楼 ·················· 0162
海虞吴氏 ·················· 0591
诸光鉴 ·················· 0655
绣谷胡学峰 ·················· 0912

十一画

菁华堂 ·················· 0451

著易堂 ·················· 0492
萃珍书局 ·················· 0246
萧山合义和印书局 ·················· 0718
萧山陈氏 ·················· 0547
梓会堂 ·················· 0144
推爱堂 ·················· 0651
常郡文兴堂 ·················· 0010
常郡陆氏双白燕堂 ·················· 0070
常郡韩文焕斋 ········ 0213 0214 0625
常熟怀永堂 ·················· 0585
崇实书局 ·················· 0880
崇顺堂 ·············· 0672 0678
崇德院 ·················· 0142
欲静楼 ·················· 0263
逸民医庐 ·················· 0746
旌孝堂 ·················· 0044
章巨膺医寓 ········ 0175 0535 0661 0821
章福记书局 ·················· 0640
商务印书馆 ········ 0002 0003 0037
　　　　0161 0858
惜阴书屋 ·················· 0413
鸿文书局 ·················· 0458
鸿宝斋 ·················· 0040
鸿宝斋书局 ·················· 0275
渔古山房 ········ 0215 0473 0933
寄隐轩 ·················· 0179
隆文书局 ·················· 0023
维经堂 ·················· 0946
绿圃斋 ·················· 0243

十二画

越中墨润堂 ·················· 0574
博济医局 ·················· 0409
葵锦堂 ·············· 0080 0444
惠林堂 ·················· 0513
厦门大同印务公司 ·················· 0158
厦门印书馆 ·················· 0664
紫文阁 ·················· 0015
遗经堂 ·················· 0464

赐书堂 ·· 0581
铸记书馆 ·· 0479
集古山房 ·· 0786
皖南建德周氏 ··· 0021
粤东抚署 ·· 0369
敦仁堂 ·· 0686
敦厚堂 ···································· 0514　0955
善成堂 ······ 0018　0039　0169　0215　0320
　　　0430　0451　0548　0686　0912　0912
　　　0926
湖北官书处 ·· 0053
湖北崇文书局 ······ 0121　0474　0523　0941
渭南严氏 ······························· 0148　0208
渭南严氏孝义家塾 ································· 0517
富春堂 ·· 0564
登云堂 ·· 0437

十三画

颐吉堂 ·· 0736
榆中栖云山 ···························· 0342　0710
榆园 ··· 0332
赖文海堂 ·· 0144
蜀都会友堂 ·· 0914
锦章书局 ·· 0040
锦章图书局 ·· 0013
新化三味书局 ······ 0114　0472　0918　0919
　　　0945　0948　0955
新安吴勉学 ··················· 0417　0538　0825
新安程衍道 ·· 0276
新都闵道政 ·· 0564
新都张氏 ·· 0482
新都周祖佑 ·· 0490
慈善会 ·· 0189
福文堂 ·· 0475
福州醉经阁 ·· 0096
福建长乐书局 ··· 0955
福建省中医学术委员会 ·························· 0120
群玉山房 ·· 0267
群簇 ··· 0608

十四画

静俭堂 ·· 0845
嘉兴世界书局 ··· 0536
嘉定张氏体仁堂 ····································· 0501
嘉郡九思堂 ·· 0592
嘉郡秀水县王绵文 ································· 0592
聚兴堂 ································· 0144　0145
聚经堂 ·· 0593
聚奎堂 ·· 0629
聚锦堂 ·· 0676
蔡氏涵虚阁 ·· 0969
毓秀堂丁氏 ·· 0636
暨阳陈宝善堂 ··· 0602

十五画

醉吟山房 ·· 0892
墨润堂刻本 ·· 0315
镇江文成堂 ·· 0615
镇江蒋氏快志堂 ····································· 0787
稽古堂 ···················· 0345　0346　0347
黎川陈守诚 ·· 0444
黎川陈守诚嵩秀堂 ··················· 0080　0081
篆云斋 ·· 0479
遵经堂 ·· 0881
潘氏敏德堂 ·· 0485
豫章邓灿堂 ·· 0489

十六画

儒林堂 ·· 0067
錬石书局 ·· 0479
凝善堂 ·· 0585

十七画

魏吉亭 ·· 0071
翼经堂 ·· 0162

十八画

黎照书屋 ··················· 0766　0885　0915

刊刻者音序索引

〔B〕

bā

巴蜀善成堂 ……… 0145　0475　0949　0955

bái

白鹿山房 ……………………………… 0140

bàn

半松斋 ………………………… 0831　0940

bāo

包氏医宗出版部 …………………… 0820

bǎo

宝庆经元书局 ……………………… 0944
宝庆务本书局 ……………………… 0169
宝善书局 …………………………… 0766

bào

抱芳堂 ……………………………… 0010

běi

北京大学出版社 …………………… 0289
北京翰文斋 ………………………… 0935
北京和济印刷局 …………………… 0717
北京济生医室 ……………………… 0218
北京科学技术出版社 ……………… 0343
北京天华馆 ………………………… 0166
北京图书馆 ………………………… 0859
北京文贵堂 ………………………… 0362
北京新华书店 ……………………… 0495
北京学苑出版社 …………………… 0291
北京中国书店 ……………………… 0261

北平国医砥柱月刊社 ……………… 0247
北平聚魁堂 ………………………… 0151

bó

博济医局 …………………………… 0409

bù

步月楼 ……………………………… 0073

〔C〕

cài

蔡氏涵虚阁 ………………………… 0969

cháng

长春市春湖复印社 ………………… 0972
长年医局 …………………………… 0213
长沙遐龄精舍 ……………………… 0912
长沙徐氏燮龢精舍 … 0016　0103　0462
常郡韩文焕斋 ……… 0213　0214　0625
常郡陆氏双白燕堂 ………………… 0070
常郡文兴堂 ………………………… 0010
常熟怀永堂 ………………………… 0585

chén

陈爱竹山房 ………………………… 0943
陈长卿 ……………………………… 0933
陈懋宽其顺堂 ……………………… 0097
陈明德大房 ………………………… 0587
陈璞辑校云林阁 …………………… 0931
陈友恭 ……………………………… 0075

chéng

成都昌福公司 ……………………… 0043
成都邓氏崇文斋 …………………… 0061

成都龙万育燮堂 ···················· 0951
成都三昧堂 ························· 0435
成都文华印字馆 ···················· 0662
成都五福堂 ························· 0834
成都张氏 ·························· 0855
成都张兴龙 ························· 0465
成都中医学院 ······················ 0228

chóng

重庆书业堂 ························· 0144
崇德院 ···························· 0142
崇实书局 ·························· 0880
崇顺堂 ······················ 0672 0678

cí

慈善会 ···························· 0189

cì

赐书堂 ···························· 0581

cuì

萃珍书局 ·························· 0246

cún

存诚堂 ···························· 0230
存耕堂 ···························· 0894

〔D〕

dà

大成书局 ·························· 0933
大成斋 ···························· 0012
大文堂 ······················ 0026 0034 0902
大业堂 ···························· 0426

dān

丹阳林晋卿研经堂 ·················· 0480

dēng

登云堂 ···························· 0437

dīng

丁永嵘 ···························· 0611

dōng

东都青云堂 ···················· 0032 0046
东佛镇天宝楼 ······················ 0903

dū

都门河南结局 ······················ 0683

dūn

敦厚堂 ······················ 0514 0955
敦仁堂 ···························· 0686

〔E〕

èr

二酉堂 ·················· 0163 0420 0901

〔F〕

fēng

丰越徐氏 ·························· 0902

fú

福建长乐书局 ······················ 0955
福建省中医学术委员会 ············ 0120
福文堂 ···························· 0475
福州醉经阁 ························· 0096

fù

富春堂 ···························· 0564

〔G〕

gān

甘肃高等学堂 ······················ 0740
甘肃中医学院图书馆 ······ 0036 0045 0057
　　　　0152 0186 0191 0228 0285 0309
　　　　0312 0316 0384 0432 0487 0504

0505	0512	0516	0546	0575	0611
0667	0723	0729	0734	0748	0752
0847	0883	0897	0909	0924	0929
0961					

gāo

高氏 ················· 0775

gū

姑苏崇德书院 ············· 0320
姑苏绿润堂 ··············· 0780
姑苏扫叶山房 ············· 0290

gǔ

古吴扫叶山房 ············· 0766
古吴致和堂 ··············· 0885
古香阁 ················· 0653
古香室 ················· 0094

guāng

光华国医学社 ············· 0976
光启堂 ················· 0162

guǎng

广东翰墨园 ··············· 0276
广益书局 ··········· 0209 0449
广州藏修堂 ··············· 0942
广州登云阁 ··············· 0979
广州黄幹南药行 ··········· 0819

〔H〕

hǎi

海丰吴氏梁园节署 ········· 0927
海清楼 ················· 0162
海上大隐庐 ··············· 0588
海虞吴氏 ················· 0591

háng

杭州古旧书店 ········· 0353 0924

杭州胡庆余堂 ············· 0380
杭州景文斋 ··············· 0527
杭州万承志堂 ············· 0382

hé

和采堂 ················· 0339

héng

恒德堂 ············· 0240 0241

hóng

宏道堂 ········· 0018 0089 0114 0145
　　　　0145 0172 0187 0255 0437 0475
　　　　0678 0848 0920 0981 0982
宏文阁 ················· 0094
虹口竹荫堂 ··············· 0696
鸿宝斋 ················· 0040
鸿宝斋书局 ··············· 0275
鸿文书局 ··············· 0458

hú

湖北崇文书局 ····· 0121 0474 0523 0941
湖北官书处 ··············· 0053

huán

还珠山房 ················· 0922

huí

洄溪草堂 ················· 0467

huì

惠林堂 ················· 0513

〔J〕

jī

积庆堂 ················· 0378
稽古堂 ··········· 0345 0346 0347

jí

吉心堂 ················· 0242

汲古阁 ······················· 0964
集古山房 ····················· 0786

jǐ

济南道院 ····················· 0745

jì

寄隐轩 ······················ 0179
暨阳陈宝善堂 ················· 0602

jiā

嘉定张氏体仁堂 ··············· 0501
嘉郡九思堂 ··················· 0592
嘉郡秀水县王绵文 ············· 0592
嘉兴世界书局 ················· 0536

jiāng

江南制造总局 ················· 0492
江宁藩署 ····················· 0185
江苏广陵古籍刻印社 ····· 0019　0201　0202
　　　0296　0439　0553　0564　0634　0787
　　　0794　0810　0833　0898　0924　0962
　　　0971
江苏上海仁济医馆 ············· 0408
江苏书局 ····················· 0464
江苏文元书局 ················· 0814
江西书局 ····················· 0930
江阴宝文堂 ··················· 0313
江阴钱氏 ····················· 0494
江阴章巨膺 ··················· 0967
江左书局 ····················· 0451
江左书林 ··············· 0114　0267　0275
　　　0744　0806

jiào

校经山房 ··········· 0139　0267　0574　0677

jiè

介景楼 ······················ 0323

芥子园 ······················ 0222

jīn

金阊绿慎堂 ··················· 0094
金阊书业堂 ··········· 0083　0310　0733
金匮华氏 ····················· 0274
金陵授经堂 ··················· 0634
金陵书林 ····················· 0431
金陵杨氏 ····················· 0959
金裕堂 ······················ 0639

jǐn

锦章书局 ····················· 0040
锦章图书局 ··················· 0013

jìn

晋升山房 ····················· 0249

jīng

京都宝经堂 ··················· 0058
京都成兴斋 ··················· 0549
京都龙光斋 ··················· 0257
京都书林林芳兵卫 ············· 0856
京都太医院 ··················· 0275
京都泰山堂 ··················· 0039
京华印书局 ··················· 0503
京口文成堂 ··················· 0003
京口遵仁堂 ··················· 0003
京师警察厅 ··················· 0533
经窗书屋 ····················· 0435
经国堂 ··········· 0637　0704　0880　0955
经纶堂 ··············· 0251　0574　0910
经余堂 ······················ 0230
经元堂 ······················ 0472
菁华堂 ······················ 0451
旌孝堂 ······················ 0044

jìng

静俭堂 ······················ 0845

jù

聚锦堂 ……………………………………… 0676
聚经堂 ……………………………………… 0593
聚奎堂 ……………………………………… 0629
聚兴堂 …………………………… 0144　0145

〔K〕

kuài

会稽鲁超 …………………………………… 0907
会稽扫闲居士孙思恭 ……………………… 0127

kuí

葵锦堂 …………………………… 0080　0444

kūn

昆山绥福堂 ………………………………… 0094

〔L〕

lài

赖文海堂 …………………………………… 0144

lán

兰谷协记书庄 ……………………………… 0589
兰省东华观 ………………………………… 0351
兰省荆荫堂 ………………………………… 0720
兰溪中医专门学校 ………………………… 0193
兰州府署 …………………………………… 0580
兰州官书局 ………………………………… 0658

lè

乐善堂 ……………………………………… 0374

lí

黎川陈守诚 ………………………………… 0444
黎川陈守诚嵩秀堂 ……………… 0080　0081
黎照书屋 ……………… 0766　0885　0915

liàn

錬石书局 …………………………………… 0479

liǎng

两仪堂 …………… 0080　0313　0444　0759

líng

灵鹤山房 …………………………………… 0522

liú

留耕堂 ……………………………………… 0357

liù

六印堂 ……………………………………… 0373

lóng

隆文书局 …………………………………… 0023

lǒng

陇右乐善书局 ……………………………… 0104

lù

鹭门征瑞堂 ………………………………… 0428

luó

罗文殊 ……………………………………… 0224

lǚ

侣山堂 ……………………………………… 0030

lù

绿圃斋 ……………………………………… 0243

〔M〕

máo

毛上珍 ……………………………………… 0377

mèng

孟河崇礼堂 ………………………………… 0815

mǐn

闵齐伋 ……………………………………… 0624

míng

明道堂 …………………………………… 0890
明德堂 …………………………………… 0082

mò

墨润堂刻本 ……………………………… 0315

〔N〕

nán

南海黄发堂 ……………………………… 0496
南京国药业公所 ………………………… 0402
南京中医学院图书馆 ………… 0288　0876
南通翰墨林 ……………………………… 0047
南雅堂 ……… 0018　0118　0145　0598

níng

宁波汲绠书庄 ………………… 0606　0966
宁波汲绠斋 ……………………………… 0078
宁波群玉山房 …………………………… 0517
宁波咏古斋 ……………………………… 0605
凝善堂 …………………………………… 0585

〔P〕

pān

潘氏敏德堂 ……………………………… 0485

pí

毗陵涵雅堂 ……………………………… 0245

píng

瓶花书屋 ………………………………… 0241

〔Q〕

qī

栖云山 …………………………………… 0860

qǐ

启新书局 ………………………………… 0070

qiān

千顷堂书局 ……… 0152　0878　0961　0963

qīng

青霞斋吴学圃 …………………………… 0779

qiú

求放心斋 ………………………………… 0738

qún

群籍 ……………………………………… 0608
群玉山房 ………………………………… 0267

〔R〕

rén

人民卫生出版社 ……………… 0226　0274
仁记书局 ………………………………… 0912

rú

儒林堂 …………………………………… 0067

〔S〕

sān

三多堂 …………………………………… 0911
三多斋 …………………………………… 0089
三槐堂 ………………………… 0313　0372
三山林氏 ………………………………… 0117
三山林氏味根斋 ………………………… 0254
三义堂 ………………………… 0110　0884
三余堂 …………………………………… 0445
三原县署 ………………………………… 0379

sǎo

扫叶山房 ……… 0015　0015　0039　0118
　　0139　0139　0145　0240　0266　0313
　　0317　0323　0323　0395　0430　0436
　　0506　0630　0677　0844　0878　0885
　　0981

shān

山西平阳李月桂 ···················· 0187
山右李氏 ························· 0331
山左书局 ························· 0958

shàn

善成堂 ······ 0018　0039　0169　0215　0320
0430　0451　0548　0686　0912　0912
0926

shāng

商务印书馆 ··············· 0002　0003　0037
0161　0858

shàng

上海宝善书局 ····················· 0367
上海萃英书局 ················ 0445　0657
上海翠竹山房 ····················· 0816
上海大成书局 ················ 0707　0716
上海大东书局 ········· 0344　0526　0612
0665　0817
上海飞鸿阁书局 ···················· 0145
上海孚华书局 ····················· 0059
上海耕乐堂 ······················ 0626
上海共和书局 ················ 0234　0912
上海古籍出版社 ········· 0020　0171　0204
0755　0767
上海古籍书店 ······ 0077　0111　0124　0168
0244　0256　0297　0423　0468　0476
0520　0576　0756　0765　0776　0777
0777　0784　0793　0828　0830　0871
0906
上海广百宋斋 ····················· 0364
上海广文书局 ················ 0335　0809
上海广雅书局 ····················· 0070
上海广益书局 ····· 0040　0092　0142　0234
0243　0268　0362　0437　0472　0517
0525　0525　0574　0607　0628　0646

0657　0681　0912
上海国文书局 ····················· 0142
上海国医学院 ····················· 0135
上海海左书局 ····················· 0780
上海涵芬楼 ······· 0002　0003　0137　0138
上海鸿宝斋 ······················ 0216
上海鸿宝斋书局 ·········· 0042　0113　0187
0220　0232　0274　0436
上海鸿文书局 ····················· 0953
上海鸿章书局 ················ 0015　0274
上海华丰出版社 ···················· 0502
上海华丰印刷铸字所 ················· 0968
上海回澜社 ······················ 0969
上海会文堂 ················· 0639　0680
上海会文堂书局 ············· 0042　0267
上海家庭工作社 ···················· 0403
上海简青斋 ······················ 0187
上海江东茂记书局 ·················· 0451
上海江东书局 ·········· 0437　0657　0676
0688　0930
上海江左书林 ················ 0939　0943
上海锦章书局 ······ 0187　0220　0242　0253
0458　0461　0595　0617　0684　0688
0699　0704　0714　0878　0911　0914
上海锦章图书局 ········· 0110　0313　0444
0449　0451　0628
上海进步书局 ················ 0092　0370
上海进化书局 ····················· 0245
上海经香阁书庄 ···················· 0950
上海静斋书局 ····················· 0954
上海科学技术出版社 ················· 0768
上海六也堂书药局 ·················· 0128
上海六艺书局 ····················· 0938
上海美华书馆 ····················· 0741
上海普通书局 ····················· 0509
上海启新书局 ················ 0365　0549
上海洽记书局 ····················· 0363
上海千顷堂 ················· 0416　0769
上海千顷堂书局 ·········· 0005　0066　0073

0131　0156　0278　0324　0415　0647
0706　0778　0899
上海仁济医馆 …………………………… 0554
上海三友实业社 ………………………… 0560
上海扫叶山房 ………… 0556　0641　0936
上海商务印书馆 …… 0010　0132　0134
0226　0237　0750　0751　0952
上海世界书局 ………… 0497　0781　0809
0811　0813
上海受古书店 ………………… 0042　0668
上海顺成书局 …………………………… 0126
上海同文书局 ………………… 0234　0315
上海图书集成局 ………………………… 0523
上海图书集成书局 ……………………… 0458
上海图书集成印书局 …… 0076　0145　0239
0276　0302　0313　0436　0455　0517
0524　0674　0686　0886　0907　0914
0917　0939
上海万有书局 ………… 0195　0233　0594
上海文瑞楼 ……… 0094　0143　0281　0287
0471　0679　0801　0841
上海文盛书局 …………………………… 0880
上海文新书局 …………………………… 0945
上海文渊山房 …………………………… 0517
上海校经山房 …… 0042　0080　0081　0231
0286　0449　0874　0878
上海鑫记书社 …………………………… 0518
上海学海图书馆 ………………………… 0457
上海医学书局 ………………… 0499　0857
上海育文书局 …………………………… 0023
上海恽铁樵医寓 ………………………… 0174
上海章福记书局 ………………………… 0221
上海中国古医学会 ……………………… 0219
上海中华书局 ………… 0037　0211　0215
0620　0663
上海中华新教育社 ……………………… 0269
上海中西医药书局 ……………………… 0388
上海中医书局 …… 0060　0115　0283　0406
0414　0443　0488　0960　0970

上海中医图书馆 ………………………… 0939
上海中医学院 …………………………… 0308
上海中医研究所文献资料研究室 ……… 0870
上海著易堂 ……………………………… 0771
上海著易堂书局 ………………………… 0893
上海铸记书局 ………… 0252　0366　0568
上海醉六堂 ……………………………… 0590
上湘刘讲斋 ……………………………… 0330
上洋江左书林 …………………………… 0574
上洋珍艺书局 …………………………… 0367
尚德堂 ………………… 0015　0902　0912

shào

绍兴裘氏 ………………………………… 0835
绍兴医药学报社 ……………… 0896　0965

shè

社会医报馆 ……………………………… 0843

shí

石林书屋 ………………………………… 0528
石室 ……………………………………… 0027

shì

世德堂 …………………………………… 0563
世荣堂 …………………………………… 0320

shū

书林刘公生 ……………………………… 0452
书业草堂 ………………………………… 0212
书业堂 ………………………… 0039　0635

shǔ

蜀都会友堂 ……………………………… 0914

shù

树德堂 ………………………… 0662　0912

shuāng

双白燕堂 ………………………………… 0142

双峰堂 ················· 0105

shùn

顺德道署 ·············· 0372
顺德潘氏 ·············· 0903

sī

思德堂 ················· 0082

sì

四川人民出版社 ······ 0075　0208
四明存轩 ·············· 0184

sū

苏州绿荫楼 ············ 0615
苏州绿荫堂 ······ 0127　0690
苏州扫叶山房 ·········· 0094
苏州桐石山房 ·········· 0236

〔T〕

tài

太医院 ················· 0011
太原任振基 ············ 0840
泰州新华书店古籍部 ····· 0405　0559

tiān

天德堂 ··········· 0005　0006
天津古籍书店 ····· 0321　0483
天津国医函授学院 ······ 0977
天禄阁 ················· 0912

tián

田氏本宅 ·············· 0479

tīng

听涛书屋 ·············· 0551

tóng

同德堂 ················· 0900

同仁堂 ················· 0319
同文堂 ··········· 0015　0759
同心公记 ·············· 0949
同志堂 ················· 0705

tú

图书集成印书局 ········· 0001

tuī

推爱堂 ················· 0651

〔W〕

wǎn

宛邻书屋 ·············· 0103
皖南建德周氏 ·········· 0021

wáng

王继濂 ················· 0621
王琦 ··················· 0207

wéi

维经堂 ················· 0946

wěi

伟文堂 ················· 0144

wèi

卫生堂 ················· 0511
味经堂 ················· 0090
渭南严氏 ········· 0148　0208
渭南严氏孝义家塾 ······ 0517
魏吉亭 ················· 0071

wén

文成堂 ················· 0981
文德堂 ················· 0455
文发堂 ··········· 0187　0461
文富堂 ················· 0271
文奎堂 ····· 0162　0313　0347　0451

0931　0955

文林堂 ················· 0639

文瑞楼 ················· 0902

文瑞堂 ················· 0162

文胜堂 ················· 0106

文盛堂 ············ 0337　0888

文盛斋 ················· 0737

文物出版社 ·············· 0858

文贤堂 ················· 0437

文馨斋 ················· 0334

文星堂 ················· 0039

文宣书局 ··············· 0479

文益堂 ················· 0759

文元书局 ··············· 0657

wú

吴江李氏 ··············· 0772

吴门扫叶山房 ············· 0684

吴门唐氏问心草堂 ··········· 0844

吴闽医学书会 ············· 0951

吴氏利济堂 ·············· 0333

吴氏贮春仙馆 ············· 0100

吴县石韫玉 ·············· 0314

吴县朱氏槐庐 ············· 0550

wǔ

五凉文社 ··············· 0893

五柳居 ················· 0882

武昌节署 ··············· 0359

武昌医馆 ··············· 0610

武强贺氏 ··············· 0279

武威同善公所 ············· 0724

武英殿 ················· 0279

wù

务本堂 ············ 0094　0220

〔X〕

xī

西安克兴印书馆 ············ 0136

惜阴书屋 ··············· 0413

xì

细柳山房 ··············· 0473

xià

厦门大同印务公司 ··········· 0158

厦门印书馆 ·············· 0664

xiāo

萧山陈氏 ··············· 0547

萧山合义和印书局 ··········· 0718

xié

协和医院图书馆 ············ 0291

xīn

新安程衍道 ·············· 0276

新安吴勉学 ······· 0417　0538　0825

新都闵道政 ·············· 0564

新都张氏 ··············· 0482

新都周祖佑 ·············· 0490

新化三味书局 ···· 0114　0472　0918　0919
　　　　0945　0948　0955

xiū

休宁汪氏书栗轩 ············ 0458

休宁吴德辉还读斋 ··········· 0235

xiù

绣谷胡学峰 ·············· 0912

xú

徐寿华堂 ··············· 0534

xué

学库山房 ··········· 0241　0458

学源堂 ················· 0243

〔**Y**〕

yán

严江萼溪山馆 ·············· 0722
研香书馆 ·············· 0512

yáng

扬州李记庄 ·············· 0450
羊城博济医局 ····· 0604　0689　0839　0864
羊城惠爱医馆 ·············· 0407
羊城明经阁 ·············· 0912

yǎng

养鹤山房 ·············· 0836
养元堂 ·············· 0671

yī

一钱阁曾福臻 ·············· 0064
医界春秋社 ·············· 0618
医学公会 ·············· 0013

yí

遗经堂 ·············· 0464
颐吉堂 ·············· 0736

yì

艺林堂 ·············· 0011
亦西斋 ·············· 0041
益元书局 ·············· 0943
益州张吾瑾 ·············· 0056
逸民医庐 ·············· 0746
翼经堂 ·············· 0162
懿惠堂 ·············· 0473

yíng

瀛洲弓屋 ·············· 0029

yǒng

永顺堂 ·············· 0435

yǒu

有怀堂 ·············· 0313
有益斋 ·············· 0685

yú

渔古山房 ·············· 0215　0473　0933
榆园 ·············· 0332
榆中栖云山 ·············· 0342　0710

yù

玉映堂 ·············· 0155
聿修堂 ·············· 0116
欲静楼 ·············· 0263
毓秀堂丁氏 ·············· 0636
豫章邓灿堂 ·············· 0489

yuè

月澄斋 ·············· 0519
越中墨润堂 ·············· 0574
粤东抚署 ·············· 0369

yún

云南大理乐真堂 ·············· 0063　0500
芸生堂 ·············· 0026　0624

yùn

恽铁樵 ·············· 0065

〔**Z**〕

zhāng

章福记书局 ·············· 0640
章巨膺医寓 ····· 0175　0535　0661　0821

zhào

赵郡藜照楼 ·············· 0907
赵氏完璧堂 ·············· 0700

非医学类古籍

0001 **白虎通疏证十二卷**
（汉）班固等撰　（清）陈立注
清光绪元年乙亥（1875）淮南书局刻本
06/01

0002 **白话孟子读本七卷**
张兆瑢、沈元起撰
民国二十一年（1932）上海广益书局石印本
30/01

0003 **百川学海一百七十七卷**
（宋）左圭辑
现代影印本
06/02

0004 **百子全书**
（清）扫叶山房编
1922年上海扫叶山房石印本
09/01

0005 **抱经堂文集三十四卷**
（清）卢文弨撰
民国上海商务印书馆影印本
40/12

0006 **北京图书馆善本书目八卷**
北京图书馆善本部编
1959年中华书局铅印本
17/02

0007 **北齐书五十卷**
（唐）李百药撰
明崇祯琴川毛氏汲古阁刻本
02/12

0008 **北齐书五十卷**
（唐）李百药撰
清光绪三十三年丁未（1907）上海华商集成图书公司石印本
03/01

0009 **北史一百卷**
（唐）李延寿撰
明崇祯琴川毛氏汲古阁刻本
02/13

0010 **北史一百卷**
（唐）李延寿撰
清光绪三十四年戊申（1908）上海集成图书公司石印本
03/02

0011 **别下斋丛书九十卷**
（清）蒋光煦编
清光绪九年癸未（1883）上海涵芬楼刻本
16/29

0012 **参同契经文直指三卷**
（汉）魏伯阳真人著
1987年兰州古旧书店据清刻本复印本
17/23

0013 **草字汇六卷**
（清）石梁集
清宣统三年辛亥（1911）同文书局石印本
17/03

0014 **草字汇六卷**
（清）石梁集
2014年中华书局影印本
43/1

0015 **策鳌杂摭八卷**
（清）叶庆颐撰
1980年上海古籍书店复印本
17/04

0016 **岑嘉州集八卷**
（唐）岑参著
民国影印本
37/01

0017 **槎溪学易三卷**
（清）陈鼐撰
清同治十三年甲戌（1874）刻本
09/08

0018 **柴桑答问十九卷**
（明）卢岳编
1988年北京市新华书店影印本
16/01

0019 长术辑要十卷附古今推步诸术考二卷
（清）汪曰桢撰
民国上海中华书局据荔墙丛刻本影
印本
41/34

0020 陈书三十六卷
（唐）姚思廉撰
明崇祯琴川毛氏汲古阁刻本
02/14

0021 陈书三十五卷
（唐）姚思廉撰
清光绪三十三年丁未（1907）上海华商
集成图书公司石印本
03/03

0022 诚意伯文集二十卷
（明）刘基撰
民国上海商务印书馆缩印乌程许氏藏
明本
41/08

0023 诚斋集四十二卷
（宋）杨万里撰
民国上海中华书局据明刻本影印本
41/09

0024 承启堂稿二十九卷
（明）钱薇撰
1982年天津古籍书店复印本
16/02

0025 重订周易费氏学八卷首一卷末一卷
（清）马其昶撰
民国九年（1920）抱润轩刻本
09/16

0026 重校稽古楼四书十卷
（宋）朱熹集注
民国渭南严氏刻本
06/24

0027 楚辞集注八卷
（战国）屈原撰　（宋）朱熹集注
1987年甘肃中医药大学图书馆复印本
16/03

0028 楚辞十七卷
（战国）屈原著　（汉）王逸章句
清同治十一年壬申（1872）金陵书局据
汲古阁原本重刻本
17/24

0029 楚天樵话二卷
（清）张清标撰
1984年上海古籍书店复印本
30/02

0030 传家宝全集三十二卷
（清）石成金撰集
民国石印本
17/05

0031 春秋
（清）盛元珍辑
清乾隆四十二年丁酉（1777）汉南书院
刻本
04/13

0032 春秋谷梁传二十卷
又名谷梁传、谷梁春秋
（晋）范宁撰
民国十三年（1924）上海中华书局据永
怀堂原刻本影印本
41/10

0033 春秋三传十六卷首一卷附经录传
（唐）陆德明音义　佚名编
清光绪十六年庚寅（1890）兰州刻本
01/01

0034 春秋通论
（清）皮锡瑞撰
民国十二年（1923）涵芬楼影印本
42/09

0035 春秋属辞辨例编八十卷
（清）张应昌撰
清同治九年庚午（1870）江苏书局据钱
塘张氏原本重刻本
11/03

0036 春秋左传杜氏注三十卷
（晋）杜预注

民国上海中华书局石印本
01/02

0037 春秋左传古注三十卷
又名春秋经传集解
（晋）杜预注
民国上海中华书局石印本
30/03

0038 椿楸园游艺录
刘毓庆著
2015 年商务印书馆影印本
43/2

0039 纯常子枝语四十卷
（清）文廷式撰
1979 年扬州广陵古籍刻印社影印本
16/04

0040 淳化阁帖十卷附释文十卷
又名淳化秘阁法帖
（宋）王著奉敕编
清嘉庆十七年壬申（1812）拓本
12/01

0041 淳化秘阁法帖考证十二卷
（清）王澍林撰　沈宗骞临帖　陈焯
较画
清道光二十八年戊申（1848）蕴玉山房
刻本
16/06

0042 淳化秘阁法帖考证十二卷
（清）王澍林撰　沈宗骞临帖　陈焯
较画
清石印本
16/05

0043 雌木兰
（明）徐渭撰
1985 年扬州广陵古籍刻印社影印本
16/25

0044 大唐六典三十卷
又名唐六典
（唐）玄宗李隆基撰　张说、李林甫等
校注

1983 年中华书局据宋刻本影印本
12/02

0045 大云山房文稿十卷
（清）恽敬撰
民国中华书局影印本
33/01

0046 带经堂全集五十二卷
（清）王士禛撰
清乾隆十二年丁卯（1747）七略书堂
刻本
06/17

0047 丹渊集四十卷
（宋）文同撰
民国上海商务印书馆铅印本
42/01

0048 道书十二种九集二十二种
（清）刘一明著
1990 年中国中医药出版社排印本
40/01

0049 道园学古录五十卷
（元）虞集撰
民国上海商务印书馆影印明刻本
41/11

0050 得一斋杂著四种
（清）黄懋材撰
1979 年上海古籍书店复印本
16/07

0051 地藏菩萨本愿经二卷
（唐释）实叉难陀译
民国十年（1921）刻本
16/08

0052 定山堂诗余四卷
（清）龚鼎孳撰
民国上海中华书局据龚端毅公全集本
影印本
37/03

0053 东坡全集四十卷
（宋）苏轼撰
民国二十三年（1934）上海中华书局排

印四部备要单行本
17/06

0054　东塾读书记二十五卷
（清）陈澧著
清光绪八年壬午（1882）刻本（存二十一卷）
02/01

0055　东维子文集三十卷附录一卷
（元）杨维桢撰
民国上海商务印书馆缩印江南图书馆藏鸣野山房旧抄本
37/04

0056　读书杂志八十二卷
（清）王念孙撰
清刻本
05/01

0057　杜工部集二十卷
又名杜少陵集
（唐）杜甫撰
清道光十四年甲午（1834）芸叶盦藏板五色刻印本
08/07

0058　杜工部集二十卷
又名杜少陵集
（唐）杜甫撰
清光绪二年丙子（1876）粤东翰墨园刻本
08/06

0059　杜诗镜铨二十卷
（清）杨伦笺注
民国十年（1921）上海扫叶山房石印本
33/02

0060　杜诗镜铨二十五卷
附诸家咏杜诗二卷
（清）杨伦笺注
清咸丰三年癸丑（1853）广州登云阁刻本
06/18

0061　杜诗详注二十五卷
（清）仇兆鳌注
清康熙三十二年癸酉（1693）刻本
06/19

0062　杜诗言志十六卷
佚名著
1982年扬州广陵古籍刻印社影印本
27/01

0063　敦煌县志七卷
（清）苏履吉等修
清道光十一年辛卯（1831）刻本
37/05

0064　敦煌县志七卷
（清）苏履吉等修
1987年甘肃中医药大学图书馆复印本
30/04

0065　尔雅易读附夏小正
（清）路德编
清光绪八年壬午（1882）关中义兴堂刻本
37/06

0066　尔雅注疏十一卷
（晋）郭璞注　（宋）邢昺疏
清嘉庆七年壬戌（1802）汲古阁刻本
37/07

0067　樊川诗集注四卷附录二卷
（清）冯集梧撰
民国上海中华书局据冯氏集注本影印本
41/12

0068　樊川文集二十卷
（唐）杜牧撰
民国上海商务印书馆铅印本
42/02

0069　樊川文集注六卷
（唐）杜牧撰　（清）冯集梧注
民国上海中华书局铅印本
42/03

0070 **樊南文集补编八卷**
（清）冯浩编订
民国上海中华书局据原刻本影印本
41/13

0071 **樊榭山房全集十卷**
（清）厉鹗撰
民国上海中华书局据清刻本影印本（存
七卷）
41/14

0072 **范文正公文集二十卷**
（宋）范仲淹撰
1984 年中华书局影印本
16/09

0073 **方望溪先生全集二十一卷附方望溪先
生年谱一卷**
（清）方苞撰
民国上海商务印书局影印本
40/13

0074 **方言笺疏十三卷**
（晋）郭璞注　（清）钱铎笺
清光绪十六年庚寅（1890）广雅书局
刻本
17/25

0075 **方舆胜览七十卷**
（宋）祝穆撰
1986 年上海古籍书店影印本
28/01

0076 **费氏古易订文十二卷**
王树枏撰
民国文莫室刻本
33/03

0077 **浮溪集三十二卷**
（宋）汪藻撰
民国上海商务印书馆铅印本
40/14

0078 **复斋易说六卷**
（宋）赵彦肃撰
明刻本
09/09

0079 **甘青宁史略副编五卷**
慕少堂辑
民国二十五年（1936）兰州俊华印书馆
印本
40/15

0080 **甘青宁史略三十二卷首三卷**
慕少堂辑
民国二十五年（1936）兰州俊华印书馆
印本
40/16

0081 **皋兰县续志十二卷**
（清）黄璟纂修
1985 年兰州古旧书店据清道光皋兰书
院刻本影印本
29/02

0082 **皋兰县志二十卷**
（清）吴鼎新修
1965 年兰州古籍书店复印本
16/10

0083 **高常侍集十卷**
（唐）高适撰
民国上海涵芬楼据明活字本影印本（存
八卷）
41/01

0084 **格言联璧**
（清）金兰生编
清同治六年丁卯（1867）篆云斋刻本
37/08

0085 **格致镜原一百卷**
（清）陈元龙撰
1987 年甘肃中医药大学图书馆影印本
06/03

0086 **攻媿集一百十二卷**
（宋）楼钥撰
民国上海商务印书馆缩印武英殿聚
珍本
37/09

0087 **巩昌府志二十八卷**
（明）杨恩纂修

1965 年兰州古籍书店复印本
16/11

0088　古今图书集成
（清）陈梦雷撰
清光绪十年甲申（1884）上海图书集成
印书局铅印本
29 – 39/01

0089　古今图书集成一万卷目录四十卷
又名古今图书汇编
（清）陈梦雷等奉敕编
民国二十三年（1934）中华书局影印本
12/03

0090　古今文综八卷
（清）张相撰
民国五年（1916）中华书局铅印本
28/02

0091　古经解汇函二十三种
附小学汇函十四种
　续附十种
（清）孙堂重校
清光绪十四年戊子（1888）上海蜚英馆
石印本
02/02

0092　古史零证
周谷城著
1956 年新知识出版社排印本
41/02

0093　古文辞类纂七十五卷
（清）姚鼐撰
清光绪二十年甲午（1894）上海图书集
成印书局石印本
28/03

0094　古文辞类纂七十五卷
（清）姚鼐撰
清古文山房刻本
06/26

0095　古文辞类纂七十五卷
（清）姚鼐撰
民国上海中华书局据滁州李氏求要堂

校本影印本（存七十卷）
41/38

0096　古文范四卷
（清）吴闿生撰
民国十九年（1930）文学社铅印本
28/04

0097　古文观止十二卷
（清）吴楚材、吴调侯编
民国三年（1914）上海普新书局石印本
28/05

0098　古文审八卷
（清）刘心源撰
清光绪十七年辛卯（1891）嘉鱼刘氏龙
江楼刻本
08/01

0099　古文释义八卷
（清）余自明评选
清嘉庆十一年丙寅（1806）金谷园刻本
28/06

0100　古文析义二编八卷
（清）林云铭评注
清康熙二十六年丁卯（1687）刻本
04/12

0101　古文雅正十四卷
（清）蔡世远编
清刻本
28/07

0102　古文渊鉴六十四卷
（清）高宗弘历选　徐乾学编注
清同治十二年癸酉（1873）浙江书局
刻本
28/08

0103　古文渊鉴六十四卷
（清）高宗弘历选　徐乾学编注
清五色套印本
28/08

0104　古逸丛书三编
1983 年中华书局据宋刻本影印本

0105 故宫博物院藏历代法书二十种
故宫博物院编订
1977 年文物出版社复印本
32/01

0106 管窥辑要八十卷
（清）黄鼎纂辑
清顺治九年壬辰（1652）刻本
05/13

0107 归方评点史记合笔六卷
（清）王拯撰
清光绪锦城节署刻本（书口题望三益
斋）
05/02

0108 圭斋文集十五卷
（元）欧阳玄撰
民国上海商务印书馆铅印本
42/04

0109 桂苑笔耕集二十卷
（新罗）崔致远撰
民国上海商务印书局铅印本
40/17

0110 国朝汉学师承记八卷附录一卷
（清）江藩撰
民国上海中华书局影印本
41/15

0111 国朝耆献类征初编七百二十卷附国朝
贤媛类征初编十二卷附人名索引
李桓辑
1984 年甘肃中医药大学图书馆复印本
07/01

0112 国朝学案小识十四卷
（清）唐鉴撰
民国上海中华书局影印本
41/16

0113 国初群雄事略十二卷
（清）钱谦益撰
1981 年扬州广陵古籍刻印社重印本
29/03

0114 韩非子二十卷
（战国）韩非撰
民国二年（1913）扫叶山房石印本
42/05

0115 汉隶字源六卷
（宋）娄机撰
清光绪三年丁丑（1877）川东官舍刻本
16/30

0116 汉书七十卷
（汉）班固撰 （唐）颜师古注
明崇祯琴川毛氏汲古阁刊清印本
03/18

0117 汉书一百二十卷
（汉）班固撰 （唐）颜师古注
清同治十年辛未（1871）成都书局刻本
02/03

0118 河南先生文集二十八卷
（宋）尹洙撰
民国上海商务印书馆铅印本
42/06

0119 鹤山先生大全文集一百十卷
（宋）魏了翁撰
民国上海商务印书馆铅印本
42/07

0120 弘治本延安府志
（明）李延寿主持修纂
1962 年陕西省图书馆西安古旧书店影
印本
06/04

0121 红拂记二卷
（明）陈继儒注
1982 年广陵古籍刻印社重印本
16/12

0122 红楼真梦传奇
王季烈编纂
民国三十一年（1942）石印本
17/07

0123 后村先生大全集一百九十六卷
（宋）刘克庄撰

民国上海商务印书馆影印赐砚堂抄本
41/17

0124 后汉书九十卷
（南朝宋）范晔撰
清同治十年辛未（1871）成都书局刻本
02/04

0125 后汉书九十卷
（南朝宋）范晔撰
清光绪三十三年丁未（1907）上海华商
集成图书公司石印本
02/04

0126 后汉书一百三十卷
（南朝宋）范晔撰
明崇祯琴川毛氏汲古阁刊清印本
03/19

0127 湖海楼词集三十卷
（清）陈维崧撰
民国上海中华书局影印本
41/18

0128 淮南旧注校理三卷
（清）吴承仕撰
1987 年甘肃中医药大学图书馆复印本
30/05

0129 淮南子二十一卷
又名淮南鸿烈、刘安子
（汉）刘安撰
民国上海中华图书馆铅印本
04/01

0130 淮南子二十一卷
又名淮南鸿烈、刘安子
（汉）刘安撰
民国上海中华书局铅印本（存十七卷）
42/37

0131 淮南子集解二卷
又名淮南鸿烈集解
刘文典撰
民国二十五年（1936）上海广益书局铅
印本
33/04

0132 皇朝经世文新编二十一卷
麦仲华辑
清光绪二十七年辛丑（1901）上海宝善
书局石印本
01/03

0133 皇甫谧遗书集
史星海主编
2008 年广陵书社出版
24（2）/01

0134 皇极经世书九卷首一卷
（宋）邵雍撰
民国上海中华书局影印本
41/19

0135 皇明文衡一百卷
（明）程敏政编
民国上海涵芬楼据明刻本影印本（存三
十六卷）
41/20

0136 皇清经解一百九十卷
（清）顾炎武著
清光绪十四年戊子（1888）石印本
01/04

0137 皇清经世文续编一百二十卷
（清）葛士濬辑
清光绪石印本
01/05

0138 黄氏逸书考
（清）黄奭辑
1984 年江苏广陵古籍刻印社据清刻本
及民国补刻本重印本
39/01

0139 火戏略五卷
（清）赵学敏著
1987 年据天津图书馆藏本复印本
17/08

0140 积学斋丛书六十三卷
徐乃昌辑
清光绪刻本
17/09

0141 济北晁先生鸡肋集七十卷
（宋）晁补之撰
民国上海商务印书馆铅印本
42/08

0142 稼轩词疏证六卷
（宋）辛弃疾撰　（民国）梁启超辑　梁
启勋疏证
1977年北京市中国书店据新会梁氏刻
本重印
16/31

0143 简斋诗集三十卷
（宋）陈与义撰
上海中华书局影印本
40/18

0144 建康实录二十卷
（唐）许嵩撰
1987年扬州广陵古籍刻印社影印本
29/04

0145 建炎以来朝野杂记二十卷
（宋）李心传撰
1981年江苏广陵古籍刻印社重印本
30/31

0146 江氏周易述补四卷
（清）江藩撰
民国上海中华书局据学海堂经解本影
印本
37/10

0147 金华丛书三百四十册
（清）胡凤丹辑
1983年广陵古籍刻印社据退补斋本影
印本
10/1

0148 金华黄先生文集四十三卷
（元）黄溍撰
民国上海商务印书馆影印本
40/19

0149 金瓶梅词话一百回
（明）兰陵笑笑生著
1990年甘肃中医药大学图书馆复印本

40/02

0150 金石契
（清）张燕昌撰
清乾隆刻本
08/08

0151 金石索十二卷
（清）冯云鹏、冯云鹓辑
清道光元年辛巳（1821）嵫阳署斋刻本
08/09

0152 金史一百三十五卷
（元）脱脱等奉敕撰
清光绪三十三年丁未（1907）上海华商
集成图书公司石印本
04/02

0153 近代碑帖大观续集八卷
求古斋编辑
民国求古斋印行
40/03

0154 晋书一百三十卷
（唐）房玄龄等撰
明崇祯琴川毛氏汲古阁刊清印本
03/20

0155 晋书一百三十卷
（唐）房玄龄等撰
清光绪三十三年丁未（1907）上海华商
集成图书公司石印本
03/04

0156 经典释文三十卷
（唐）陆德明撰
清光绪十五年己丑（1889）湘南书局
刻本
17/26

0157 经史百家杂抄二十六卷
（清）曾国藩纂　李鸿章校刊
清光绪二十年甲午（1894）金城刻印本
02/05

0158 经学通论五种
（清）皮锡瑞撰
民国十二年（1923）涵芬楼影印本

42/09

0159　经言拾遗十四卷
（清）徐文靖撰
清乾隆志宁堂刻本
05/14

0160　经义述闻三十二卷
（清）王引之撰
清刻本
41/21

0161　静修先生文集二十二卷
（元）刘因撰
民国上海商务印书馆铅印本
40/20

0162　九经古义十六卷
（清）惠栋撰
清光绪十一年乙酉（1885）扫叶山房刻本
33/05

0163　九灵山房集三十卷
（明）戴良撰
民国上海商务印书馆铅印本
42/10

0164　旧唐书二百卷
（五代）刘昫撰
清同治八年己巳（1869）岭南苑古堂刻本
29/05

0165　旧唐书二百卷
（五代）刘昫撰
清光绪三十三年丁未（1907）上海华商集成图书公司石印本
03/05

0166　旧五代史一百五十卷
（宋）薛居正等撰
清嘉庆扫叶山房刻武英殿聚珍版本
05/03

0167　旧五代史一百五十卷
（宋）薛居正等撰
清光绪三十三年丁未（1907）上海华商

集成图书公司石印本
03/06

0168　攈古录二十卷
（清）吴式芬撰
1982 年中国书店据清刻本重印本
17/27

0169　攈古录金文三卷
（清）吴式芬撰
1980 年北京市中国书店复印本
16/32

0170　康熙字典四十二卷
（清）陈廷敬、张玉书编
清光绪二年丙子（1876）上海商务印书馆石印本
40/05

0171　康熙字典四十二卷
（清）陈廷敬、张玉书编
民国三年（1914）上海铸记书局石印本
40/04

0172　孔子改制考二十一卷
康有为撰
民国十一年（1922）铅印本
06/05

0173　孔子家语十卷
又名孔氏家语、家语
（三国魏）王肃注
民国上海文瑞楼影印本
05/04

0174　狂鼓史
（明）徐渭撰
1983 年扬州广陵古籍刻印社影印本
16/25

0175　困学纪闻二十卷
（清）翁元圻辑
民国上海中华书局影印本
41/22

0176　兰山课业经训约编四种
（清）盛元珍辑
清乾隆四十二年丁酉（1777）汉南书院

刻本

04/13

0177 兰州古今注

张维著

1987 年兰州古旧书店据清刻本复印本

17/28

0178 兰州纪略二十卷

（清）阿桂等奉敕撰

1985 年中央民族学院复印本

30/06

0179 老子

又名道德经

（春秋）老子撰　（晋）王弼注

民国上海中华书局据华亭张氏本影印本

37/11

0180 类篇四十五卷

（宋）司马光撰

1980 年上海古籍出版社复印本

16/14

0181 类说六十卷

（宋）曾慥编撰

1965 年文学古籍刊行社重印本

08/02

0182 礼记十卷

（宋）陈澔集说

清同治七年戊辰（1868）湖北崇文书局刻本

01/06

0183 礼记十卷

（汉）戴圣辑

清同治十一年壬申（1872）山东书局刻本

30/07

0184 礼记心典传本三卷

（清）胡瑶光辑

清同治崇文书局刻本

01/07

0185 礼记仪礼注疏附校勘记

（宋）黄唐编　（清）阮元校勘

清光绪十三年丁亥（1887）脉望仙馆石印本

01/08

0186 李氏易传十七卷

（唐）李鼎祚集解

清乾隆二十一年丙子（1756）雅雨堂刻本

05/15

0187 历代通鉴辑览一百四十卷

（清）高宗弘历敕撰

民国七年（1918）文明书局铅印本

05/05

0188 励耘书屋丛刻五十二卷

陈垣撰

1982 年北京中国书店铅印本

27/02

0189 隶辨八卷

（清）顾蔼吉撰

清乾隆二十二年丁丑（1757）刻本

08/10

0190 隶篇十五卷

（清）翟云升编

清道光刻本

16/15

0191 隶韵十卷

（宋）刘球编

清嘉庆翁方纲序刻本

16/16

0192 隶字汇十卷

（清）项怀述编

2014 年中华书局影印本

43/3

0193 梁书五十六卷

（唐）姚思廉撰

明崇祯琴川毛氏汲古阁刻本

02/15

0194 梁书五十六卷

（唐）姚思廉撰

清光绪三十三年丁未（1907）上海华商

集成图书公司石印本

03/07

0195 辽史一百十六卷

（元）脱脱等修

清光绪三十三年丁未（1907）上海华商

集成图书公司石印本

03/08

0196 列子八卷

（战国）列御寇撰

民国上海中华书局铅印本

42/11

0197 列子冲虚真经八卷

（明）闵齐伋校

明闵齐伋刊朱墨套印本

09/22

0198 林和靖先生诗集四卷

河南穆公集三卷

范文正公集十卷

（宋）林逋、穆修、范仲淹著

民国上海商务印书馆铅印本

42/12

0199 临川先生文集一百卷附嘉祐集十五卷

（宋）王安石撰

民国上海商务印书馆铅印本

40/21

0200 灵台秘苑十五卷

（北周）庚季才撰　（宋）王安礼重修

民国据文津阁影印本

17/10

0201 六朝文絜四卷

（清）许梿评选　朱钧参校

民国上海中华书局影印本

41/03

0202 六书分类十二卷首一卷

（清）傅世垚撰

清乾隆五十四年己酉（1789）维隅堂刻

本（书口题听松阁）

05/16

0203 龙文鞭影四卷

（明）萧良有纂辑　（清）杨臣诤增订

民国八年（1919）上海锦章书局印行

33/06

0204 陆宣公集二十四卷

（唐）陆贽编

民国二十三年（1934）上海中华书局排

印四部备要单行本

17/11

0205 路史四十七卷

（宋）罗泌撰

民国上海中华书局影印本

41/23

0206 栾城集八十四卷

（宋）苏辙著

民国上海中华书局据明刻本影印本

41/24

0207 论语后案二十卷

（清）黄式三撰

清光绪九年癸未（1883）浙江书局刻本

08/11

0208 论语十卷

（三国魏）何晏集解

民国上海涵芬楼据日本刻本影印本

37/12

0209 论衡三十卷

（汉）王充撰

民国十二年（1923）上海扫叶山房石

印本

05/06

0210 毛诗正韵

（清）丁以此撰

民国二十三年（1934）双流黄氏济忠堂

刻本

02/06

0211 毛诗郑氏笺二十卷

（汉）郑玄笺

清乾隆重刻本
01/09

0212 毛诗郑氏笺二十卷
(汉)郑玄笺
清刻本
17/29

0213 毛诗传笺通释三十二卷
(清)马瑞辰撰
民国上海中华书局影印本
40/22

0214 蒙兀儿史记一百六十卷
屠寄撰
1987年甘肃中医学院复印本
30/08

0215 孟东野集十卷
(唐)孟郊撰
民国上海中华书局据明刻本影印本(存五卷)
41/04

0216 孟子分类课本二卷
(清)西农氏辑
清光绪三十四年戊申(1908)上海均益图书公司石印本
01/10

0217 孟子文说七卷附中庸文说
(清)康浚撰
清嘉庆十二年丁卯(1807)刻本
06/20

0218 苗疆闻见录稿二卷
(清)徐家幹撰
1982年上海古籍书店据清光绪四年戊寅(1878)稿本复印本
41/05

0219 闽产录异六卷
(清)郭柏苍辑
1987年甘肃中医药大学图书馆复印本
17/12

0220 明嘉靖本董解元西厢记八卷
又名崔莺莺待月西厢记

(元)王实甫撰
1963中华书局上海编辑所影印本
16/17

0221 明史三百三十二卷
(清)张廷玉等奉敕撰
清光绪三年丁丑(1877)湖北崇文书局刻本
05/07

0222 明史三百三十二卷
(清)张廷玉等奉敕撰
清光绪三十三年丁未(1907)上海华商集成图书公司石印本
04/03

0223 墨娥小录十四卷
佚名编
1959年中国书店影印本
17/13

0224 墨子间诂十四卷
(清)孙诒让辑
清光绪扫叶山房石印本
04/04

0225 墨子十六卷
(清)毕沅撰
清光绪二十三年丁酉(1897)上海图书集成局据毕氏灵岩山馆石印本
05/08

0226 南丰先生元丰类稿五十卷
(宋)曾巩撰
民国上海涵芬楼刻本
40/23

0227 南林丛刊次集十一卷
周延年辑
1982年杭州古旧书店复印本
17/14

0228 南齐书五十九卷
(南朝梁)萧子显撰
明崇祯琴川毛氏汲古阁刻本
02/16

0229 南齐书五十九卷
（南朝梁）萧子显撰
清光绪三十三年丁未（1907）上海华商
集成图书公司石印本
03/09

0230 南史八十卷
（唐）李延寿撰
明崇祯琴川毛氏汲古阁刊清印本
03/21

0231 南史八十卷
（唐）李延寿撰
清光绪三十三年丁未（1907）上海华商
集成图书公司石印本
03/10

0232 女状元
（明）徐渭撰
1986年扬州广陵古籍刻印社影印本
16/25

0233 暖红室汇刻传奇荆刘拜杀
又名暖红室汇刻传剧
刘世珩编
1980年扬州广陵古籍出版社影印本
24（2）/02

0234 暖红室汇刻西厢记
（元）王实甫撰 （民国）刘世珩辑
1980年扬州广陵古籍出版社影印本
28（2）/01

0235 藕香零拾丛书
（清）缪荃孙辑
1982年江苏广陵古籍刻印社据清刻本
重印本
39/02

0236 盘洲文集八十卷
（宋）洪适著
民国上海商务印书馆铅印本
42/13

0237 匏翁家藏集七十七卷
（明）吴宽撰
民国上海商务印书馆铅印本

42/14

0238 佩文韵府一百六卷
（清）张玉书等奉敕撰
清康熙五十年辛卯（1711）刻本
07/02

0239 皮子文薮十卷
（唐）皮日休著
甫里先生文集二十卷
（唐）陆龟蒙著
民国上海商务印书馆铅印本
42/15

0240 骈体文钞三十一卷
（清）李兆洛撰
民国上海中华书局铅印本
42/16

0241 祁忠敏公日记十五卷
（明）祁彪佳撰 绍兴县志委员会校
1982年杭州古旧书店影印本
08/03

0242 奇晋斋丛书十六种
（清）陆煊辑
民国影印本
06/06

0243 千顷堂书目三十二卷
（清）黄虞稷撰
民国石印本
17/30

0244 前汉书一百二十卷
（汉）班固撰
清光绪三十三年丁未（1907）上海华商
集成图书公司石印本
04/05

0245 彊村丛书
朱孝臧辑
1982年中国书店影印本
27/03

0246 彊村丛书三百五十五卷
朱孝臧辑
1987年复印本

28/09

0247 钦定书经图说二十卷
（清）孙家鼐、张百熙编
清光绪三十一年乙巳（1905）京师大学
堂刻本
26/01

0248 秦安县志十四卷
（清）严长宦等撰
1986年天水市誉印厂复印本
30/09

0249 秦安志九卷
（明）胡缵宗纂修
1987年天水市誉印厂复印本
30/10

0250 青邱诗集注一卷首一卷补遗一卷
（明）高启著
民国上海中华书局据清雍正刻本影
印本
41/25

0251 青学斋集二十一卷
（清）汪之昌撰
北京市中国书店影印本
16/18

0252 清词玉屑十二卷
（清）龙顾山人撰
1982年天津古籍书店复印本
16/19

0253 清容居士集五十卷
（元）袁桷撰
民国上海中华书局据宜稼堂本影印本
37/13

0254 清容居士集五十卷
（元）袁桷撰
民国上海商务印书馆铅印本
42/17

0255 清儒学案二百八卷
徐世昌撰
影印本
06/07

0256 曲江集十二卷
（唐）张九龄撰
民国上海中华书局据祠堂本影印本
41/26

0257 群书治要五十卷
（唐）魏征等奉敕撰
民国上海商务印书馆铅印本
42/18

0258 容斋随笔十六卷
（宋）洪迈撰
清康熙刻本
04/14

0259 容斋随笔十六卷
（宋）洪迈撰
1975年上海人民出版社影印本
26/02

0260 三国志六十五卷
（晋）陈寿撰
明崇祯琴川毛氏汲古阁刊清印本
03/22

0261 三国志六十五卷
（晋）陈寿撰
清同治十年辛未（1871）成都书局刻本
02/07

0262 三国志六十五卷
（晋）陈寿撰
清光绪三十三年丁未（1907）上海华商
集成图书公司石印本
04/06

0263 三国志六十五卷
（晋）陈寿撰 （南朝宋）裴松之注
民国上海中华书局据武英殿本影印本
41/27

0264 三国志演义十二卷
（清）毛宗岗评
清宣统元年己酉（1909）上海章福记书
局石印本
17/15

0265 三礼通论
（清）皮锡瑞撰
民国十二年（1923）涵芬楼影印本
42/09

0266 山海经广注十八卷
（清）吴任臣撰
清刻本
16/33

0267 山海经十八卷
（晋）郭璞注　（宋）刘秀校订
1983 年中华书局据北京图书馆藏南宋
刻本影印本
06/08

0268 上海博物馆藏历代法书
上海博物馆编
1964 年文物出版社复印本
32/02

0269 尚书今注音疏十二卷末一卷
（清）江声撰
清乾隆五十八年癸丑（1793）精刻本
05/17

0270 尚书六卷
（春秋）孔子删订　（宋）蔡沈集传
清光绪三十二年丙午（1906）刻本
30/11

0271 尚书说要五卷
（明）吕泾野撰
清惜阴轩刻本
30/12

0272 尚书注疏二十卷
（唐）孔颖达注
民国上海中华书局铅印本
42/19

0273 舌击编五卷
（清）沈储撰
1980 年甘肃中医药大学图书馆复印本
29/06

0274 涉闻梓旧二十五种
（清）蒋光煦编

清光绪九年癸未（1883）上海涵芬楼
刻本
16/34

0275 诗经
（清）盛元珍辑
清乾隆四十二年丁酉（1777）汉南书院
刻本
04/13

0276 诗经八卷
（春秋）孔子删订
清同治十年辛未（1871）刻本
01/11

0277 诗经八卷
（春秋）孔子删订　（宋）朱熹集传
民国二十年（1931）刻本
30/13

0278 诗经通论
（清）皮锡瑞撰
民国十二年（1923）涵芬楼影印本
42/09

0279 诗经通论十八卷
（清）姚际恒撰
清同治六年丁卯（1867）成都书局重
刻本
01/12

0280 十八家诗钞二十八卷
（清）曾国藩编
民国上海中华书局影印本
41/28

0281 十八家诗钞二十八卷目录一卷
（清）曾国藩纂　李鸿章校刊
民国上海中华书局铅印本
42/20

0282 十家宫词十二卷
佚名编
现代影印本
16/20

0283 十三经札记二十二卷群书札记十六卷
（清）朱亦栋编辑

清光绪四年戊寅（1878）武林草简德
刻本

30/14

0284 **石门文字禅三十卷**

（宋释）慧洪撰

民国上海商务印书馆铅印本

42/21

0285 **史记一百三十卷**

（汉）司马迁撰

明崇祯琴川毛氏汲古阁刊清印本

03/23

0286 **史记一百三十卷**

（汉）司马迁撰

清同治十一年壬申（1872）成都书局
刻本

02/08

0287 **史记一百三十卷**

（汉）司马迁撰

清光绪四年戊寅（1878）金陵书局仿汲
古阁本刻印本

02/09

0288 **史记一百三十卷**

（汉）司马迁撰

清光绪三十四年戊申（1908）上海集成
图书公司石印本

03/11

0289 **史记一百三十卷**

（汉）司马迁撰

2008 年中华书局排印本

43/04

0290 **书经**

（清）盛元珍辑

清乾隆四十二年丁酉（1777）汉南书院
刻本

04/13

0291 **书经六卷**

佚名著

清同治十年辛未（1871）刻本

01/14

0292 **书经六卷**

佚名著

清光绪十六年庚寅（1890）兰州刻本

01/13

0293 **书经通论**

（清）皮锡瑞撰

民国十二年（1923）涵芬楼影印本

42/09

0294 **书品一卷**

（南朝梁）庾肩吾撰

1984 年上海古籍书店复印本

30/15

0295 **蜀中方物十二卷**

（明）曹学佺撰

1987 年中国书店印刷

40/06

0296 **水浒传**

（明）施耐庵著

2012 年扬州广陵古籍出版社出版

28（2）/02

0297 **水经注四十卷**

（汉）桑钦撰　（北魏）郦道元注

清康熙五十四年乙未（1715）刻本

08/12

0298 **说文辨疑**

（清）顾广圻撰

清光绪三年丁丑（1877）湖北崇文书局
刻本

37/14

0299 **说文段注订补十四卷**

（清）王绍兰撰

清光绪刻本

16/22

0300 **说文段注订补十四卷**

（清）王绍兰撰

1982 年文物出版社重印本

16/21

0301 **说文解字斠诠十四卷**

（汉）许慎原著　（清）钱坫注

清光绪九年癸未（1883）淮南书局重
刻本
16/23

0302 说文解字研究法
马叙伦著
1957 年商务印书馆排印本
37/15

0303 说文释例十卷
（清）王筠撰
清光绪九年癸未（1883）成都御风楼重
刻本
40/07

0304 说文通检十四卷首一卷
（清）黎永椿撰
清光绪二年丙子（1876）崇文书局刻本
37/16

0305 说文系传四十卷
（宋）徐锴撰
清光绪九年癸未（1883）江苏书局刻本
16/24

0306 思辨录辑要三十五卷
（明）陆世仪著
清光绪三年丁丑（1877）江苏书局刻本
01/22

0307 四部备要
中华书局编
民国九年至二十五年（1920—1936）中
华书局影印本
17－22/01

0308 四部丛刊
上海涵芬楼集
民国十一年至二十六年（1922—1937）
上海涵芬楼影宋本
22－26/01

0309 四部总录算法编
丁福保、周青云编订
1957 年商务印书馆印行
28/10

0310 四部总录算法编
丁福保、周青云编订
1984 年新华书店重印本
28/11

0311 四部总录天文编
丁福保、周青云编订
1982 年新华书店重印本
28/12

0312 四部总录艺术编
丁福保、周青云编订
1956 年商务印书馆排印本
28/14

0313 四部总录艺术编
丁福保、周青云编订
1984 年新华书店重印本
28/13

0314 四经精华三十二卷
（清）魏朝俊编
清光绪十一年乙酉（1885）新都墨耕堂
刻本
08/13

0315 四库全书总目
（清）纪昀编
清广东绍文堂刻本
28/15

0316 四明丛书八集一千一百八十八卷
张寿镛编纂
1981 年江苏广陵古籍刻印社复印本
13－15/01

0317 四声猿四种
（明）徐渭撰
1982 年扬州广陵古籍刻印社影印本
16/25

0318 四书
（宋）朱熹编
清同治十年辛未（1871）重刻本
02/10

0319 四书白话注释二十一卷
许伏民撰

民国十二年（1923）上海群学书社石
印本
42/22

0320 四书补注备旨题窍汇参十卷
（清）林退庵著　张成遇参订
清咸丰刻本
02/11

0321 四书大全四十卷
（明）陆稼书定
清康熙刻本
03/24

0322 四书发注
（清）朱奇生著
清刻本（存二卷）
37/17

0323 四书笺解十一卷
（清）王夫之注
1981年衡阳博物馆重印本
30/16

0324 四书评十九卷
（清）李贽撰
1987年甘肃中医学院复印本
30/17

0325 四书述要十四卷
（清）杨清琏参著　张莘农鉴定
清光绪十年甲申（1884）刻本
06/21

0326 四书五经
广陵书社编
2011年扬州广陵古籍出版社排印本
28(2)/03

0327 宋本方舆胜览七十卷
（宋）祝穆编　祝洙增补
1986年上海古籍出版社据上海图书馆
藏宋咸淳刻本影印本
09/02

0328 宋本十一家注孙子三卷
（春秋）孙武撰　（三国魏）曹操等注
（现代）郭化若译

1977年上海古籍出版社排印本
06/09

0329 宋辽金元四史一百三十卷
（宋）王偁撰
清嘉庆扫叶山房刻本
05/09

0330 宋史四百九十六卷
（元）脱脱等奉敕撰
清光绪三十三年丁未（1907）上海华商
集成图书公司石印本
03/12

0331 宋书一百卷
（南朝齐）沈约撰
明崇祯琴川毛氏汲古阁刻本
02/17

0332 宋书一百卷
（南朝齐）沈约撰
清光绪三十四年戊申（1908）上海集成
图书公司石印本
03/13

0333 宋学士文集四十六卷
（明）宋濂撰
民国上海商务印书馆铅印本
42/23

0334 苏诗补注五十卷
（清）查慎行著
清乾隆香雨斋刻本
05/18

0335 隋书八十五卷
（唐）魏征等奉敕撰
明崇祯琴川毛氏汲古阁刻本
02/18

0336 隋书八十五卷
（唐）魏征等奉敕撰
清光绪三十三年丁未（1907）上海华商
集成图书公司石印本
03/14

0337 孙可之文集十卷
（唐）孙樵撰

1979 年上海古籍出版社影印本
06/10

0338 孙子释证十三卷
刘文垕撰
民国影印本
06/11

0339 太平治迹统类三十卷
（宋）彭百川撰
1981 年扬州广陵古籍刻印社影印本
06/12

0340 太上感应篇图说
（宋）李昌龄撰
清乐善堂刻本
05/10

0341 唐鉴十二卷
（宋）范祖禹撰
1980 年上海古籍出版社据宋刻本影印本
29/07

0342 唐诗合解十六卷
（清）王尧衢注
民国上海广益书局石印本
17/16

0343 唐诗三百首
（清）蘅塘退士编　李盘根辑注
清宏道堂刻本
33/07

0344 唐宋十大家全集录五十一卷
（清）储欣辑
清康熙四十四年乙酉（1705）松麟堂刻本
05/19

0345 通鉴辑览五十八卷
又名御批历代通鉴辑览
（清）杨述等奉敕撰
民国九年（1920）铸记书局石印本
06/13

0346 通鉴明纪六十卷
（清）陈鹤纂　陈克家参订

清末铅印本（存十卷）
33/08

0347 通玄真经十二卷
又名文子
（春秋）文子撰
民国二十五年（1936）上海涵芬楼影印常熟瞿氏铁琴铜剑楼藏宋刻本
41/29

0348 晚晴簃诗汇
又名清诗汇
徐世昌编
1982 年中国书店影印本
27/04

0349 王船山遗书二百八十八卷
（清）王夫之著
清同治三年甲子（1864）湘乡曾氏刻本
11/01

0350 望溪先生全集三十二卷
（清）方苞撰
民国上海中华书局据江宁局刻本影印本
41/30

0351 伪经考十四卷
康有为撰
民国七年（1918）刻印
30/18

0352 魏书一百十四卷
（北齐）魏收撰
明崇祯琴川毛氏汲古阁刻本
02/19

0353 魏书一百十四卷
（北齐）魏收撰
清光绪三十三年丁未（1907）上海华商集成图书公司石印本
03/15

0354 温国文正司马公文集八十卷
（宋）司马光撰
民国上海商务印书局铅印本
40/24

0355 **文献通考三百四十八卷**
又名通考
（宋）马端临撰
清末刻本
10/02

0356 **翁注困学纪闻六卷**
（宋）王应麟撰　（清）翁元圻注
清上海文瑞楼石印本
06/14

0357 **吾学录二十四卷**
（清）吴荣光撰
民国上海中华书局据广州刻本影印本
41/31

0358 **吴下方言考十二卷**
（清）胡文英撰
1987 年甘肃中医药大学图书馆复印本
16/35

0359 **西北考察日记**
顾颉刚撰
1983 年中国边疆史地研究所编辑影
印本
30/32

0360 **西徼水道一卷**
（清）黄懋材撰
1979 年上海古籍书店复印本
16/07

0361 **西輶日记五卷**
（清）黄懋材撰
1979 年上海古籍书店复印本
16/07

0362 **惜抱轩尺牍八卷**
（清）姚鼐撰
1987 年北京市新华书店影印本
16/26

0363 **闲止书堂集钞二卷**
（清）陈梦雷著
1979 年上海古籍出版社据清康熙刻本
影印本
17/17

0364 **闲止书堂集钞二卷**
（清）陈梦雷撰
1979 年上海古籍出版社影印本
30/19

0365 **相台尚书十三卷**
（春秋）孔子删订
清刻本
40/08

0366 **相台五经**
（宋）岳珂辑
民国十三年（1924）奉新宋氏卷雨楼影
刻本
01/15

0367 **香山诗略十二卷**
（清）黄绍昌、刘爔芬纂辑
民国二十六年（1937）铅印本
01/16

0368 **象山先生全集三十六卷**
（宋）陆九渊著
民国上海商务印书馆铅印本
42/24

0369 **小题四万选**
佚名编
清光绪十八年壬辰（1892）上海鸿文书
局石印本
17/31

0370 **辛壬春秋四十八卷**
尚秉和著
1984 年历史编辑社复印本
30/20

0371 **新订说文解字部首六书释读**
饶炯撰
民国七年（1918）成都志古堂刻本
33/09

0372 **新定十二律昆腔谱十六卷**
（清）王正祥编纂
1958 年古典文学出版社影印本
17/18

0373 新刊校订集注杜诗
（唐）杜甫撰
1982 年中华书局影印本（存九卷）
42/25

0374 新刊校订集注杜诗三十六卷
（宋）郭知达编
1982 年中华书局据南宋刻本影印本
17/32

0375 新曲苑三十四种
任讷编
民国十九年（1930）中华书局影印本
17/19

0376 新唐书二百二十五卷
（宋）宋祁、欧阳修等撰
明崇祯琴川毛氏汲古阁刻本
02/20

0377 新唐书二百二十五卷
（宋）宋祁、欧阳修等撰
清光绪三十三年丁未（1907）上海华商
集成图书公司石印本
03/16

0378 新唐书二百二十五卷
（宋）宋祁、欧阳修等撰
民国中华书局据宋本影印本（存八卷）
33/10

0379 新五代史七十四卷
（宋）欧阳修等奉敕撰
明崇祯琴川毛氏汲古阁刻本
02/21

0380 新五代史七十四卷
（宋）欧阳修等奉敕撰
清光绪三十三年丁未（1907）上海华商
集成图书公司石印本
04/07

0381 新增幼学琼林四卷
（清）邹圣脉增补
民国上海铸记书局石印本（存二卷）
33/11

0382 性理大全七十卷
（明）胡广等撰
明万历二十五年丁酉（1597）刻本（存六
十七卷）
04/15

0383 性理大全七十卷
（明）胡广等撰
明刻本（存十五卷）
04/16

0384 徐公集三十卷
（宋）徐铉撰
民国上海中华书局铅印本
42/26

0385 徐公文集三十卷
（宋）徐铉撰
民国上海商务印书馆缩印校抄本
37/18

0386 鄦斋丛书四十四卷
徐乃昌辑
1982 年江苏广陵古籍刻印社据南陵徐
乃昌校刊原本重印本
09/03

0387 续古文辞类纂三十四卷
王先谦纂集
民国上海文明书局铅印本
09/04

0388 续金华丛书四百七十二卷
（清）胡宗懋纂辑
1983 年广陵古籍刻印社据梦选楼刻本
重印本
11/02

0389 续资治通鉴二百二十卷
（清）毕沅撰
清末铅印本（存五十卷）
33/12

0390 荀子二十卷
（战国）荀子撰　（唐）杨倞注
民国上海中华书局铅印本
42/27

0391 **荀子集解二十卷**
王先谦撰
清光绪扫叶山房石印本
04/08

0392 **荀子集解二十卷**
（唐）杨倞注　（民国）王先谦校勘
民国扫叶山房石印本
30/21

0393 **逊志斋集二十四卷**
（明）方孝孺撰
民国上海中华书局据明刻本影印本
41/32

0394 **燕丹子三卷**
（清）孙星衍校
民国二十年（1931）中华书局重印本
40/09

0395 **燕丹子三卷**
（清）孙星衍校
民国上海中华书局据平津馆本影印本
37/19

0396 **扬子法言十三卷**
（汉）扬雄著
民国上海中华书局铅印本
42/28

0397 **尧峰文钞四十卷**
（清）汪琬著
民国上海商务印书馆铅印本
42/29

0398 **仪礼十六卷**
（汉）郑玄注
清光绪十一年乙酉（1885）山东书局
刻本
30/22

0399 **仪礼正义四十卷**
（汉）郑玄注
清咸丰二年壬子（1852）苏州汤晋苑局
刻本
01/17

0400 **仪礼正义四十卷**
（清）胡培翚撰
民国上海中华书局铅印本
42/30

0401 **异鱼图赞笺四卷附异鱼图赞补三卷**
（清）胡世安撰
1987年中国书店影印本
17/20

0402 **易经**
（清）盛元珍辑
清乾隆四十二年丁酉（1777）汉南书院
刻本
04/13

0403 **易经揆十四卷**
（清）梁锡玙撰
清乾隆十二年丁卯（1747）刻本
04/17

0404 **易经来注十五卷首一卷末一卷**
（明）来知德撰
清嘉庆十四年己巳（1809）宁远堂刻本
09/10

0405 **易经如话十二卷首一卷**
（清）汪绂著
清光绪二十二年丙申（1896）刻本
01/18

0406 **易经新义疏证**
佚名著
1987年兰州古旧书店据清刻本复印本
17/33

0407 **易象阐微五卷**
大易图解一卷
（清）萧仲虎纂
清咸丰二年壬子（1852）刻本
09/11

0408 **易学通论**
（清）皮锡瑞撰
民国十二年（1923）涵芬楼影印本
42/09

0409 易酌十四卷
（清）刁包撰
清道光二十三年癸卯（1843）顺积楼刻本
09/12

0410 绎史一百六十卷
（清）马骕撰
1987 年扬州广陵古籍刻印社影印本
29/08

0411 逸语十卷
（清）曹庭栋辑注
清乾隆十二年丁卯（1747）刻本
01/23

0412 尹文子
（战国）尹文子撰
民国上海中华书局据守山阁本影印本
37/20

0413 饮冰室文集八十卷
梁启超著
民国上海中华书局排印本（存七十五卷）
17/21

0414 饮虹簃所刻曲六十种
卢前辑
1979 年扬州广陵古籍刻印社影印本
27/05

0415 印度札记二卷
（清）黄懋材撰
1979 年上海古籍书店复印本
16/07

0416 景宋咸淳本李翰林集三十卷
（唐）李白撰
1980 年扬州市广陵古籍刻印社影印本
16/13

0417 影宋本礼记正义七十卷
（唐）孔颖达等奉敕撰
1980 年中国书店据民国十六年（1927）重刻本影印本
28（2）/04

0418 影印四库全书四种
商务印书馆编
民国商务印书馆影印本
01/24

0419 永乐大典
（明）解缙等奉敕撰
1983 年书目文献出版社影印本（存二卷）
32/03

0420 游历刍言一卷
（清）黄懋材撰
1979 年上海古籍书店复印本
16/07

0421 又玄集三卷
（唐）韦庄撰
1958 年古典文学出版社影印本
41/06

0422 娱园丛刻十种
（清）徐增辑
1982 年杭州古旧书店复印本
16/27

0423 渔洋诗卷二十二卷
（清）王士禛撰
清乾隆十二年丁卯（1747）七略书堂刻本
06/17

0424 渔洋文选十四卷
（清）王士禛撰
清乾隆十二年丁卯（1747）七略书堂刻本
06/17

0425 渔洋续诗卷十六卷
（清）王士禛撰
清乾隆十二年丁卯（1747）七略书堂刻本
06/17

0426 玉禅师
（明）徐渭撰
1984 年扬州广陵古籍刻印社影印本

16/25

0427 玉海二百四卷
（宋）王应麟撰
1987 年文物出版社影印本
30/33

0428 御选语录十九卷
（清）世宗胤禛编
清雍正刻本
08/14

0429 御纂春秋直解十二卷
（清）傅恒等奉敕撰
清乾隆二十三年戊寅（1758）刻本
09/13

0430 御纂诗义折中二十卷
（清）世宗胤禛纂　傅恒、来保、孙嘉淦
等编校
清末翻刻本
06/22

0431 御纂周易折中二十二卷
（清）李光地等奉敕撰
清康熙武英殿刻本
09/15

0432 御纂周易折中二十二卷
（清）李光地等奉敕撰
清刻本
09/14

0433 元丰类稿五十一卷
（宋）曾巩撰
民国上海中华书局铅印本
42/31

0434 元史二百十卷
（明）宋濂等奉敕撰
清光绪三十三年丁未（1907）上海华商
集成图书公司石印本
04/09

0435 原儒二卷
熊十力撰
1956 年龙门联合书局铅印本
01/19

0436 云笈七笺一百二十二卷
（宋）张君房辑录
民国上海商务印书馆铅印本
40/25

0437 韵府拾遗一百六卷
（清）圣祖玄烨御定
清康熙五十九年庚子（1720）武英殿
刻本
01/25

0438 韵府拾遗一百六卷
（清）圣祖玄烨御定
清康熙五十九年庚子（1720）刻本
01/26

0439 曾文正公全集一百六十四卷
（清）曾国藩编
清光绪十四年戊子（1888）鸿文书局石
印本（存七十九卷）
37/02

0440 增补左传易读六卷
（春秋）左丘明撰
清咸丰刻本
30/23

0441 增订宋丞相魏文节公事略
魏颂唐辑
1982 年杭州古旧书店复印本
01/20

0442 增广诗韵全璧五卷
（清）汤祥瑟辑
民国九年（1920）上海锦章书局石印本
27/06

0443 增广四书典腋二十卷
佚名编
清光绪二年丙子（1876）四明茹古斋铅
印本
17/34

0444 增图校正桃花扇二卷
（清）孔尚任撰　吴梅、李详校注
1978 年江苏广陵古籍刻印社复印本
16/28

0445 湛然居士文集十四卷
（元）耶律楚材撰
民国上海商务印书馆铅印本
42/32

0446 张右史文集六十卷
（宋）张耒撰
民国上海商务印书馆铅印本
42/33

0447 张子全书十四卷附录一卷
（宋）张载撰
民国上海中华书局据高安朱氏藏本影印本
41/33

0448 章氏丛书四十八卷
（清）章学诚著
1981年江苏广陵古籍刻印社重印本
09/05

0449 章氏遗书八种（存二种）
（清）章学诚著
清光绪四年戊寅（1878）刻本
05/11

0450 章氏遗书八种五十卷
（清）章学诚著
1982年文物出版社据浙江图书馆藏板影印本
09/06

0451 昭明太子集五卷
又名昭明太子文集
（南朝梁）萧统撰
民国上海中华书局据明刻本影印本
41/07

0452 昭明文选六十卷
又名文选
（南朝梁）萧统等撰
清文彬堂刻本
06/23

0453 直讲李先生文集三十九卷
（宋）李觏撰
民国上海商务印书馆铅印本

42/34

0454 止斋先生文集五十二卷
（宋）陈傅良撰
民国上海商务印书馆铅印本
42/35

0455 中华大字典
陆费逵、欧阳溥存等编
民国五年（1916）中华书局铅印本
17/22

0456 周官笺六卷
王闿运撰
清光绪二十二年丙申（1896）东洲讲舍刻本
17/35

0457 周礼六卷
（汉）郑玄注　（唐）陆德明音义
清嘉庆十一年丙寅（1806）清芬阁刻本
福礼堂原本
01/21

0458 周礼正义六卷
（唐）贾公彦等奉敕撰
清光绪十一年乙酉（1885）山东书局刻本
30/24

0459 周书五十卷
（唐）令狐德棻等撰
明崇祯琴川毛氏汲古阁刻本
02/22

0460 周书五十卷
（唐）令狐德棻等撰
清光绪三十三年丁未（1907）上海华商集成图书公司石印本
03/17

0461 周易白文
（清）郑板桥撰
民国石印本
30/25

0462 周易诂要六卷
（清）龙万育辑

清道光四年甲申（1824）敷文阁刻本

09/18

0463　周易古筮考十卷

（清）尚秉和撰

1987年北京新华书店影印本

30/26

0464　周易函书别集十六卷

（清）胡煦著

清雍正二年甲辰（1724）葆璞堂刻本（存
十卷）

09/19

0465　周易函书约存十八卷

（清）胡煦撰

清乾隆葆璞堂刻本

04/18

0466　周易集义八卷

又名易集义

（宋）魏了翁撰

1992年文物出版社排印本

30/27

0467　周易辑闻六卷

（宋）赵汝楳撰

明嘉靖刻本

04/19

0468　周易述义十卷

（清）汪由敦奉敕撰

清道光十八年戊戌（1838）刻本

40/10

0469　周易洗心十卷

（清）任启运撰

清乾隆三十四年己丑（1769）清芬阁
刻本

09/20

0470　周易消息十五卷

（清）纪磊著

清同治元年壬戌（1862）吴兴刘氏嘉业堂
刻本

09/21

0471　周易引经通释十卷

（清）李钧简辑注　李澍滋校

民国十年（1921）刻本

40/11

0472　周易折中二十二卷

（清）李光地等奉敕撰

清同治刻本

30/28

0473　周易正义十四卷

（唐）孔颖达等奉敕撰

清吴兴刘氏嘉业堂刻本

37/21

0474　周易注疏十三卷

（唐）孔颖达等奉敕撰

1985年中华书局影印本

30/29

0475　周易传义音训八卷首一卷末一卷

（宋）程颐撰

清光绪十五年己丑（1889）江南书局
刻本

09/17

0476　朱批谕旨三百六十卷

（清）世宗胤禛批　允禄、鄂尔泰等编

清光绪三十三年丁未（1907）上海华商
集成图书公司石印本

04/10

0477　朱文公文集一百卷

（宋）朱熹撰

民国上海商务印书馆铅印本

42/36

0478　朱子大全一百卷

（宋）朱熹撰

民国二十三年（1934）上海中华书局据
明胡氏刻本影印本

09/07

0479　庄列合刻十二卷

（明）闵齐伋校

明闵齐伋刊朱墨套印本

09/22

0480 庄子
又名南华经
（晋）郭象注
民国上海中华书局据明世德堂本影
印本
37/22

0481 庄子集解八卷
王先谦撰
清宣统元年己酉（1909）思贤堂刻本
05/12

0482 庄子集解十卷
（清）郭庆藩辑
清光绪思贤讲舍刊湘阴郭氏本
08/04

0483 庄子精华二卷
中华书局编
民国二十五年（1936）上海中华书局铅
印本
33/13

0484 庄子南华经评注十卷
（晋）郭象注　（唐）陆德明音义
清嘉庆九年甲子（1804）刻本
08/05

0485 庄子南华真经四卷
（明）闵齐伋校
明闵齐伋刊朱墨套印本
09/22

0486 庄子义证三十三卷附录二卷
马叙伦撰
民国排印本
06/15

0487 资治通鉴二百九十四卷
（宋）司马光等奉敕编　（元）胡三省
音注
清末铅印本（存七十卷）
33/14

0488 资治通鉴二百九十四卷
（宋）司马光等奉敕编　（元）胡三省
音注
民国上海中华书局据旧刻本影印本（存
一百五卷）
41/35

0489 资治通鉴二百九十四卷
（宋）司马光等奉敕编
2011年扬州广陵古籍出版社出版
28（2）/05

0490 资治通鉴目录三十卷
（宋）司马光等奉敕编
民国上海商务印书馆缩印宋刻本
41/36

0491 资治通鉴目录三十卷
（宋）司马光等奉敕编
民国上海中华书局据苏州局刻本影
印本
41/37

0492 资治通鉴释文三十卷
（宋）史炤撰
民国上海商务印书馆缩印乌程蒋氏密
韵楼藏宋刻本
37/23

0493 资治新书十四卷
（清）李渔纂
清光绪二十年甲午（1894）上海图书集
成印书局石印本
04/11

0494 子汇二十四种
（明）周子义辑
民国上海涵芬楼影印本
06/16

0495 子书百家一百种
（清）崇文书局辑
清光绪元年乙亥（1875）湖北崇文书局
刻本
37/24

0496 左绣三十卷首一卷
（清）张天农订
清三元堂刻本
03/25

0497　左传分国摘要二十卷
（清）史宗恒辑
清嘉庆十五年庚午（1810）文光堂刻本
06/25

0498　左传句解六卷
（清）韩菼编订
民国四年（1915）上海铸记书局石印本
30/30

书名笔画索引

二画

十八家诗钞二十八卷 ················ 0280

十八家诗钞二十八卷目录一卷 ········ 0281

十三经札记二十二卷群书札记十六卷 ··· 0283

十家宫词十二卷 ···················· 0282

九灵山房集三十卷 ·················· 0163

九经古义十六卷 ···················· 0162

又玄集三卷 ························ 0421

三画

三礼通论 ·························· 0265

三国志六十五卷 ·· 0260 0261 0262 0263

三国志演义十二卷 ·················· 0264

大云山房文稿十卷 ·················· 0045

大易图解一卷 ······················ 0407

大唐六典三十卷 ···················· 0044

上海博物馆藏历代法书 ·············· 0268

山海经十八卷 ······················ 0267

山海经广注十八卷 ·················· 0266

千顷堂书目三十二卷 ················ 0243

女状元 ···························· 0232

小学汇函十四种 ···················· 0091

小题四万选 ························ 0369

子书百家一百种 ···················· 0495

子汇二十四种 ······················ 0494

四画

王船山遗书二百八十八卷 ············ 0349

元丰类稿五十一卷 ·················· 0433

元史二百十卷 ······················ 0434

云笈七签一百二十二卷 ·············· 0436

太上感应篇图说 ···················· 0340

太平治迹统类三十卷 ················ 0339

历代通鉴辑览一百四十卷 ············ 0187

止斋先生文集五十二卷 ·············· 0454

中华大字典 ························ 0455

毛诗正韵 ·························· 0210

毛诗传笺通释三十二卷 ·············· 0213

毛诗郑氏笺二十卷 ·········· 0211 0212

长术辑要十卷附古今推步诸术考二卷 ··· 0019

丹渊集四十卷 ······················ 0047

六书分类十二卷首一卷 ·············· 0202

六朝文絜四卷 ······················ 0201

文子 ······························ 0347

文选 ······························ 0452

文献通考三百四十八卷 ·············· 0355

方言笺疏十三卷 ···················· 0074

方望溪先生全集二十一卷附方望溪先

　生年谱一卷 ······················ 0073

方舆胜览七十卷 ···················· 0075

火戏略五卷 ························ 0139

尹文子 ···························· 0412

孔子改制考二十一卷 ················ 0172

孔子家语十卷 ······················ 0173

孔氏家语 ·························· 0173

书经 ······························ 0290

书经六卷 ···················· 0291 0292

书经通论 ·························· 0293

书品一卷 ·························· 0294

水经注四十卷 ······················ 0297

水浒传 ···························· 0296

五画

玉海二百四卷 ······················ 0427

玉禅师 ···························· 0426

甘青宁史略三十二卷首三卷 ·········· 0080

甘青宁史略副编五卷 ················ 0079

古今文综八卷 ················· 0090
古今图书汇编 ················· 0089
古今图书集成 ················· 0088
古今图书集成一万卷目录四十卷 ······· 0089
古文观止十二卷 ··············· 0097
古文范四卷 ·················· 0096
古文析义二编八卷 ·············· 0100
古文审八卷 ·················· 0098
古文渊鉴六十四卷 ········· 0102 0103
古文雅正十四卷 ··············· 0101
古文释义八卷 ················· 0099
古文辞类纂七十五卷 ····· 0093 0094 0095
古史零证 ··················· 0092
古经解汇函二十三种 ············· 0091
古逸丛书三编 ················· 0104
左传分国摘要二十卷 ············· 0497
左传句解六卷 ················· 0498
左绣三十卷首一卷 ·············· 0496
石门文字禅三十卷 ·············· 0284
龙文鞭影四卷 ················· 0203
东坡全集四十卷 ··············· 0053
东维子文集三十卷附录一卷 ········· 0055
东塾读书记二十五卷 ············· 0054
北史一百卷 ·············· 0009 0010
北齐书五十卷 ············· 0007 0008
北京图书馆善本书目八卷 ··········· 0006
旧五代史一百五十卷 ········· 0166 0167
旧唐书二百卷 ············· 0164 0165
归方评点史记合笔六卷 ············ 0107
史记一百三十卷 ········· 0285 0286 0287
　　　　0288　0289
四书 ····················· 0318
四书大全四十卷 ··············· 0321
四书五经 ··················· 0326
四书白话注释二十一卷 ············ 0319
四书发注 ··················· 0322
四书评十九卷 ················· 0324
四书补注备旨题窍汇参十卷 ········· 0320
四书述要十四卷 ··············· 0325

四书笺解十一卷 ··············· 0323
四声猿四种 ·················· 0317
四库全书总目 ················· 0315
四明丛书八集一千一百八十八卷 ······· 0316
四经精华三十二卷 ·············· 0314
四部丛刊 ··················· 0308
四部备要 ··················· 0307
四部总录天文编 ··············· 0311
四部总录艺术编 ··········· 0312 0313
四部总录算法编 ··········· 0309 0310
仪礼十六卷 ·················· 0398
仪礼正义四十卷 ··········· 0399 0400
白虎通疏证十二卷 ·············· 0001
白话孟子读本七卷 ·············· 0002
印度札记二卷 ················· 0415
尔雅易读附夏小正 ·············· 0065
尔雅注疏十一卷 ··············· 0066
兰山课业经训约编四种 ············ 0176
兰州古今注 ·················· 0177
兰州纪略二十卷 ··············· 0178
汉书一百二十卷 ··············· 0117
汉书七十卷 ·················· 0116
汉隶字源六卷 ················· 0115
礼记十卷 ··············· 0182 0183
礼记心典传本三卷 ·············· 0184
礼记仪礼注疏附校勘记 ············ 0185
永乐大典 ··················· 0419
弘治本延安府志 ··············· 0120
皮子文薮十卷 ················· 0239
辽史一百十六卷 ··············· 0195

六画

圭斋文集十五卷 ··············· 0108
老子 ····················· 0179
巩昌府志二十八卷 ·············· 0087
地藏菩萨本愿经二卷 ············· 0051
西北考察日记 ················· 0359
西辅日记五卷 ················· 0361
西徼水道一卷 ················· 0360

百川学海一百七十七卷 ················· 0003
百子全书 ······························ 0004
列子八卷 ······························ 0196
列子冲虚真经八卷 ······················ 0197
扬子法言十三卷 ························ 0396
尧峰文钞四十卷 ························ 0397
曲江集十二卷 ·························· 0256
朱子大全一百卷 ························ 0478
朱文公文集一百卷 ······················ 0477
朱批谕旨三百六十卷 ···················· 0476
舌击编五卷 ···························· 0273
传家宝全集三十二卷 ···················· 0030
伪经考十四卷 ·························· 0351
后汉书一百三十卷 ······················ 0126
后汉书九十卷 ················ 0124 0125
后村先生大全集一百九十六卷 ·········· 0123
庄子 ································· 0480
庄子义证三十三卷附录二卷 ············ 0486
庄子南华经评注十卷 ···················· 0484
庄子南华真经四卷 ······················ 0485
庄子集解十卷 ·························· 0482
庄子集解八卷 ·························· 0481
庄子精华二卷 ·························· 0483
庄列合刻十二卷 ························ 0479
刘安子 ····················· 0129 0130
江氏周易述补四卷 ······················ 0146
祁忠敏公日记十五卷 ···················· 0241
论语十卷 ······························ 0208
论语后案二十卷 ························ 0207
论衡三十卷 ···························· 0209
红拂记二卷 ···························· 0121
红楼真梦传奇 ·························· 0122
异鱼图赞笺四卷附异鱼图赞补三卷 ······ 0401
孙子释证十三卷 ························ 0338
孙可之文集十卷 ························ 0337

七画

攻媿集一百十二卷 ······················ 0086
苏诗补注五十卷 ························ 0334

杜工部集二十卷 ·············· 0057 0058
杜少陵集 ····················· 0057 0058
杜诗言志十六卷 ························ 0062
杜诗详注二十五卷 ······················ 0061
杜诗镜铨二十五卷 ······················ 0060
杜诗镜铨二十卷 ························ 0059
李氏易传十七卷 ························ 0186
甫里先生文集二十卷 ···················· 0239
吾学录二十四卷 ························ 0357
励耘书屋丛刻五十二卷 ·················· 0188
吴下方言考十二卷 ······················ 0358
困学纪闻二十卷 ························ 0175
别下斋丛书九十卷 ······················ 0011
岑嘉州集八卷 ·························· 0016
近代碑帖大观续集八卷 ·················· 0153
谷梁传 ································ 0032
谷梁春秋 ······························ 0032
狂鼓史 ································ 0174
饮冰室文集八十卷 ······················ 0413
饮虹簃所刻曲六十种 ···················· 0414
辛壬春秋四十八卷 ······················ 0370
闲止书堂集钞二卷 ············ 0363 0364
宋书一百卷 ·················· 0331 0332
宋本十一家注孙子三卷 ·················· 0328
宋本方舆胜览七十卷 ···················· 0327
宋史四百九十六卷 ······················ 0330
宋辽金元四史一百三十卷 ················ 0329
宋学士文集四十六卷 ···················· 0333
灵台秘苑十五卷 ························ 0200
张子全书十四卷附录一卷 ················ 0447
张右史文集六十卷 ······················ 0446
陆宣公集二十四卷 ······················ 0204
陈书三十五卷 ·························· 0021
陈书三十六卷 ·························· 0020
纯常子枝语四十卷 ······················ 0039

八画

青邱诗集注一卷首一卷补遗一卷 ········ 0250
青学斋集二十一卷 ······················ 0251

苗疆闻见录稿二卷 ………………… 0218

范文正公文集二十卷 ……………… 0072

范文正公集十卷 …………………… 0198

直讲李先生文集三十九卷 ………… 0453

林和靖先生诗集四卷 ……………… 0198

奇晋斋丛书十六种 ………………… 0242

抱经堂文集三十四卷 ……………… 0005

尚书今注音疏十二卷末一卷 ……… 0269

尚书六卷 …………………………… 0270

尚书注疏二十卷 …………………… 0272

尚书说要五卷 ……………………… 0271

国初群雄事略十二卷 ……………… 0113

国朝汉学师承记八卷附录一卷 …… 0110

国朝学案小识十四卷 ……………… 0112

国朝耆献类征初编七百二十卷附国朝

　贤媛类征初编十二卷附人名索引 …… 0111

明史三百三十二卷 ………… 0221　0222

明嘉靖本董解元西厢记八卷 ……… 0220

易学通论 …………………………… 0408

易经 ………………………………… 0402

易经如话十二卷首一卷 …………… 0405

易经来注十五卷首一卷末一卷 …… 0404

易经揆十四卷 ……………………… 0403

易经新义疏证 ……………………… 0406

易酌十四卷 ………………………… 0409

易象阐微五卷 ……………………… 0407

易集义 ……………………………… 0466

佩文韵府一百六卷 ………………… 0238

金石契 ……………………………… 0150

金石索十二卷 ……………………… 0151

金史一百三十五卷 ………………… 0152

金华丛书三百四十册 ……………… 0147

金华黄先生文集四十三卷 ………… 0148

金瓶梅词话一百回 ………………… 0149

周书五十卷 ………………… 0459　0460

周礼六卷 …………………………… 0457

周礼正义六卷 ……………………… 0458

周易引经通释十卷 ………………… 0471

周易正义十四卷 …………………… 0473

周易古筮考十卷 …………………… 0463

周易白文 …………………………… 0461

周易传义音训八卷首一卷末一卷 …… 0475

周易折中二十二卷 ………………… 0472

周易诂要六卷 ……………………… 0462

周易述义十卷 ……………………… 0468

周易注疏十三卷 …………………… 0474

周易函书约存十八卷 ……………… 0465

周易函书别集十六卷 ……………… 0464

周易洗心十卷 ……………………… 0469

周易消息十五卷 …………………… 0470

周易集义八卷 ……………………… 0466

周易辑闻六卷 ……………………… 0467

周官笺六卷 ………………………… 0456

性理大全七十卷 …………… 0382　0383

河南先生文集二十八卷 …………… 0118

河南穆公集三卷 …………………… 0198

定山堂诗余四卷 …………………… 0052

诗经 ………………………………… 0275

诗经八卷 …………………… 0276　0277

诗经通论 …………………………… 0278

诗经通论十八卷 …………………… 0279

诚斋集四十二卷 …………………… 0023

诚意伯文集二十卷 ………………… 0022

建炎以来朝野杂记二十卷 ………… 0145

建康实录二十卷 …………………… 0144

隶字汇十卷 ………………………… 0192

隶韵十卷 …………………………… 0191

隶篇十五卷 ………………………… 0190

隶辨八卷 …………………………… 0189

参同契经文直指三卷 ……………… 0012

承启堂稿二十九卷 ………………… 0024

孟子分类课本二卷 ………………… 0216

孟子文说七卷附中庸文说 ………… 0217

孟东野集十卷 ……………………… 0215

绎史一百六十卷 …………………… 0410

经义述闻三十二卷 ………………… 0160

经史百家杂抄二十六卷 …………… 0157

经言拾遗十四卷 …………………… 0159

经典释文三十卷 ……………………… 0156

经学通论五种 ………………………… 0158

九画

春秋 …………………………………… 0031

春秋三传十六卷首一卷附经录传 …… 0033

春秋左传古注三十卷 ………………… 0037

春秋左传杜氏注三十卷 ……………… 0036

春秋谷梁传二十卷 …………………… 0032

春秋经传集解 ………………………… 0037

春秋通论 ……………………………… 0034

春秋属辞辨例编八十卷 ……………… 0035

带经堂全集五十二卷 ………………… 0046

草字汇六卷 ……………… 0013　0014

荀子二十卷 …………………………… 0390

荀子集解二十卷 ………… 0391　0392

故宫博物院藏历代法书二十种 ……… 0105

南丰先生元丰类稿五十卷 …………… 0226

南史八十卷 ……………… 0230　0231

南华经 ………………………………… 0480

南齐书五十九卷 ………… 0228　0229

南林丛刊次集十一卷 ………………… 0227

相台五经 ……………………………… 0366

相台尚书十三卷 ……………………… 0365

临川先生文集一百卷附嘉祐集十五卷 … 0199

昭明太子文集 ………………………… 0451

昭明太子集五卷 ……………………… 0451

昭明文选六十卷 ……………………… 0452

思辨录辑要三十五卷 ………………… 0306

钦定书经图说二十卷 ………………… 0247

香山诗略十二卷 ……………………… 0367

重订周易费氏学八卷首一卷末一卷 … 0025

重校稽古楼四书十卷 ………………… 0026

复斋易说六卷 ………………………… 0078

皇极经世书九卷首一卷 ……………… 0134

皇甫谧遗书集 ………………………… 0133

皇明文衡一百卷 ……………………… 0135

皇清经世文续编一百二十卷 ………… 0137

皇清经解一百九十卷 ………………… 0136

皇朝经世文新编二十一卷 …………… 0132

闽产录异六卷 ………………………… 0219

类说六十卷 …………………………… 0181

类篇四十五卷 ………………………… 0180

前汉书一百二十卷 …………………… 0244

济北晁先生鸡肋集七十卷 …………… 0141

说文系传四十卷 ……………………… 0305

说文段注订补十四卷 …… 0299　0300

说文通检十四卷首一卷 ……………… 0304

说文释例十卷 ………………………… 0303

说文解字研究法 ……………………… 0302

说文解字斠诠十四卷 ………………… 0301

说文辨疑 ……………………………… 0298

费氏古易订文十二卷 ………………… 0076

骈体文钞三十一卷 …………………… 0240

逊志斋集二十四卷 …………………… 0393

十画

秦安志九卷 …………………………… 0249

秦安县志十四卷 ……………………… 0248

晋书一百三十卷 ………… 0154　0155

桂苑笔耕集二十卷 …………………… 0109

格言联璧 ……………………………… 0084

格致镜原一百卷 ……………………… 0085

原儒二卷 ……………………………… 0435

柴桑答问十九卷 ……………………… 0018

积学斋丛书六十三卷 ………………… 0140

皋兰县志二十卷 ……………………… 0082

皋兰县续志十二卷 …………………… 0081

徐公文集三十卷 ……………………… 0385

徐公集三十卷 ………………………… 0384

翁注困学纪闻六卷 …………………… 0356

栾城集八十四卷 ……………………… 0206

高常侍集十卷 ………………………… 0083

唐六典 ………………………………… 0044

唐宋十大家全集录五十一卷 ………… 0344

唐诗三百首 …………………………… 0343

唐诗合解十六卷 ……………………… 0342

唐鉴十二卷 …………………………… 0341

资治通鉴二百九十四卷 … 0487 0488 0489
资治通鉴目录三十卷 ……… 0490 0491
资治通鉴释文三十卷 …………… 0492
资治新书十四卷 ………………… 0493
涉闻梓旧二十五种 ……………… 0274
浮溪集三十二卷 ………………… 0077
家语 ……………………………… 0173
容斋随笔十六卷 ………… 0258 0259
诸家咏杜诗二卷 ………………… 0060
读书杂志八十二卷 ……………… 0056
娱园丛刻十种 …………………… 0422
通玄真经十二卷 ………………… 0347
通考 ……………………………… 0355
通鉴明纪六十卷 ………………… 0346
通鉴辑览五十八卷 ……………… 0345

十一画

黄氏逸书考 ……………………… 0138
匏翁家藏集七十七卷 …………… 0237
晚晴簃诗汇 ……………………… 0348
崔莺莺待月西厢记 ……………… 0220
得一斋杂著四种 ………………… 0050
盘洲文集八十卷 ………………… 0236
象山先生全集三十六卷 ………… 0368
逸语十卷 ………………………… 0411
康熙字典四十二卷 ……… 0170 0171
章氏丛书四十八卷 ……………… 0448
章氏遗书八种五十卷 …………… 0450
章氏遗书八种(存二种) ………… 0449
望溪先生全集三十二卷 ………… 0350
惜抱轩尺牍八卷 ………………… 0362
清词玉屑十二卷 ………………… 0252
清诗汇 …………………………… 0348
清容居士集五十卷 ……… 0253 0254
清儒学案二百八卷 ……………… 0255
淮南子二十一卷 ………… 0129 0130
淮南子集解二卷 ………………… 0131
淮南旧注校理三卷 ……………… 0128
淮南鸿烈 ………………… 0129 0130

淮南鸿烈集解 …………………… 0131
渔洋文选十四卷 ………………… 0424
渔洋诗卷二十二卷 ……………… 0423
渔洋续诗卷十六卷 ……………… 0425
淳化阁帖十卷附释文十卷 ……… 0040
淳化秘阁法帖 …………………… 0040
淳化秘阁法帖考证十二卷 … 0041 0042
梁书五十六卷 …………… 0193 0194
隋书八十五卷 …………… 0335 0336
续古文辞类纂三十四卷 ………… 0387
续金华丛书四百七十二卷 ……… 0388
续资治通鉴二百二十卷 ………… 0389

十二画

韩非子二十卷 …………………… 0114
景宋咸淳本李翰林集三十卷 …… 0416
策鳌杂摭八卷 …………………… 0015
御批历代通鉴辑览 ……………… 0345
御选语录十九卷 ………………… 0428
御纂周易折中二十二卷 … 0431 0432
御纂诗义折中二十卷 …………… 0430
御纂春秋直解十二卷 …………… 0429
敦煌县志七卷 …………… 0063 0064
道书十二种九集二十二种 ……… 0048
道园学古录五十卷 ……………… 0049
道德经 …………………………… 0179
曾文正公全集一百六十四卷 …… 0439
湛然居士文集十四卷 …………… 0445
湖海楼词集三十卷 ……………… 0127
温国文正司马公文集八十卷 …… 0354
游历刍言一卷 …………………… 0420

十三画

蒙兀儿史记一百六十卷 ………… 0214
椿楸园游艺录 …………………… 0038
楚天樵话二卷 …………………… 0029
楚辞十七卷 ……………………… 0028
楚辞集注八卷 …………………… 0027
槎溪学易三卷 …………………… 0017

暖红室汇刻西厢记 …………………… 0234

暖红室汇刻传奇荆刘拜杀 …………… 0233

暖红室汇刻传剧 ……………………… 0233

路史四十七卷 ………………………… 0205

蜀中方物十二卷 ……………………… 0295

简斋诗集三十卷 ……………………… 0143

新五代史七十四卷 ………… 0379 0380

新订说文解字部首六书释读 ………… 0371

新刊校订集注杜诗 …………………… 0373

新刊校订集注杜诗三十六卷 ………… 0374

新曲苑三十四种 ……………………… 0375

新定十二律昆腔谱十六卷 …………… 0372

新唐书二百二十五卷 …… 0376 0377 0378

新增幼学琼林四卷 …………………… 0381

韵府拾遗一百六卷 ………… 0437 0438

群书治要五十卷 ……………………… 0257

十四画

静修先生文集二十二卷 ……………… 0161

雌木兰 ………………………………… 0043

郘斋丛书四十四卷 …………………… 0386

管窥辑要八十卷 ……………………… 0106

十五画

增广四书典腋二十卷 ………………… 0443

增广诗韵全璧五卷 …………………… 0442

增订宋丞相魏文节公事略 …………… 0441

增补左传易读六卷 …………………… 0440

增图校正桃花扇二卷 ………………… 0444

樊川文集二十卷 ……………………… 0068

樊川文集注六卷 ……………………… 0069

樊川诗集注四卷附录二卷 …………… 0067

樊南文集补编八卷 …………………… 0070

樊榭山房全集十卷 …………………… 0071

影印四库全书四种 …………………… 0418

影宋本礼记正义七十卷 ……………… 0417

墨子十六卷 …………………………… 0225

墨子间诂十四卷 ……………………… 0224

墨娥小录十四卷 ……………………… 0223

稼轩词疏证六卷 ……………………… 0142

鹤山先生大全文集一百十卷 ………… 0119

十六画

燕丹子三卷 ………………… 0394 0395

彊村丛书 ……………………………… 0245

彊村丛书三百五十五卷 ……………… 0246

十七画

魏书一百十四卷 …………… 0352 0353

十八画

藕香零拾丛书 ………………………… 0235

十九画

攈古录二十卷 ………………………… 0168

攈古录金文三卷 ……………………… 0169

书名音序索引

〔**B**〕

bái

白虎通疏证十二卷 ················· 0001
白话孟子读本七卷 ················· 0002

bǎi

百川学海一百七十七卷 ············· 0003
百子全书 ························· 0004

bào

抱经堂文集三十四卷 ··············· 0005

běi

北京图书馆善本书目八卷 ··········· 0006
北齐书五十卷 ·············· 0007　0008
北史一百卷 ················ 0009　0010

bié

别下斋丛书九十卷 ················· 0011

〔**C**〕

cān

参同契经文直指三卷 ··············· 0012

cǎo

草字汇六卷 ················ 0013　0014

cè

策鳌杂摭八卷 ····················· 0015

cén

岑嘉州集八卷 ····················· 0016

chá

槎溪学易三卷 ····················· 0017

chái

柴桑答问十九卷 ··················· 0018

cháng

长术辑要十卷附古今推步诸术考二卷 ··· 0019

chén

陈书三十六卷 ····················· 0020
陈书三十五卷 ····················· 0021

chéng

诚意伯文集二十卷 ················· 0022
诚斋集四十二卷 ··················· 0023
承启堂稿二十九卷 ················· 0024

chóng

重订周易费氏学八卷首一卷末一卷 ····· 0025
重校稽古楼四书十卷 ··············· 0026

chǔ

楚辞集注八卷 ····················· 0027
楚辞十七卷 ······················· 0028
楚天樵话二卷 ····················· 0029

chuán

传家宝全集三十二卷 ··············· 0030

chūn

春秋 ····························· 0031
春秋谷梁传二十卷 ················· 0032

春秋经传集解 …………………………… 0037

春秋三传十六卷首一卷附经录传 ……… 0033

春秋通论 ………………………………… 0034

春秋属辞辨例编八十卷 ………………… 0035

春秋左传杜氏注三十卷 ………………… 0036

春秋左传古注三十卷 …………………… 0037

椿楸园游艺录 …………………………… 0038

chún

纯常子枝语四十卷 ……………………… 0039

淳化阁帖十卷附释文十卷 ……………… 0040

淳化秘阁法帖 …………………………… 0040

淳化秘阁法帖考证十二卷 ……… 0041 0042

cí

雌木兰 …………………………………… 0043

cuī

崔莺莺待月西厢记 ……………………… 0220

〔**D**〕

dà

大唐六典三十卷 ………………………… 0044

大易图解一卷 …………………………… 0407

大云山房文稿十卷 ……………………… 0045

dài

带经堂全集五十二卷 …………………… 0046

dān

丹渊集四十卷 …………………………… 0047

dào

道德经 …………………………………… 0179

道书十二种九集二十二种 ……………… 0048

道园学古录五十卷 ……………………… 0049

dé

得一斋杂著四种 ………………………… 0050

dì

地藏菩萨本愿经二卷 …………………… 0051

dìng

定山堂诗余四卷 ………………………… 0052

dōng

东坡全集四十卷 ………………………… 0053

东塾读书记二十五卷 …………………… 0054

东维子文集三十卷附录一卷 …………… 0055

dú

读书杂志八十二卷 ……………………… 0056

dù

杜工部集二十卷 ………………… 0057 0058

杜少陵集 ………………………… 0057 0058

杜诗镜铨二十卷 ………………………… 0059

杜诗镜铨二十五卷 ……………………… 0060

杜诗详注二十五卷 ……………………… 0061

杜诗言志十六卷 ………………………… 0062

dūn

敦煌县志七卷 …………………… 0063 0064

〔**E**〕

ěr

尔雅易读附夏小正 ……………………… 0065

尔雅注疏十一卷 ………………………… 0066

〔**F**〕

fán

樊川诗集注四卷附录二卷 ……………… 0067

樊川文集二十卷 ………………………… 0068

樊川文集注六卷 ………………………… 0069

樊南文集补编八卷 ……………………… 0070

樊榭山房全集十卷 ……………………… 0071

fàn

范文正公集十卷 ·················· 0198

范文正公文集二十卷 ·············· 0072

fāng

方望溪先生全集二十一卷附方望溪先

　　生年谱一卷 ·················· 0073

方言笺疏十三卷 ·················· 0074

方舆胜览七十卷 ·················· 0075

fèi

费氏古易订文十二卷 ·············· 0076

fú

浮溪集三十二卷 ·················· 0077

fǔ

甫里先生文集二十卷 ·············· 0239

fù

复斋易说六卷 ···················· 0078

〔G〕

gān

甘青宁史略副编五卷 ·············· 0079

甘青宁史略三十二卷首三卷 ········ 0080

gāo

皋兰县续志十二卷 ················ 0081

皋兰县志二十卷 ·················· 0082

高常侍集十卷 ···················· 0083

gé

格言联璧 ························ 0084

格致镜原一百卷 ·················· 0085

gōng

攻媿集一百十二卷 ················ 0086

gǒng

巩昌府志二十八卷 ················ 0087

gǔ

古今图书汇编 ···················· 0089

古今图书集成 ···················· 0088

古今图书集成一万卷目录四十卷 ····· 0089

古今文综八卷 ···················· 0090

古经解汇函二十三种 ·············· 0091

古史零证 ························ 0092

古文辞类纂七十五卷 ····· 0093　0094　0095

古文范四卷 ······················ 0096

古文观止十二卷 ·················· 0097

古文审八卷 ······················ 0098

古文释义八卷 ···················· 0099

古文析义二编八卷 ················ 0100

古文雅正十四卷 ·················· 0101

古文渊鉴六十四卷 ·········· 0102　0103

古逸丛书三编 ···················· 0104

谷梁春秋 ························ 0032

谷梁传 ·························· 0032

gù

故宫博物院藏历代法书二十种 ········ 0105

guǎn

管窥辑要八十卷 ·················· 0106

guī

归方评点史记合笔六卷 ············· 0107

圭斋文集十五卷 ·················· 0108

guì

桂苑笔耕集二十卷 ················ 0109

guó

国朝汉学师承记八卷附录一卷 ········ 0110

国朝耆献类征初编七百二十卷附国朝
　贤媛类征初编十二卷附人名索引 …… 0111
国朝学案小识十四卷 ……………… 0112
国初群雄事略十二卷 ……………… 0113

〔H〕

hán

韩非子二十卷 …………………… 0114

hàn

汉隶字源六卷 …………………… 0115
汉书七十卷 ……………………… 0116
汉书一百二十卷 ………………… 0117

hé

河南穆公集三卷 ………………… 0198
河南先生文集二十八卷 ………… 0118

hè

鹤山先生大全文集一百十卷 …… 0119

hóng

弘治本延安府志 ………………… 0120
红拂记二卷 ……………………… 0121
红楼真梦传奇 …………………… 0122

hòu

后村先生大全集一百九十六卷 ……… 0123
后汉书九十卷 …………… 0124　0125
后汉书一百三十卷 ……………… 0126

hú

湖海楼词集三十卷 ……………… 0127

huái

淮南鸿烈 ………………… 0129　0130
淮南鸿烈集解 …………………… 0131
淮南旧注校理三卷 ……………… 0128
淮南子二十一卷 ………… 0129　0130

淮南子集解二卷 ………………… 0131

huáng

皇朝经世文新编二十一卷 ……… 0132
皇甫谧遗书集 …………………… 0133
皇极经世书九卷首一卷 ………… 0134
皇明文衡一百卷 ………………… 0135
皇清经解一百九十卷 …………… 0136
皇清经世文续编一百二十卷 …… 0137
黄氏逸书考 ……………………… 0138

huǒ

火戏略五卷 ……………………… 0139

〔J〕

jī

积学斋丛书六十三卷 …………… 0140

jǐ

济北晁先生鸡肋集七十卷 ……… 0141

jiā

家语 ……………………………… 0173

jià

稼轩词疏证六卷 ………………… 0142

jiǎn

简斋诗集三十卷 ………………… 0143

jiàn

建康实录二十卷 ………………… 0144
建炎以来朝野杂记二十卷 ……… 0145

jiāng

江氏周易述补四卷 ……………… 0146

jīn

金华丛书三百四十册 …………… 0147

金华黄先生文集四十三卷 ·············· 0148
金瓶梅词话一百回 ·············· 0149
金石契 ·············· 0150
金石索十二卷 ·············· 0151
金史一百三十五卷 ·············· 0152

jìn

近代碑帖大观续集八卷 ·············· 0153
晋书一百三十卷 ·············· 0154　0155

jīng

经典释文三十卷 ·············· 0156
经史百家杂抄二十六卷 ·············· 0157
经学通论五种 ·············· 0158
经言拾遗十四卷 ·············· 0159
经义述闻三十二卷 ·············· 0160

jìng

静修先生文集二十二卷 ·············· 0161

jiǔ

九经古义十六卷 ·············· 0162
九灵山房集三十卷 ·············· 0163

jiù

旧唐书二百卷 ·············· 0164　0165
旧五代史一百五十卷 ·············· 0166　0167

jùn

攈古录二十卷 ·············· 0168
攈古录金文三卷 ·············· 0169

〔K〕

kāng

康熙字典四十二卷 ·············· 0170　0171

kǒng

孔氏家语 ·············· 0173
孔子改制考二十一卷 ·············· 0172

孔子家语十卷 ·············· 0173

kuáng

狂鼓史 ·············· 0174

kùn

困学纪闻二十卷 ·············· 0175

〔L〕

lán

兰山课业经训约编四种 ·············· 0176
兰州古今注 ·············· 0177
兰州纪略二十卷 ·············· 0178

lǎo

老子 ·············· 0179

lèi

类篇四十五卷 ·············· 0180
类说六十卷 ·············· 0181

lǐ

礼记十卷 ·············· 0182　0183
礼记心典传本三卷 ·············· 0184
礼记仪礼注疏附校勘记 ·············· 0185
李氏易传十七卷 ·············· 0186

lì

历代通鉴辑览一百四十卷 ·············· 0187
励耘书屋丛刻五十二卷 ·············· 0188
隶辨八卷 ·············· 0189
隶篇十五卷 ·············· 0190
隶韵十卷 ·············· 0191
隶字汇十卷 ·············· 0192

liáng

梁书五十六卷 ·············· 0193　0194

liáo

辽史一百十六卷 ·············· 0195

liè

列子八卷 …………………………… 0196
列子冲虚真经八卷 ………………… 0197

lín

林和靖先生诗集四卷 ……………… 0198
临川先生文集一百卷附嘉祐集十五卷 … 0199

líng

灵台秘苑十五卷 …………………… 0200

liú

刘安子 ………………… 0129　0130

liù

六朝文絜四卷 ……………………… 0201
六书分类十二卷首一卷 …………… 0202

lóng

龙文鞭影四卷 ……………………… 0203

lù

陆宣公集二十四卷 ………………… 0204
路史四十七卷 ……………………… 0205

luán

栾城集八十四卷 …………………… 0206

lún

论语后案二十卷 …………………… 0207
论语十卷 …………………………… 0208

lùn

论衡三十卷 ………………………… 0209

〔M〕

máo

毛诗正韵 …………………………… 0210
毛诗郑氏笺二十卷 ………… 0211　0212

毛诗传笺通释三十二卷 …………… 0213

méng

蒙兀儿史记一百六十卷 …………… 0214

mèng

孟东野集十卷 ……………………… 0215
孟子分类课本二卷 ………………… 0216
孟子文说七卷附中庸文说 ………… 0217

miáo

苗疆闻见录稿二卷 ………………… 0218

mǐn

闽产录异六卷 ……………………… 0219

míng

明嘉靖本董解元西厢记八卷 ……… 0220
明史三百三十二卷 ………… 0221　0222

mò

墨娥小录十四卷 …………………… 0223
墨子间诂十四卷 …………………… 0224
墨子十六卷 ………………………… 0225

〔N〕

nán

南丰先生元丰类稿五十卷 ………… 0226
南华经 ……………………………… 0480
南林丛刊次集十一卷 ……………… 0227
南齐书五十九卷 …………… 0228　0229
南史八十卷 ………………… 0230　0231

nǚ

女状元 ……………………………… 0232

nuǎn

暖红室汇刻传剧 …………………… 0233
暖红室汇刻传奇荆刘拜杀 ………… 0233
暖红室汇刻西厢记 ………………… 0234

〔O〕

ǒu

藕香零拾丛书 ················· 0235

〔P〕

pán

盘洲文集八十卷 ················· 0236

páo

匏翁家藏集七十七卷 ············· 0237

pèi

佩文韵府一百六卷 ··············· 0238

pí

皮子文薮十卷 ··················· 0239

pián

骈体文钞三十一卷 ··············· 0240

〔Q〕

qí

祁忠敏公日记十五卷 ············· 0241
奇晋斋丛书十六种 ··············· 0242

qiān

千顷堂书目三十二卷 ············· 0243

qián

前汉书一百二十卷 ··············· 0244

qiáng

彊村丛书 ······················· 0245
彊村丛书三百五十五卷 ··········· 0246

qīn

钦定书经图说二十卷 ············· 0247

qín

秦安县志十四卷 ················· 0248
秦安志九卷 ····················· 0249

qīng

青邱诗集注一卷首一卷补遗一卷 ······· 0250
青学斋集二十一卷 ··············· 0251
清词玉屑十二卷 ················· 0252
清容居士集五十卷 ········· 0253 0254
清儒学案二百八卷 ··············· 0255
清诗汇 ························· 0348

qū

曲江集十二卷 ··················· 0256

qún

群书治要五十卷 ················· 0257

〔R〕

róng

容斋随笔十六卷 ············ 0258 0259

〔S〕

sān

三国志六十五卷 ··· 0260 0261 0262 0263
三国志演义十二卷 ··············· 0264
三礼通论 ······················· 0265

shān

山海经广注十八卷 ··············· 0266
山海经十八卷 ··················· 0267

shàng

上海博物馆藏历代法书 ··········· 0268
尚书今注音疏十二卷末一卷 ··········· 0269
尚书六卷 ······················· 0270
尚书说要五卷 ··················· 0271
尚书注疏二十卷 ················· 0272

shé

舌击编五卷 ························· 0273

shè

涉闻梓旧二十五种 ················· 0274

shī

诗经 ······························· 0275
诗经八卷 ···················· 0276 0277
诗经通论 ·························· 0278
诗经通论十八卷 ················· 0279

shí

十八家诗钞二十八卷 ·············· 0280
十八家诗钞二十八卷目录一卷 ······ 0281
十家宫词十二卷 ················· 0282
十三经札记二十二卷群书札记十六卷 ··· 0283
石门文字禅三十卷 ················· 0284

shǐ

史记一百三十卷 ······ 0285 0286 0287
　　　　0288　0289

shū

书经 ······························· 0290
书经六卷 ···················· 0291 0292
书经通论 ·························· 0293
书品一卷 ·························· 0294

shǔ

蜀中方物十二卷 ················· 0295

shuǐ

水浒传 ·························· 0296
水经注四十卷 ················· 0297

shuō

说文辨疑 ·························· 0298

说文段注订补十四卷 ·········· 0299 0300
说文解字斠诠十四卷 ············· 0301
说文解字研究法 ················· 0302
说文释例十卷 ················· 0303
说文通检十四卷首一卷 ··········· 0304
说文系传四十卷 ················· 0305

sī

思辨录辑要三十五卷 ············· 0306

sì

四部备要 ·························· 0307
四部丛刊 ·························· 0308
四部总录算法编 ············ 0309 0310
四部总录天文编 ················· 0311
四部总录艺术编 ············ 0312 0313
四经精华三十二卷 ················· 0314
四库全书总目 ················· 0315
四明丛书八集一千一百八十八卷 ···· 0316
四声猿四种 ···················· 0317
四书 ······························· 0318
四书白话注释二十一卷 ··········· 0319
四书补注备旨题窍汇参十卷 ········· 0320
四书大全四十卷 ················· 0321
四书发注 ·························· 0322
四书笺解十一卷 ················· 0323
四书评十九卷 ················· 0324
四书述要十四卷 ················· 0325
四书五经 ·························· 0326

sòng

宋本方舆胜览七十卷 ············· 0327
宋本十一家注孙子三卷 ··········· 0328
宋辽金元四史一百三十卷 ········· 0329
宋史四百九十六卷 ················· 0330
宋书一百卷 ················ 0331 0332
宋学士文集四十六卷 ············· 0333

sū

苏诗补注五十卷 ················· 0334

suí

隋书八十五卷 ……………………… 0335　0336

sūn

孙可之文集十卷 …………………… 0337

孙子释证十三卷 …………………… 0338

〔T〕

tài

太平治迹统类三十卷 ……………… 0339

太上感应篇图说 …………………… 0340

táng

唐鉴十二卷 ………………………… 0341

唐六典 ……………………………… 0044

唐诗合解十六卷 …………………… 0342

唐诗三百首 ………………………… 0343

唐宋十大家全集录五十一卷 ……… 0344

tōng

通鉴辑览五十八卷 ………………… 0345

通鉴明纪六十卷 …………………… 0346

通考 ………………………………… 0355

通玄真经十二卷 …………………… 0347

〔W〕

wǎn

晚晴簃诗汇 ………………………… 0348

wáng

王船山遗书二百八十八卷 ………… 0349

wàng

望溪先生全集三十二卷 …………… 0350

wěi

伪经考十四卷 ……………………… 0351

wèi

魏书一百十四卷 …………………… 0352　0353

wēn

温国文正司马公文集八十卷 ……… 0354

wén

文献通考三百四十八卷 …………… 0355

文选 ………………………………… 0452

文子 ………………………………… 0347

wēng

翁注困学纪闻六卷 ………………… 0356

wú

吾学录二十四卷 …………………… 0357

吴下方言考十二卷 ………………… 0358

〔X〕

xī

西北考察日记 ……………………… 0359

西徼水道一卷 ……………………… 0360

西辎日记五卷 ……………………… 0361

惜抱轩尺牍八卷 …………………… 0362

xián

闲止书堂集钞二卷 ………………… 0363　0364

xiāng

相台尚书十三卷 …………………… 0365

相台五经 …………………………… 0366

香山诗略十二卷 …………………… 0367

xiàng

象山先生全集三十六卷 …………… 0368

xiǎo

小题四万选 ………………………… 0369

小学汇函十四种 ················· 0091

xīn

辛壬春秋四十八卷 ················· 0370
新订说文解字部首六书释读 ············· 0371
新定十二律昆腔谱十六卷 ············· 0372
新刊校订集注杜诗 ················· 0373
新刊校订集注杜诗三十六卷 ············· 0374
新曲苑三十四种 ················· 0375
新唐书二百二十五卷 ····· 0376　0377　0378
新五代史七十四卷 ········· 0379　0380
新增幼学琼林四卷 ················· 0381

xìng

性理大全七十卷 ············· 0382　0383

xú

徐公集三十卷 ················· 0384
徐公文集三十卷 ················· 0385

xǔ

鄦斋丛书四十四卷 ················· 0386

xù

续古文辞类纂三十四卷 ··········· 0387
续金华丛书四百七十二卷 ··········· 0388
续资治通鉴二百二十卷 ··········· 0389

xún

荀子二十卷 ················· 0390
荀子集解二十卷 ········· 0391　0392

xùn

逊志斋集二十四卷 ················· 0393

〔**Y**〕

yān

燕丹子三卷 ············· 0394　0395

yáng

扬子法言十三卷 ················· 0396

yáo

尧峰文钞四十卷 ················· 0397

yí

仪礼十六卷 ················· 0398
仪礼正义四十卷 ········· 0399　0400

yì

异鱼图赞笺四卷附异鱼图赞补三卷 ······ 0401
易集义 ····················· 0466
易经 ······················· 0402
易经揆十四卷 ················· 0403
易经来注十五卷首一卷末一卷 ········· 0404
易经如话十二卷首一卷 ············· 0405
易经新义疏证 ················· 0406
易象阐微五卷 ················· 0407
易学通论 ··················· 0408
易酌十四卷 ················· 0409
绎史一百六十卷 ················· 0410
逸语十卷 ··················· 0411

yǐn

尹文子 ····················· 0412
饮冰室文集八十卷 ················· 0413
饮虹簃所刻曲六十种 ················· 0414

yìn

印度札记二卷 ················· 0415

yǐng

景宋咸淳本李翰林集三十卷 ··········· 0416
影宋本礼记正义七十卷 ··········· 0417
影印四库全书四种 ················· 0418

yǒng

永乐大典 ··················· 0419

yóu

游历刍言一卷 ························ 0420

yòu

又玄集三卷 ························ 0421

yú

娱园丛刻十种 ···················· 0422
渔洋诗卷二十二卷 ················ 0423
渔洋文选十四卷 ·················· 0424
渔洋续诗卷十六卷 ················ 0425

yù

玉禅师 ·························· 0426
玉海二百四卷 ···················· 0427
御批历代通鉴辑览 ················ 0345
御选语录十九卷 ·················· 0428
御纂春秋直解十二卷 ·············· 0429
御纂诗义折中二十卷 ·············· 0430
御纂周易折中二十二卷 ·········· 0431 0432

yuán

元丰类稿五十一卷 ················ 0433
元史二百十卷 ···················· 0434
原儒二卷 ························ 0435

yún

云笈七笺一百二十二卷 ············ 0436

yùn

韵府拾遗一百六卷 ············ 0437 0438

〔Z〕

zēng

曾文正公全集一百六十四卷 ········ 0439
增补左传易读六卷 ················ 0440
增订宋丞相魏文节公事略 ·········· 0441
增广诗韵全璧五卷 ················ 0442

增广四书典腋二十卷 ·············· 0443
增图校正桃花扇二卷 ·············· 0444

zhàn

湛然居士文集十四卷 ·············· 0445

zhāng

张右史文集六十卷 ················ 0446
张子全书十四卷附录一卷 ·········· 0447
章氏丛书四十八卷 ················ 0448
章氏遗书八种(存二种) ············ 0449
章氏遗书八种五十卷 ·············· 0450

zhāo

昭明太子集五卷 ·················· 0451
昭明太子文集 ···················· 0451
昭明文选六十卷 ·················· 0452

zhí

直讲李先生文集三十九卷 ············· 0453

zhǐ

止斋先生文集五十二卷 ············· 0454

zhōng

中华大字典 ···················· 0455

zhōu

周官笺六卷 ···················· 0456
周礼六卷 ······················ 0457
周礼正义六卷 ·················· 0458
周书五十卷 ················ 0459 0460
周易白文 ······················ 0461
周易诂要六卷 ·················· 0462
周易古筮考十卷 ················ 0463
周易函书别集十六卷 ·············· 0464
周易函书约存十八卷 ·············· 0465
周易集义八卷 ·················· 0466
周易辑闻六卷 ·················· 0467

周易述义十卷 …………………………… 0468

周易洗心十卷 …………………………… 0469

周易消息十五卷 ………………………… 0470

周易引经通释十卷 ……………………… 0471

周易折中二十二卷 ……………………… 0472

周易正义十四卷 ………………………… 0473

周易注疏十三卷 ………………………… 0474

周易传义音训八卷首一卷末一卷 ……… 0475

zhū

朱批谕旨三百六十卷 …………………… 0476

朱文公文集一百卷 ……………………… 0477

朱子大全一百卷 ………………………… 0478

诸家咏杜诗二卷 ………………………… 0060

zhuāng

庄列合刻十二卷 ………………………… 0479

庄子 ……………………………………… 0480

庄子集解八卷 …………………………… 0481

庄子集解十卷 …………………………… 0482

庄子精华二卷 …………………………… 0483

庄子南华经评注十卷 …………………… 0484

庄子南华真经四卷 ……………………… 0485

庄子义证三十三卷附录二卷 …………… 0486

zī

资治通鉴二百九十四卷 … 0487　0488　0489

资治通鉴目录三十卷 …………… 0490　0491

资治通鉴释文三十卷 …………………… 0492

资治新书十四卷 ………………………… 0493

zǐ

子汇二十四种 …………………………… 0494

子书百家一百种 ………………………… 0495

zuǒ

左绣三十卷首一卷 ……………………… 0496

左传分国摘要二十卷 …………………… 0497

左传句解六卷 …………………………… 0498

著者笔画索引

二画

丁以此 …………………………………………………… 0210
丁福保 …… 0309　0310　0311　0312　0313
刁包 ……………………………………………………… 0409

三画

上海涵芬楼 ……………………………………………… 0308
上海博物馆 ……………………………………………… 0268
广陵书社 ………………………………………………… 0326
马其昶 …………………………………………………… 0025
马叙伦 ………………………………………… 0302　0486
马骕 ……………………………………………………… 0410
马瑞辰 …………………………………………………… 0213
马端临 …………………………………………………… 0355

四画

王士禛 ………………… 0046　0423　0424　0425
王夫之 ………………………………………… 0323　0349
王引之 …………………………………………………… 0160
王正祥 …………………………………………………… 0372
王尧衢 …………………………………………………… 0342
王先谦 ………………… 0387　0391　0392　0481
王充 ……………………………………………………… 0209
王安石 …………………………………………………… 0199
王安礼 …………………………………………………… 0200
王应麟 ………………………………………… 0356　0427
王季烈 …………………………………………………… 0122
王念孙 …………………………………………………… 0056
王实甫 ………………………………………… 0220　0234
王肃 ……………………………………………………… 0173
王绍兰 ………………………………………… 0299　0300
王树枏 …………………………………………………… 0076
王拯 ……………………………………………………… 0107

王闿运 …………………………………………………… 0456
王著 ……………………………………………………… 0040
王俦 ……………………………………………………… 0329
王逸 ……………………………………………………… 0028
王弼 ……………………………………………………… 0179
王筠 ……………………………………………………… 0303
王箬林 ………………………………………… 0041　0042
韦庄 ……………………………………………………… 0421
中华书局 ……………………………………… 0307　0483
毛宗岗 …………………………………………………… 0264
仇兆鳌 …………………………………………………… 0061
文子 ……………………………………………………… 0347
文同 ……………………………………………………… 0047
文廷式 …………………………………………………… 0039
方孝孺 …………………………………………………… 0393
方苞 …………………………………………… 0073　0350
尹文子 …………………………………………………… 0412
尹洙 ……………………………………………………… 0118
允禄 ……………………………………………………… 0476
孔子 ………………… 0270　0276　0277　0365
孔尚任 …………………………………………………… 0444
孔颖达 ………………… 0272　0417　0473　0474

五画

世宗胤禛 ……………………………… 0428　0430　0476
左丘明 …………………………………………………… 0440
左圭 ……………………………………………………… 0003
厉鹗 ……………………………………………………… 0071
石成金 …………………………………………………… 0030
石梁 …………………………………………… 0013　0014
龙万育 …………………………………………………… 0462
龙顾山人 ………………………………………………… 0252
北京图书馆善本部 ……………………………………… 0006
卢文弨 …………………………………………………… 0005

卢岳 ··· 0018
卢前 ··· 0414
叶庆颐 ·· 0015
史宗恒 ·· 0497
史星海 ·· 0133
史焌 ··· 0492
令狐德棻 ····································· 0459 0460
玄宗李隆基 ·· 0044
兰陵笑笑生 ·· 0149
冯云鹏 ·· 0151
冯云鹓 ·· 0151
冯浩 ··· 0070
冯集梧 ··· 0067 0069
司马光 ······ 0180 0354 0487 0488 0489
　　　　0490 0491
司马迁 ······ 0285 0286 0287 0288 0289
皮日休 ·· 0239
皮锡瑞 ······ 0034 0158 0265 0278 0293
　　　　0408
圣祖玄烨 ····································· 0437 0438

六画

邢昺 ··· 0066
老子 ··· 0179
西农氏 ·· 0216
列御寇 ·· 0196
扫叶山房 ··· 0004
扬雄 ··· 0396
毕沅 ··· 0225 0389
吕泾野 ·· 0271
朱亦栋 ·· 0283
朱孝臧 ··· 0245 0246
朱奇生 ·· 0322
朱钧 ··· 0201
朱熹 ······ 0026 0027 0277 0318 0477
　　　　0478
任讷 ··· 0375
任启运 ·· 0469
刘一明 ·· 0048

刘文典 ·· 0131
刘文淇 ·· 0338
刘心源 ·· 0098
刘世珩 ··· 0233 0234
刘因 ··· 0161
刘安 ··· 0129 0130
刘燖芬 ·· 0367
刘克庄 ·· 0123
刘秀 ··· 0267
刘昫 ··· 0164 0165
刘球 ··· 0191
刘基 ··· 0022
刘毓庆 ·· 0038
江声 ··· 0269
江藩 ··· 0110 0146
汤祥瑟 ·· 0442
祁彪佳 ·· 0241
许伏民 ·· 0319
许桯 ··· 0201
许嵩 ··· 0144
许慎 ··· 0301
阮元 ··· 0185
纪昀 ··· 0315
纪磊 ··· 0470
孙诒让 ·· 0224
孙武 ··· 0328
孙星衍 ··· 0394 0395
孙家鼐 ·· 0247
孙堂 ··· 0091
孙嘉淦 ·· 0430
孙樵 ··· 0337

七画

麦仲华 ·· 0132
严长宦 ·· 0248
苏轼 ··· 0053
苏履吉 ··· 0063 0064
苏辙 ··· 0206
杜甫 ······ 0057 0058 0373

杜牧 …………………… 0068 0069	吴鼎新 ………………………… 0082
杜预 …………………… 0036 0037	吴楚材 ………………………… 0097
杨万里 ………………………… 0023	岑参 …………………………… 0016
杨臣诤 ………………………… 0203	何晏 …………………………… 0208
杨伦 …………………… 0059 0060	余自明 ………………………… 0099
杨述 …………………………… 0345	邹圣脉 ………………………… 0381
杨恩 …………………………… 0087	辛弃疾 ………………………… 0142
杨倞 …………………… 0390 0392	闵齐伋 ………… 0197 0479 0485
杨清琏 ………………………… 0325	汪之昌 ………………………… 0251
杨维桢 ………………………… 0055	汪曰桢 ………………………… 0019
李心传 ………………………… 0145	汪由敦 ………………………… 0468
李白 …………………………… 0416	汪绂 …………………………… 0405
李百药 ………………… 0007 0008	汪琬 …………………………… 0397
李光地 …………… 0431 0432 0472	汪藻 …………………………… 0077
李延寿 … 0009 0010 0120 0230 0231	沈元起 ………………………… 0002
李兆洛 ………………………… 0240	沈约 …………………… 0331 0332
李林甫 ………………………… 0044	沈宗骞 ………………… 0041 0042
李昌龄 ………………………… 0340	沈储 …………………………… 0273
李详 …………………………… 0444	宋祁 …………… 0376 0377 0378
李钧简 ………………………… 0471	宋濂 …………………… 0333 0434
李桓 …………………………… 0111	张九龄 ………………………… 0256
李贽 …………………………… 0324	张天农 ………………………… 0496
李盘根 ………………………… 0343	张玉书 ………… 0170 0171 0238
李鸿章 ………………… 0157 0281	张耒 …………………………… 0446
李渔 …………………………… 0493	张百熙 ………………………… 0247
李鼎祚 ………………………… 0186	张成遇 ………………………… 0320
李靓 …………………………… 0453	张廷玉 ………………… 0221 0222
李澍滋 ………………………… 0471	张兆璿 ………………………… 0002
来知德 ………………………… 0404	张寿镛 ………………………… 0316
来保 …………………………… 0430	张应昌 ………………………… 0035
求古斋 ………………………… 0153	张君房 ………………………… 0436
吴式芬 ………………… 0168 0169	张相 …………………………… 0090
吴任臣 ………………………… 0266	张说 …………………………… 0044
吴承仕 ………………………… 0128	张载 …………………………… 0447
吴荣光 ………………………… 0357	张莘农 ………………………… 0325
吴闿生 ………………………… 0096	张清标 ………………………… 0029
吴宽 …………………………… 0237	张维 …………………………… 0177
吴调侯 ………………………… 0097	张燕昌 ………………………… 0150
吴梅 …………………………… 0444	陆九渊 ………………………… 0368

陆世仪 ·························· 0306
陆龟蒙 ·························· 0239
陆费逵 ·························· 0455
陆贽 ··························· 0204
陆烜 ··························· 0242
陆稼书 ·························· 0321
陆德明 ·········· 0033 0156 0457 0484
阿桂 ··························· 0178
陈与义 ·························· 0143
陈元龙 ·························· 0085
陈立 ··························· 0001
陈廷敬 ······················ 0170 0171
陈寿 ··········· 0260 0261 0262 0263
陈克家 ·························· 0346
陈垣 ··························· 0188
陈继儒 ·························· 0121
陈梦雷 ·········· 0088 0089 0363 0364
陈维崧 ·························· 0127
陈傅良 ·························· 0454
陈焯 ························· 0041 0042
陈甪 ··························· 0017
陈澔 ··························· 0182
陈鹤 ··························· 0346
陈澧 ··························· 0054
邵雍 ··························· 0134

八画

耶律楚材 ························ 0445
范宁 ··························· 0032
范仲淹 ······················ 0072 0198
范祖禹 ·························· 0341
范晔 ··········· 0124 0125 0126
林云铭 ·························· 0100
林退庵 ·························· 0320
林逋 ··························· 0198
欧阳玄 ·························· 0108
欧阳修 ····· 0376 0377 0378 0379 0380
欧阳溥存 ························ 0455
尚秉和 ······················ 0370 0463

罗泌 ··························· 0205
岳珂 ··························· 0366
金兰生 ·························· 0084
周子义 ·························· 0494
周延年 ·························· 0227
周谷城 ·························· 0092
周青云 ····· 0309 0310 0311 0312 0313
郑玄 ······· 0211 0212 0398 0399 0457
郑板桥 ·························· 0461
实叉难陀 ························ 0051
房玄龄 ······················ 0154 0155
屈原 ······················ 0027 0028
孟郊 ··························· 0215
绍兴县志委员会 ··················· 0241

九画

项怀述 ·························· 0192
赵汝楳 ·························· 0467
赵学敏 ·························· 0139
赵彦肃 ·························· 0078
荀子 ··························· 0390
故宫博物院 ······················ 0105
胡三省 ······················ 0487 0488
胡广 ······················ 0382 0383
胡凤丹 ·························· 0147
胡文英 ·························· 0358
胡世安 ·························· 0401
胡宗懋 ·························· 0388
胡培翚 ·························· 0400
胡煦 ······················ 0464 0465
胡瑶光 ·························· 0184
胡缵宗 ·························· 0249
查慎行 ·························· 0334
郦道元 ·························· 0297
饶炯 ··························· 0371
施耐庵 ·························· 0296
恽敬 ··························· 0045
娄机 ··························· 0115
洪迈 ······················ 0258 0259

洪适 ···································· 0236
祝洙 ···································· 0327
祝穆 ······················ 0075　0327
姚际恒 ································ 0279
姚思廉 ········· 0020　0021　0193　0194
姚鼐 ············ 0093　0094　0095　0362

十画

班固 ·········· 0001　0116　0117　0244
袁桷 ······················ 0253　0254
贾公彦 ································ 0458
顾广圻 ································ 0298
顾炎武 ································ 0136
顾颉刚 ································ 0359
顾蔼吉 ································ 0189
晁补之 ································ 0141
钱坫 ···································· 0301
钱铎 ···································· 0074
钱谦益 ································ 0113
钱薇 ···································· 0024
徐乃昌 ······················ 0140　0386
徐文靖 ································ 0159
徐世昌 ······················ 0255　0348
徐铉 ······················ 0384　0385
徐家幹 ································ 0218
徐乾学 ······················ 0102　0103
徐渭 ······ 0043　0174　0232　0317　0426
徐锴 ···································· 0305
徐增 ···································· 0422
翁元圻 ······················ 0175　0356
高启 ···································· 0250
高宗弘历 ·············· 0102　0103　0187
高适 ···································· 0083
郭化若 ································ 0328
郭庆藩 ································ 0482
郭知达 ································ 0374
郭柏苍 ································ 0219
郭象 ······················ 0480　0484
郭璞 ·············· 0066　0074　0267

唐鉴 ···································· 0112
桑钦 ···································· 0297

十一画

黄式三 ································ 0207
黄绍昌 ································ 0367
黄唐 ···································· 0185
黄鼎 ···································· 0106
黄虞稷 ································ 0243
黄潜 ···································· 0148
黄奭 ···································· 0138
黄璟 ···································· 0081
黄懋材 ······ 0050　0360　0361　0415　0420
萧子显 ······················ 0228　0229
萧仲虎 ································ 0407
萧良有 ································ 0203
萧统 ······················ 0451　0452
曹学佺 ································ 0295
曹庭栋 ································ 0411
曹操 ···································· 0328
龚鼎孳 ································ 0052
盛元珍 ······ 0031　0176　0275　0290　0402
鄂尔泰 ································ 0476
崔致远 ································ 0109
崇文书局 ······························ 0495
脱脱 ·············· 0152　0195　0330
庾季才 ································ 0200
庾肩吾 ································ 0294
康有为 ······················ 0172　0351
康浚 ···································· 0217
章学诚 ·············· 0448　0449　0450
商务印书馆 ···························· 0418
梁启勋 ································ 0142
梁启超 ······················ 0142　0413
梁锡玙 ································ 0403
屠寄 ···································· 0214

十二画

彭百川 ································ 0339

葛士濬 ·· 0137

蒋光煦 ···························· 0011 0274

韩非 ·· 0114

韩菼 ·· 0498

惠栋 ·· 0162

程敏政 ·· 0135

程颐 ·· 0475

傅世垚 ·· 0202

傅恒 ···························· 0429 0430

储欣 ·· 0344

曾巩 ···························· 0226 0433

曾国藩 ·········· 0157 0280 0281 0439

曾慥 ·· 0181

十三画

楼钥 ·· 0086

虞集 ·· 0049

路德 ·· 0065

解缙 ·· 0419

十四画

慕少堂 ···························· 0079 0080

蔡世远 ·· 0101

蔡沈 ·· 0270

裴松之 ·· 0263

熊十力 ·· 0435

翟云升 ·· 0190

缪荃孙 ·· 0235

十五画

慧洪 ·· 0284

黎永椿 ·· 0304

颜师古 ···························· 0116 0117

十六画

薛居正 ···························· 0166 0167

穆修 ·· 0198

十七画

戴圣 ·· 0183

戴良 ·· 0163

魏了翁 ···························· 0119 0466

魏收 ···························· 0352 0353

魏伯阳真人 ·· 0012

魏征 ·········· 0257 0335 0336

魏颂唐 ·· 0441

魏朝俊 ·· 0314

十九画

蘅塘退士 ·· 0343

著者音序索引

〔**A**〕

ā

阿桂 ………………………………… 0178

〔**B**〕

bān

班固 ………… 0001 0116 0117 0244

běi

北京图书馆善本部 …………………… 0006

bì

毕沅 …………………………… 0225 0389

〔**C**〕

cài

蔡沈 ………………………………… 0270

蔡世远 ……………………………… 0101

cáo

曹操 ………………………………… 0328

曹庭栋 ……………………………… 0411

曹学佺 ……………………………… 0295

cén

岑参 ………………………………… 0016

cháo

晁补之 ……………………………… 0141

chén

陈焯 …………………………… 0041 0042

陈傅良 ……………………………… 0454

陈澔 ………………………………… 0182

陈鹤 ………………………………… 0346

陈继儒 ……………………………… 0121

陈克家 ……………………………… 0346

陈澧 ………………………………… 0054

陈立 ………………………………… 0001

陈梦雷 ………… 0088 0089 0363 0364

陈鼏 ………………………………… 0017

陈寿 ………… 0260 0261 0262 0263

陈廷敬 …………………… 0170 0171

陈维崧 ……………………………… 0127

陈与义 ……………………………… 0143

陈元龙 ……………………………… 0085

陈垣 ………………………………… 0188

chéng

程敏政 ……………………………… 0135

程颐 ………………………………… 0475

chóng

崇文书局 …………………………… 0495

chǔ

储欣 ………………………………… 0344

cuī

崔致远 ……………………………… 0109

〔**D**〕

dài

戴良 ………………………………… 0163

戴圣 ………………………………… 0183

diāo

刁包 ··· 0409

dīng

丁福保 ······ 0309　0310　0311　0312　0313
丁以此 ··· 0210

dù

杜甫 ································· 0057　0058　0373
杜牧 ······································· 0068　0069
杜预 ······································· 0036　0037

〔**E**〕

è

鄂尔泰 ··· 0476

〔**F**〕

fàn

范宁 ··· 0032
范晔 ······························· 0124　0125　0126
范仲淹 ····································· 0072　0198
范祖禹 ··· 0341

fāng

方苞 ······································· 0073　0350
方孝孺 ··· 0393

fáng

房玄龄 ····································· 0154　0155

féng

冯浩 ··· 0070
冯集梧 ····································· 0067　0069
冯云鹏 ··· 0151
冯云鹓 ··· 0151

fù

傅恒 ······································· 0429　0430

傅世垚 ··· 0202

〔**G**〕

gāo

高启 ··· 0250
高适 ··· 0083
高宗弘历 ························· 0102　0103　0187

gě

葛士濬 ··· 0137

gōng

龚鼎孳 ··· 0052

gù

故宫博物院 ······································· 0105
顾蔼吉 ··· 0189
顾广圻 ··· 0298
顾颉刚 ··· 0359
顾炎武 ··· 0136

guǎng

广陵书社 ··· 0326

guō

郭柏苍 ··· 0219
郭化若 ··· 0328
郭璞 ··························· 0066　0074　0267
郭庆藩 ··· 0482
郭象 ······································· 0480　0484
郭知达 ··· 0374

〔**H**〕

hán

韩非 ··· 0114
韩菼 ··· 0498

hé

何晏 ··· 0208

héng

衡塘退士 ………………………………… 0343

hóng

洪适 ……………………………………… 0236
洪迈 …………………………… 0258　0259

hú

胡凤丹 …………………………………… 0147
胡广 …………………………… 0382　0383
胡培翚 …………………………………… 0400
胡三省 ………………………… 0487　0488
胡世安 …………………………………… 0401
胡文英 …………………………………… 0358
胡煦 …………………………… 0464　0465
胡瑶光 …………………………………… 0184
胡宗懋 …………………………………… 0388
胡缵宗 …………………………………… 0249

huáng

黄鼎 ……………………………………… 0106
黄潜 ……………………………………… 0148
黄璟 ……………………………………… 0081
黄懋材 ……… 0050　0360　0361　0415　0420
黄绍昌 …………………………………… 0367
黄式三 …………………………………… 0207
黄奭 ……………………………………… 0138
黄唐 ……………………………………… 0185
黄虞稷 …………………………………… 0243

huì

惠栋 ……………………………………… 0162
慧洪 ……………………………………… 0284

〔J〕

jì

纪磊 ……………………………………… 0470
纪昀 ……………………………………… 0315

jiǎ

贾公彦 …………………………………… 0458

jiāng

江藩 …………………………… 0110　0146
江声 ……………………………………… 0269

jiǎng

蒋光煦 ………………………… 0011　0274

jīn

金兰生 …………………………………… 0084

〔K〕

kāng

康浚 ……………………………………… 0217
康有为 ………………………… 0172　0351

kǒng

孔尚任 …………………………………… 0444
孔颖达 ………… 0272　0417　0473　0474
孔子 ………… 0270　0276　0277　0365

〔L〕

lái

来保 ……………………………………… 0430
来知德 …………………………………… 0404

lán

兰陵笑笑生 ……………………………… 0149

lǎo

老子 ……………………………………… 0179

lí

黎永椿 …………………………………… 0304

lǐ

李白 ……………………………………… 0416

李百药 ·················· 0007 0008
李昌龄 ·························· 0340
李鼎祚 ·························· 0186
李靓 ···························· 0453
李光地 ·········· 0431 0432 0472
李鸿章 ···················· 0157 0281
李桓 ···························· 0111
李钧简 ·························· 0471
李林甫 ·························· 0044
李盘根 ·························· 0343
李澍滋 ·························· 0471
李详 ···························· 0444
李心传 ·························· 0145
李延寿 ······ 0009 0010 0120 0230 0231
李渔 ···························· 0493
李兆洛 ·························· 0240
李贽 ···························· 0324

lì

厉鹗 ···························· 0071
郦道元 ·························· 0297

liáng

梁启超 ···················· 0142 0413
梁启勋 ·························· 0142
梁锡玙 ·························· 0403

liè

列御寇 ·························· 0196

lín

林逋 ···························· 0198
林退庵 ·························· 0320
林云铭 ·························· 0100

lìng

令狐德棻 ·················· 0459 0460

liú

刘安 ···················· 0129 0130

刘焞芬 ·························· 0367
刘基 ···························· 0022
刘克庄 ·························· 0123
刘球 ···························· 0191
刘世珩 ···················· 0233 0234
刘文典 ·························· 0131
刘文堥 ·························· 0338
刘心源 ·························· 0098
刘秀 ···························· 0267
刘昫 ···················· 0164 0165
刘一明 ·························· 0048
刘因 ···························· 0161
刘毓庆 ·························· 0038

lóng

龙顾山人 ······················ 0252
龙万育 ·························· 0462

lóu

娄机 ···························· 0115
楼钥 ···························· 0086

lú

卢前 ···························· 0414
卢文弨 ·························· 0005
卢岳 ···························· 0018

lù

陆德明 ·········· 0033 0156 0457 0484
陆费逵 ·························· 0455
陆龟蒙 ·························· 0239
陆稼书 ·························· 0321
陆九渊 ·························· 0368
陆世仪 ·························· 0306
陆煊 ···························· 0242
陆贽 ···························· 0204
路德 ···························· 0065

lǚ

吕泾野 ·························· 0271

luó

罗泌 ································· 0205

〔M〕

mǎ

马端临 ······························ 0355
马其昶 ······························ 0025
马瑞辰 ······························ 0213
马骕 ································ 0410
马叙伦 ·························· 0302　0486

mài

麦仲华 ······························ 0132

máo

毛宗岗 ······························ 0264

mèng

孟郊 ································ 0215

mǐn

闵齐伋 ···················· 0197　0479　0485

miào

缪荃孙 ······························ 0235

mù

慕少堂 ·························· 0079　0080
穆修 ································ 0198

〔O〕

ōu

欧阳溥存 ···························· 0455
欧阳修 ····· 0376　0377　0378　0379　0380
欧阳玄 ······························ 0108

〔P〕

péi

裴松之 ······························ 0263

péng

彭百川 ······························ 0339

pí

皮日休 ······························ 0239
皮锡瑞 ······ 0034　0158　0265　0278　0293
　　　　0408

〔Q〕

qí

祁彪佳 ······························ 0241

qián

钱坫 ································ 0301
钱铎 ································ 0074
钱谦益 ······························ 0113
钱薇 ································ 0024

qiú

求古斋 ······························ 0153
仇兆鳌 ······························ 0061

qū

屈原 ·························· 0027　0028

〔R〕

ráo

饶炯 ································ 0371

rèn

任讷 ································ 0375
任启运 ······························ 0469

ruǎn

阮元 ································ 0185

〔**S**〕

sāng

桑钦 ………………………………… 0297

sǎo

扫叶山房 …………………………… 0004

shāng

商务印书馆 ………………………… 0418

shàng

上海博物馆 ………………………… 0268
上海涵芬楼 ………………………… 0308
尚秉和 ……………………… 0370　0463

shào

邵雍 ………………………………… 0134
绍兴县志委员会 …………………… 0241

shěn

沈储 ………………………………… 0273
沈元起 ……………………………… 0002
沈约 ………………………… 0331　0332
沈宗骞 ……………………… 0041　0042

shèng

圣祖玄烨 …………………… 0437　0438
盛元珍 …… 0031　0176　0275　0290　0402

shī

施耐庵 ……………………………… 0296

shí

石成金 ……………………………… 0030
石梁 ………………………… 0013　0014
实叉难陀 …………………………… 0051

shǐ

史星海 ……………………………… 0133

史炤 ………………………………… 0492
史宗恒 ……………………………… 0497

shì

世宗胤禛 …………… 0428　0430　0476

sī

司马光 …… 0180　0354　0487　0488　0489
　　　　0490　0491
司马迁 …… 0285　0286　0287　0288　0289

sòng

宋濂 ………………………… 0333　0434
宋祁 ………………… 0376　0377　0378

sū

苏履吉 ……………………… 0063　0064
苏轼 ………………………………… 0053
苏辙 ………………………………… 0206

sūn

孙家鼐 ……………………………… 0247
孙嘉淦 ……………………………… 0430
孙樵 ………………………………… 0337
孙堂 ………………………………… 0091
孙武 ………………………………… 0328
孙星衍 ……………………… 0394　0395
孙诒让 ……………………………… 0224

〔**T**〕

tāng

汤祥瑟 ……………………………… 0442

táng

唐鉴 ………………………………… 0112

tú

屠寄 ………………………………… 0214

tuō

脱脱 ······················ 0152　0195　0330

〔W〕

wāng

汪绂 ··························· 0405
汪琬 ··························· 0397
汪由敦 ························· 0468
汪曰桢 ························· 0019
汪藻 ··························· 0077
汪之昌 ························· 0251

wáng

王安礼 ························· 0200
王安石 ························· 0199
王弼 ··························· 0179
王俦 ··························· 0329
王充 ··························· 0209
王夫之 ················· 0323　0349
王季烈 ························· 0122
王筠 ··························· 0303
王闿运 ························· 0456
王念孙 ························· 0056
王箫林 ················· 0041　0042
王绍兰 ················· 0299　0300
王实甫 ················· 0220　0234
王士禛 ······· 0046　0423　0424　0425
王树枬 ························· 0076
王肃 ··························· 0173
王先谦 ······· 0387　0391　0392　0481
王尧衢 ························· 0342
王逸 ··························· 0028
王引之 ························· 0160
王应麟 ················· 0356　0427
王拯 ··························· 0107
王正祥 ························· 0372
王著 ··························· 0040

wěi

韦庄 ··························· 0421

wèi

魏伯阳真人 ····················· 0012
魏朝俊 ························· 0314
魏了翁 ················· 0119　0466
魏收 ··················· 0352　0353
魏颂唐 ························· 0441
魏征 ············· 0257　0335　0336

wén

文廷式 ························· 0039
文同 ··························· 0047
文子 ··························· 0347

wēng

翁元圻 ················· 0175　0356

wú

吴承仕 ························· 0128
吴楚材 ························· 0097
吴调侯 ························· 0097
吴鼎新 ························· 0082
吴闿生 ························· 0096
吴宽 ··························· 0237
吴梅 ··························· 0444
吴任臣 ························· 0266
吴荣光 ························· 0357
吴式芬 ················· 0168　0169

〔X〕

xī

西农氏 ························· 0216

xiàng

项怀述 ························· 0192

xiāo

萧良有 ·· 0203

萧统 ·· 0451　0452

萧仲虎 ··· 0407

萧子显 ··· 0228　0229

xiè

解缙 ·· 0419

xīn

辛弃疾 ··· 0142

xíng

邢昺 ·· 0066

xióng

熊十力 ··· 0435

xú

徐家幹 ··· 0218

徐锴 ·· 0305

徐乃昌 ··· 0140　0386

徐乾学 ··· 0102　0103

徐世昌 ··· 0255　0348

徐渭 ········ 0043　0174　0232　0317　0426

徐文靖 ··· 0159

徐铉 ·· 0384　0385

徐增 ·· 0422

xǔ

许伏民 ··· 0319

许桂 ·· 0201

许慎 ·· 0301

许嵩 ·· 0144

xuán

玄宗李隆基 ··· 0044

xuē

薛居正 ··· 0166　0167

xún

荀子 ·· 0390

〔Y〕

yán

严长宦 ··· 0248

颜师古 ··· 0116　0117

yáng

扬雄 ·· 0396

杨臣净 ··· 0203

杨恩 ·· 0087

杨倞 ·· 0390　0392

杨伦 ·· 0059　0060

杨清琏 ··· 0325

杨述 ·· 0345

杨万里 ··· 0023

杨维桢 ··· 0055

yáo

姚际恒 ··· 0279

姚鼐 ···················· 0093　0094　0095　0362

姚思廉 ··············· 0020　0021　0193　0194

yē

耶律楚材 ··· 0445

yè

叶庆颐 ··· 0015

yǐn

尹文子 ··· 0412

尹洙 ·· 0118

yú

余自明 ··· 0099

虞集 ································· 0049

yǔ

庾季才 ····························· 0200
庾肩吾 ····························· 0294

yuán

袁桷 ························· 0253 0254

yuè

岳珂 ······························· 0366

yǔn

允禄 ······························· 0476

yùn

恽敬 ······························· 0045

〔Z〕

zēng

曾巩 ························· 0226 0433
曾国藩 ·········· 0157 0280 0281 0439
曾慥 ······························· 0181

zhā

查慎行 ····························· 0334

zhái

翟云升 ····························· 0190

zhāng

张百熙 ····························· 0247
张成遇 ····························· 0320
张九龄 ····························· 0256
张君房 ····························· 0436
张耒 ······························· 0446
张清标 ····························· 0029
张寿镛 ····························· 0316
张说 ······························· 0044

张天农 ····························· 0496
张廷玉 ························ 0221 0222
张维 ······························· 0177
张相 ······························· 0090
张莘农 ····························· 0325
张燕昌 ····························· 0150
张应昌 ····························· 0035
张玉书 ·················· 0170 0171 0238
张载 ······························· 0447
张兆璿 ····························· 0002
章学诚 ·················· 0448 0449 0450

zhào

赵汝楳 ····························· 0467
赵学敏 ····························· 0139
赵彦肃 ····························· 0078

zhèng

郑板桥 ····························· 0461
郑玄 ········ 0211 0212 0398 0399 0457

zhōng

中华书局 ······················ 0307 0483

zhōu

周谷城 ····························· 0092
周青云 ····· 0309 0310 0311 0312 0313
周延年 ····························· 0227
周子义 ····························· 0494

zhū

朱钧 ······························· 0201
朱奇生 ····························· 0322
朱熹 ········ 0026 0027 0277 0318 0477
　　　　0478
朱孝臧 ························ 0245 0246
朱亦栋 ····························· 0283

zhù

祝穆 ························· 0075 0327